JOHANNES KNEIFEL
Vom Saulus zum Paulus

JOHANNES
KNEIFEL

Vom Saulus zum Paulus

Skinhead, Gewalttäter, Pastor –
meine drei Leben

Wunderlich

2. Auflage Oktober 2012
Copyright © 2012 by Rowohlt Verlag GmbH,
Reinbek bei Hamburg
Unter Mitarbeit von Jörg Erb
Satz Minion PostScript (InDesign)
bei Pinkuin Satz und Datentechnik, Berlin
Druck und Bindung CPI – Clausen & Bosse, Leck
Printed in Germany
ISBN 978 3 8052 5035 1

Das für dieses Buch verwendete FSC®-zertifizierte Papier
Munkenprint Cream liefert Arctic Paper Munkedals, Schweden.

Dieses Buch ist all denen gewidmet, die mich nicht aufgegeben haben, die einen Menschen in mir gesehen haben, als ich mich selbst nicht wie ein Mensch fühlen konnte. Möge dieses Buch auch anderen Anlass zur Hoffnung und Anstoß zur Veränderung sein.

Inhalt

Prolog 9
Eine Fahrt durch den Regen 14
Untersuchungshaft 27
Die Verhandlung 57
Eine Jugend voller verpasster Chancen 73
Orientierungssuche im Knast 95
Ein gescheitertes Experiment 114
Die Abwärtsspirale geht weiter 132
Zu gefährlich für die Gesellschaft? 148
Ein gnädiger Richter 161
Ein neues Leben mit alten Problemen 175
Freiheit 190
Die Chance zur Bewährung 206
Überraschungen 223
Lehrjahre 238
Der Weg zurück 251
Eine Fahrt in der Abendsonne 268
Ein Film, der fast alles verändert 273
Nachwort 284

Prolog

Es ist der 8. August 1999, ein Sonntag. Die beiden Jugendlichen stehen am Kiosk, trinken ihr sechstes Bier an diesem Abend. Sie haben einen Ghettoblaster bei sich, aus dem Songs von Landser und Zyklon B dröhnen – allesamt indizierte Stücke.

Hier stehen sie oft, ihr Anblick ist nichts Besonderes für die Bürger von Eschede. Trotzdem, man geht den beiden Skinheads am liebsten aus dem Weg oder schaut zur Seite, wenn sie einem begegnen.

Normalerweise verbringen der achtzehnjährige Marco S. und der siebzehnjährige Johannes K. ihre Wochenenden mit anderen Kameraden aus der rechten Szene. Sie bleiben unter ihresgleichen, betrinken sich zu den Klängen lauter Musik, so sehr, dass sie am nächsten Morgen nicht mehr wissen, was am Abend zuvor passiert ist. Gelegentlich gibt es Schlägereien.

Doch an diesem Sonntag sind die Partys bereits vorbei, und die beiden Jugendlichen wissen nichts mit sich anzufangen. Zu zweit will sich keine richtige Feierstimmung einstellen. Das Bier schmeckt zwar, soll aber vor allem betäuben. Die Wirkung des Alkohols lässt nicht lange auf sich warten. Sie kaufen noch ein paar Flaschen Bowle, um den Rausch zu beschleunigen, und lassen sich auf einem nahe gelegenen Spielplatz nieder. Bowle ist billig und knallt. Je mehr sie trinken, desto mehr verwandelt sich ihre Langeweile in Wut. Die Musik heizt ihre Stimmung an.

Marco S. berichtet seinem Kameraden erbost, dass der vierundvierzigjährige Peter D. ihn vor kurzem auf seine «braune Gesinnung» angesprochen und aufgefordert habe, doch endlich vernünftig zu werden. «Mensch, hör doch auf mit dem Scheiß», habe er gesagt. Im Ort nennen sie Peter D. nur den «Hippie».

Sie beschließen, dem Hippie einen Denkzettel zu verpassen. Wie dieser aussehen soll, darüber reden sie nicht. Sie wollen einfach ein Zeichen setzen – welches, bleibt unklar. Beim Reden soll es diesmal jedenfalls nicht bleiben, so viel steht fest. Heute wollen sie Taten sprechen lassen.

Marco S. weiß, wo der Hippie wohnt. Sie machen sich mit dem restlichen Alkohol auf den Weg. Die Musik dröhnt weiter.

Der Weg ist weit, aber die beiden Kameraden bestärken sich darin, die Sache durchziehen zu wollen. Sie besprechen nicht, was «die Sache» eigentlich sein soll.

Die Wohnung von Peter D. liegt am äußersten Rand Eschedes. Lediglich ein Feldweg führt zum Haus.

Einige Meter davor lassen die beiden den Kassettenrecorder und ihre Jacken am Wegrand zurück. Um handeln zu können, wollen sie sich von allem Überflüssigen befreien.

Am Haus angekommen, können sie durchs Fenster erkennen, dass drinnen der Fernseher läuft. Peter D. ist also zu Hause.

Marco S. geht zur Eingangstür, klingelt, klopft. Nichts rührt sich. Wenn der Hippie sie verarschen will, hat er sich die Falschen ausgesucht, reden sie sich in Rage. Immer wieder und immer lauter hämmern sie gegen das Holz. Keine Reaktion. Sie beschließen, die Tür einfach einzutreten. Marco S. versucht es einmal, ein zweites Mal, vergeblich. Johannes K. schiebt ihn zur Seite, er ist jetzt an der Reihe. Ein kräftiger Tritt, und die Tür fliegt auf.

Alles, was von nun an passiert, ergibt sich fast wie von selbst. Jetzt, da sie sich Zutritt verschafft haben, müssen sie auch weitermachen. Ihren Worten müssen Taten folgen. Die Wohnung ist klein und eng. Marco S. geht voraus, der Flur ist so schmal, dass sein Kamerad hinter ihm bleiben muss. Johannes K. schaut sich gar nicht erst im Haus um, ist nur darauf fixiert, dessen Bewohner zu finden. Sein Adrenalinpegel steigt, gleichzeitig trübt der Alkohol seine Sinne. Er hat sich immer noch keine Gedanken darüber gemacht, was genau er gleich tun will. Aber irgendetwas muss passieren.

Peter D. steht im Wohnzimmer. Nach drei, vier Schritten haben sie den Mann erreicht.

«Warum hast du die Tür nicht aufgemacht, du mieser Feigling?», brüllt Marco S. ihn an. Der Hippie geht nicht auf die Frage ein. Stattdessen versucht er, die beiden Eindringlinge zu beschwichtigen: Sie sollen wieder gehen, er wolle keinen Ärger.

Sie sollen wieder gehen? *Er* will ihnen sagen, was *sie* zu tun haben? Sie sind doch hergekommen, um ihm klarzumachen, dass er gar nichts zu melden hat.

Seine Aussage schürt ihre Aggressionen noch weiter.

In diesem Moment fällt den beiden Skinheads auf, dass Peter D. neben dem Telefon steht und der Hörer nicht auf dem Apparat liegt. War er gerade dabei, die Polizei zu rufen, als sie die Tür eingetreten haben? Dieser Gedanke sorgt für weitere Unruhe. So ist das also: Er nimmt sich das Recht heraus, Marco S. und seine rechte Gesinnung zu tadeln, und jetzt, da ihn die beiden zur Rede stellen wollen, will er ihnen auch noch die Polizei auf den Hals hetzen. Er sagt, er will keinen Ärger – und ruft die Bullen?

Der Hippie behauptet, er habe die Polizei nicht rufen wollen. Marco S. lässt sich auf eine Diskussion mit ihm ein. Doch Johannes K. reicht es jetzt. Wut und Aggression sind ins

Unerträgliche gewachsen, er will nicht mehr diskutieren. Das ist nicht das, was er sich unter einem Denkzettel vorgestellt hat. Der Hippie will sie doch nur verarschen. Johannes K. drängt sich an seinem Kameraden vorbei. Ohne ein weiteres Wort verpasst er dem Hippie einen Faustschlag ins Gesicht. Die Wucht des Schlages wirft Peter D. zurück; er prallt gegen ein Regal. Gläser fallen zu Boden und zerbrechen. Sofort folgt ein weiterer Fausthieb. Johannes K. wartet die Wirkung seiner Schläge gar nicht erst ab. Peter D. verliert zwar das Gleichgewicht, fällt allerdings nicht gleich um, sondern rutscht langsam an der Schrankwand hinunter, um sich dann gleich wieder aufzurappeln.

Was, wenn er sich jetzt zu wehren beginnt? Peter D. ist deutlich schwerer als Johannes K., und er macht alles andere als einen schwächlichen Eindruck. Wenn er den Mann jetzt aufstehen lässt, muss der dann nicht denken, der Angreifer habe plötzlich Angst bekommen?

Bisher lief alles wie im Rausch ab. Jetzt wird Johannes K. plötzlich bewusst, dass es hier nicht mehr nur um Hausfriedensbruch und Sachbeschädigung geht. Eine Gedankenspirale beginnt sich zu drehen. Was soll er tun? Peter D. wird wütend sein. Außerdem ist das hier seine Wohnung, er kennt sich aus, wahrscheinlich hat er irgendwo ein Messer, vielleicht sogar eine richtige Waffe. Er darf ihn jetzt nicht aufstehen lassen und das Risiko eingehen, dass der Angeschlagene sich mit all seiner Verzweiflung und Wut auf ihn stürzt. Er darf auf gar keinen Fall selbst zum Opfer werden. Er muss das verhindern, sofort.

Wenn er ihn bewusstlos schlägt, dann haben sie Zeit, um sicher die Wohnung verlassen zu können. Also tritt Johannes K. zu, zielt mit seinen Stahlkappenstiefeln auf das Kinn des Opfers. Peter D. fällt zurück, versucht allerdings sofort, wieder aufzustehen. Johannes K. tritt erneut zu. Auch dieser Tritt zeigt nicht die beabsichtigte Wirkung. Peter D. richtet sich wieder auf. Johannes K. gerät immer mehr in Panik, sieht seinen Gegner als unkalkulierbare Bedrohung. Der Mann blutet zwar, aber er bleibt nicht liegen. Wieder tritt Johannes K. zu. Er soll liegen bleiben, damit sie endlich abhauen können! Warum steht er immer wieder auf?

Johannes K. will ihn mit dem nächsten Tritt endgültig außer Gefecht setzen. Doch in diesem Moment reißt Marco S. ihn zurück. Er hat während des einseitigen Kampfes, der nicht mal eine Minute gedauert hat, wortlos hinter seinem Kameraden gestanden.

«Spinnst du? Du bringst ihn ja um!», ruft er. Erst jetzt realisiert Johannes K., wie stark sein Opfer blutet. Er glaubt trotzdem nicht, dass die Verletzungen wirklich bedrohlich sind; schnell rennen die beiden Jugendlichen aus dem Haus. Doch Johannes K. befürchtet, Peter D. stelle weiter eine Gefahr für sie dar. Sie müssen auf jeden Fall verhindern, dass er die Polizei ruft. Sie müssen über die Hauptstraße, also genau da entlang, wo die Polizei herkommen wird. Sie brauchen einen Vorsprung. Sie müssen das Telefon zerstören. Marco S. fürchtet, sein Kamerad könnte erneut auf den Hippie losgehen. Er geht also allein ins Haus zurück und reißt die Schnur vom Telefon.

Die beiden Jugendlichen nehmen denselben Weg, den sie gekommen sind. Im Vorbeigehen schnappen sie ihre Sachen, dann rennen sie los.

Marco S. hat keinen Wohnungsschlüssel bei sich, also besprechen sie, dass er die Nacht im Elternhaus von Johannes K. verbringen wird. Der Weg dorthin dauert noch eine knappe halbe Stunde. Sie gehen ihn schweigend.

Am nächsten Morgen wird die Polizei die zwei Kameraden verhaften.

Einer dieser beiden war ich.

Eine Fahrt durch den Regen

Es fällt mir schwer, mich dem Siebzehnjährigen von damals wieder zu nähern. Aber ich bin daran gewöhnt, weil ich seit vielen Jahren immer wieder gefragt werde, was mich dazu gebracht hat, einen Menschen zu töten, und wie ich mit dieser Schuld leben kann. Darüber will ich Auskunft geben, soweit mir das möglich ist – und so gut ich es mittlerweile gelernt habe, über die Dinge zu sprechen, die jetzt schon viele Jahre hinter mir liegen, mir aber täglich bewusst sind.

Regen stürzt sintflutartig vom Himmel herab, prasselt aufs Wagendach. Trotzdem fahren wir mit hoher Geschwindigkeit. Es ist ein Nachmittag im August, am Himmel hängen dunkle Wolken, und draußen fliegt die Landschaft vorbei. Ich nehme alles nur verschwommen wahr, Gedanken rasen durch meinen Kopf. Ich wünsche mir, dass ich aus diesem Albtraum aufwache, sehne mich nach einer heißen Dusche, unter der ich alles abwaschen kann, was an mir klebt. Aber ich werde diesen Schrecken nicht mehr los, er hält mich gefangen, wie die Handschellen, die in meine Handgelenke einschneiden. Mein Albtraum ist Wirklichkeit. Mich verfolgen die misstrauischen und geringschätzigen Blicke der Polizisten, die mich wie ein Stück Vieh wegfahren. Mich verfolgt dieses furchtbare Wort, das auf dem rosa Zettel in meiner Hosentasche steht und das ich mir unablässig vorbete: «Totschlag». Wer hat sich diesen Hohn ausgedacht, Haftbefehle auf rosa Papier zu drucken?

Die letzten 48 Stunden waren das reine Chaos. Mir kommt das alles so absurd vor, ich finde keine Ordnung mehr. Ich stehe vor einem riesigen Scherbenhaufen, und ich bin der, der alles zerschlagen hat. Was ist eigentlich passiert? Ich versuche, die Ereignisse der letzten Tage zu sortieren.

Am Sonntag hatte mich mein Kumpel Marco angerufen; klar wollte ich ihn sehen, wie schon so viele Male zuvor trafen wir uns. Wir tranken, hörten rechte Musik, unterhielten uns über Neuigkeiten. Alles wie immer.

Dann gingen wir zu Peter Deutschmann. Und nichts mehr war wie zuvor.

Am nächsten Morgen war Marco schon früh wach; er hatte bei mir übernachtet. «Ich will nach Hause», sagte er. Wir vereinbarten noch, mit niemandem über die Sache zu reden. Dann ging er.

Ich stand ebenfalls auf, wollte duschen, schnell etwas essen und direkt zum Bahnhof gehen, denn dann würde es sich auf jeden Fall noch lohnen, zu Milena zu fahren. Der Gedanke daran stimmte mich fröhlicher. Ein seltsames Gefühl, nach dem vorigen Tag zu meiner Freundin zu fahren, zärtlich und liebevoll zu sein. Was sollte ich sagen, wenn sie fragen würde, was ich gestern gemacht hatte? Ich konnte ihr ja schlecht erzählen, dass ich mich mit meinem besten Freund betrunken und völlig grundlos einen Fremden in dessen Wohnung überfallen und zusammengeschlagen hatte. Wie konnte ich nur?

Ich suchte mir ein Handtuch und frische Klamotten heraus, als es an der Haustür klingelte. Dann hörte ich, wie eine Männerstimme nach mir fragte. Ich ging nach unten. Dort standen vier Männer in Zivil, sie waren bewaffnet, und an ihren Gürteln hingen Handschellen. Kripo. Ich war perplex – wie waren die so schnell auf mich gekommen? Ich hatte nie etwas mit dem Hippie zu tun gehabt, er konnte doch gar nicht wissen, wie ich heiße oder wo ich wohne. Oder etwa doch? Hatte mich jemand gesehen und erkannt?

«Wir würden gern mal Ihr Zimmer sehen», sagte einer der Beamten.

Meine Panik wurde immer größer. Neben meinem Bett lagen noch meine Klamotten von gestern.

«Wo ist denn Ihr Freund Marco?»

Woher wussten die, dass Marco bei mir war? Ich schaute aus dem Fenster, spielte kurz mit dem Gedanken, hinauszuspringen und wegzulaufen. Aber hinter dem Haus standen weitere Polizisten in Zivil. Nur in Unterhosen würde ich wohl nicht weit kommen. Warum waren die mit so vielen Leuten hier? Da stimmte doch etwas nicht.

In meinem Zimmer angekommen, entdeckten die Polizisten gleich den Klamottenhaufen auf dem Boden.

«Sind das die Kleidungsstücke, die Sie gestern Abend getragen haben?»

Ich log. Erzählte, dass ich meine Sachen gestern Abend noch in die Waschmaschine gesteckt hätte. Ich merkte selbst, wie lächerlich sich das anhörte. Man konnte ja deutlich die Blutflecken auf Hose und Stiefeln erkennen. Sie packten alles in Plastiktüten und nahmen es an sich.

«Ziehen Sie sich etwas über. Sie kommen mit uns nach Celle aufs Revier.»

Sie hatten mir immer noch nicht gesagt, was los ist, aber ich traute mich auch nicht, danach zu fragen. Es konnte sich ja nur um die Sache von gestern handeln. Meine Eltern waren genauso sprachlos wie ich.

Wie waren sie auf mich gekommen? Hatte der Hippie mich so gut beschrieben? Und wie blöd war ich eigentlich, die Klamotten neben meinem Bett liegen zu lassen? Jetzt hatte ich der Polizei die Beweise, dass ich den Hippie verprügelt hatte, frei Haus geliefert.

Aber woher hätte ich wissen sollen, dass die wegen der Sache so einen Aufwand betreiben? Ich wusste, dass ich Mist gebaut hatte, aber streng genommen war es doch nur Hausfriedensbruch und Körperverletzung. Prügeleien gab es schließlich öfter, auch ich war schon so zugerichtet worden, ohne dass deshalb die Polizei gleich einen Großeinsatz gestartet hätte. Hatten die nichts anderes zu tun?

Ich ärgerte mich über mich selbst. Hätte ich nur die Klamotten versteckt, wäre ich doch bloß früher aufgestanden und weggefahren! Dann hätten sie keine Beweise gefunden, Marco und ich hätten uns gegenseitig ein Alibi gegeben, und bei zwei Aussagen gegen eine hätten sie ohne Beweise gar nichts machen können. Jetzt musste ich meine Dummheit ausbaden.

Über Funk kam die Meldung, dass sie Marco jetzt auch hatten.

Auf dem Revier wurde ich in ein Büro gebracht. Zwei Beamte blieben bei mir im Zimmer, und das Verhör begann.

«Nun erzählen Sie uns doch mal, was die Sache mit Herrn Deutschmann sollte», fängt einer der beiden an.

Deutschmann hieß er also, der Hippie. Bis eben kannte ich nur seinen Spitznamen.

«Ich weiß nicht, was Sie meinen», gab ich zurück.

Da wurde der Beamte plötzlich wütend. «Ich habe keinen Bock, mir Ihre blöden Sprüche anzuhören», polterte er los. «Sie sind wegen versuchten Totschlags an Peter Deutschmann hier, Mann!»

Ich war vorher schon total durch den Wind, aber seine Worte schockten mich noch mehr. Der Beamte machte den Eindruck, als würde er meinen, was er sagt.

Ich fragte trotzdem nach: «Ist das Ihr Ernst?»

Er nickte.

Das musste ein ganz mieser Albtraum sein.

Mühsam brachte ich heraus: «Wenn das so ist, dann will ich mit einem Anwalt sprechen.»

«Haben Sie einen?»

«Nein.»

«Dann müssen wir erst mal einen finden, der Zeit hat. Das kann dauern. Bis dahin werden wir Sie in Gewahrsam behalten. Sie bringen alles sehr viel schneller hinter sich, wenn Sie uns einfach erzählen, was passiert ist. Was Sie getan haben, ist zwar heftig, aber Herr Deutschmann ist außer Lebensgefahr. Da Sie nicht auf Bewährung sind, können wir Sie nach dem Verhör sicher wieder nach Hause lassen. Es liegt bei Ihnen, ob Sie das Ganze unnötig verlängern oder nicht.»

Der nächste Schock. Jetzt sprach er auch noch von Lebensgefahr! Wie konnte das sein? Deutschmann war doch noch bei Bewusstsein gewesen, als wir gegangen sind. Und jetzt schwebte er in Lebensgefahr?

Ich wollte nur noch weg. Dennoch, was der Beamte gesagt hatte, leuchtete mir ein. Ich machte also meine Aussage, erzählte, was passiert war. Aber ich verstand die Rückfragen nicht, die sie mir stellten. Redeten wir von derselben Tat?

«Woher kommen die Schnittwunden des Opfers? Und wer ist der Dicke, der zugetreten hat?»

Welche Schnittwunden? Und ja, ich hatte zugetreten, aber ich war doch nicht dick. Für mich ergaben diese Vorwürfe keinen Sinn. Wie kamen sie darauf? Ob vielleicht noch jemand in der Wohnung war, nachdem wir schon weg waren? Konnte ja sein, dass der Hippie noch andere Feinde hatte, die die Situation ausgenutzt und ihm den Rest gegeben hatten.

Das Verhör dauerte lange, und am Ende hatte ich selbst mehr Fragen als Antworten. Was sollte das Ganze? Ich fühlte mich furchtbar. Nur noch unterschreiben, und dann nichts wie weg, endlich raus aus diesem Irrsinn.

«Sie bleiben erst mal hier sitzen», bekam ich zu hören. Einer der Beamten telefonierte.

«Darf ich jetzt endlich gehen?», fragte ich wieder.

Kopfschütteln. «Nein, Sie werden morgen dem Haftrichter vorgeführt. Heute Nacht bleiben Sie hier.»

«Das kann doch nicht wahr sein!», entfuhr es mir. «Sie haben mir doch versprochen, dass ich nach meiner Aussage gehen darf!»

«Nein», widersprach er. «Ich habe Ihnen gar nichts versprochen!»

Resigniert ließ ich mich in die Zelle führen.

Ich versuchte, es nüchtern zu betrachten. Wahrscheinlich war das alles nur ein Trick, eine pädagogische Maßnahme. Die versuchten, mich einzuschüchtern, damit ich merke, was passieren kann, wenn ich in der Szene bleibe. Am Ende würde der Haftrichter mich morgen doch wieder gehen lassen müssen. Es war nur Körperverletzung. Mehr wollte ich nicht, und mehr war es auch nicht. Okay, weil ich die Stiefel anhatte, würden sie es mir als gefährliche Körperverletzung auslegen, Springerstiefel gelten wegen der Stahlkappen als Waffen. Aber versuchter Totschlag? Warum hätte ich ihn denn töten sollen?

Die Nacht schien endlos, ich verlor jedes Zeitgefühl. Es gab in der Zelle keine Fenster, und das Licht brannte durchgängig. Irgendwann fand ich Ruhe und schlief. Ich war mir sicher: Mit dem neuen Tag würde alles besser werden.

Als mich die Polizisten zum Haftrichter brachten, war ich felsenfest davon überzeugt, das Gerichtsgebäude frei und unendlich erleichtert wieder verlassen zu können. Ich hatte mir genau überlegt, was ich dem Richter sagen würde, um ihn zu überzeugen, dass ich den Ernst der Lage tatsächlich begriffen hatte. Ich würde ihm sagen, dass ich mit dem Trinken aufhören und mich ab sofort von der rechten Szene fernhalten wollte. Ich war fest entschlossen, mein Leben zu ändern.

Erst beim Gang in den Saal traf ich wieder mit Marco zusammen, aber wir hatten keine Zeit, miteinander zu reden.

Drinnen las der Richter uns vor, warum wir vor ihm standen: «Sachbeschädigung, Hausfriedensbruch, versuchter Totschlag. Handgeschrieben steht noch dahinter ...»

Er machte eine Pause, um zu lesen, und ich war erleichtert: Bestimmt stand dort, dass die Anklage nur noch auf gefährliche Körperverletzung lautete. Umso härter trafen mich die folgenden Worte: «... Totschlag. Das Opfer ist heute Morgen verstorben.»

Jetzt brach alles in mir zusammen. Lähmendes Entsetzen machte sich breit. Ich konnte gar nicht mehr hören, was der Richter sonst noch sagte, ob er überhaupt etwas sagte. Alles, was ich selbst hatte sagen wollen, war mit einem Schlag sinnlos geworden. Ich wusste, was jetzt passieren würde. Und ich wusste, dass ich nichts mehr tun konnte, um es zu verhindern. Für mich ging es jetzt nach Hameln, ab in den Jugendstrafvollzug.

Und dann sitze ich mit dröhnendem Kopf in einem Gefangenentransport ins Untersuchungsgefängnis. Wenn wir jetzt nur einen Unfall hätten, der meinem beschissenen Leben ein Ende setzen würde! Eine letzte große Katastrophe. Aber auch dieser heimliche Wunsch wird nicht in Erfüllung gehen. Diese Fahrt wird mein Leben nicht beenden. Ein Betonsarg erwartet mich jetzt: der Jugendknast. Mir ist klar, jetzt habe ich die Grenze endgültig überschritten, es gibt kein Zurück mehr. Keine Ermahnungen und keine Warnungen mehr. Keine Rücksicht auf günstige Sozialprognosen. Kein Mitleid mehr, nur noch Verachtung und Bestrafung. Ab jetzt wird jeder in mir nur noch den brutalen Mörder sehen.

Einer der Bullen sagt: «Lasst uns auf dem Rückweg noch schnell einen Hamburger essen gehen.» Mit Blick auf mich fügt er hinzu: «Bei dem wird es bestimmt noch ein paar Jährchen dauern, bis er wieder was Leckeres vorgesetzt kriegt.»

Diese Schweine! Aber ich halte die Klappe. Es wäre sinnlos, einen Streit vom Zaun zu brechen. Andererseits käme es auf eine Anzeige wegen Beamtenbeleidigung jetzt auch nicht mehr an.

Ich beiße die Zähne zusammen, Wut steigt in mir hoch. Diese Maulhelden sind zu dritt und bewaffnet, da können sie leicht ihre Sprüche reißen. Ich dagegen bin an Händen und Füßen gefesselt. Reine Schikane. Das kenn ich schon, so läuft das immer: Wenn ich sie nur schief angucke, kriege ich eine Anzeige. Und sie sitzen dann als Zeugen vor Gericht und behaupten, sie hätten sich strikt an die Vorschriften gehalten, aber ich hätte gepöbelt und gewaltsam versucht, mich der Festnahme zu entziehen. Klarer Fall: Widerstand gegen die Staatsgewalt. Arschlöcher! Die stecken doch alle unter einer Decke, die Bullen, die Staatsanwälte und die Richter. Von wegen, neutrale Justiz. Auf dem linken Auge blind, aber wenn die Haare kurz geschoren und die Stiefel stahlkappenverstärkt sind, gilt man gleich als Staatsfeind und ist schutzlos der amtlichen Willkür ausgeliefert. Noch während ich das denke, kippt meine Wut in Scham um: Ich bin nur noch Abschaum!

Wir haben die Autobahn verlassen und fahren durch einen Ort, in dem ich mich früher öfter mit Jungs aus meiner Schule getroffen habe. Das ist jetzt Vergangenheit. Wie lange werde ich nicht mehr hierherkommen können? Spätestens morgen werden alle wissen, was passiert ist. Das wird ein gefundenes Fressen für die, die es schon immer wussten: «Hab ich's nicht gleich gesagt? Das wird noch mal schlimm enden mit dem. Der ist ein Nichtsnutz, ein Psychopath. Nichts als Nazi-Parolen und Saufen im Kopf.»

Einige Mitschüler werden sich bestimmt freuen, mich

nicht wiedersehen zu müssen. Ihre Eltern werden dankbar sein, dass man ihren Kindern meine Anwesenheit nicht mehr zumutet. «Endlich ist er weg, dieser Nazi. Endlich bekommt er, was er verdient. Viel zu spät natürlich. Die Richter hätten gar nicht so lange zögern dürfen. Allein für seine braunen Gedanken hätte man ihn einsperren müssen!»

Ich scheiße darauf, was sie denken und sagen! Sie verachten mich, aber das beruht auf Gegenseitigkeit. All diese Privilegierten, die sich mit diesem miesen System arrangiert haben, begreifen gar nichts. Was wissen die schon von meinem Leben, von meinem aussichtslosen Kampf für eine bessere Zukunft, von den Werten und Idealen, für die ich einzutreten versuche? Was sie denken, ist mir vollkommen egal. Und die Presse? Sollen sie doch schreiben, was sie wollen. Dann haben sie endlich wieder etwas Spektakuläres zu berichten. Dann können sie ihren Lesern, deren eigenes Leben nichts hergibt, mal wieder etwas Aufregendes bieten. Und die können sich aus der Ferne an Mord und Totschlag ergötzen und sich mit ihrer kleinbürgerlichen Moral brüsten.

Aber nicht alle sind mir egal. Was wird Milena denken? Wir waren gestern verabredet, und sie hat noch immer nichts von mir gehört. Vielleicht hat sie schon mit meinen Eltern telefoniert. Aber wissen die mehr, als dass ich von der Polizei verhaftet worden bin? Wer weiß, was man ihnen erzählt hat. Es ist zum Kotzen, dass ich sie nicht selbst anrufen kann. Ich habe zwar keine Ahnung, wie ich Milena das alles erklären soll, aber die Schlagzeilen würde ich schon gern relativieren. Ich möchte einfach nur ihre Stimme hören und ihr sagen, wie leid es mir tut.

Ich bin doch kein Mörder! Wie konnte das nur passieren? Ich weiß überhaupt nicht, woran Peter Deutschmann gestorben sein soll. Das waren doch nur ein paar Schläge und Tritte, die einen Mann seiner Statur nicht wirklich gefährden konnten. Keine Waffe, kein Messer, kein Knüppel. Er war nicht mal bewusstlos, er hat sich doch noch bewegt, als wir abgehauen sind. Wäre es anders gelaufen, wenn ich nüchtern gewesen wäre? Scheiß Alkohol! Ich wollte doch aufhören zu saufen. Immer passiert etwas Schlimmes, wenn ich besoffen bin.

In der Nacht, in der ich mit Stefan und seinen Freunden in meinen vierzehnten Geburtstag hineinfeierte, war ich das erste Mal richtig betrunken. Von da an nutzte ich jede Gelegenheit, um dieses miese Gefühl loswerden zu können, das mich beherrschte, seit ich denken konnte: eine Mischung aus Angst, Ohnmacht und Scham. Ich sehnte mich nach Betäubung. Wenn ich betrunken war, verlor ich all meine Hemmungen, fühlte mich endlich leicht. Ich genoss den Rausch, wuchs über mich selbst hinaus, fühlte mich stark und unangreifbar. Alkohol war genau meine Droge, ich war schnell psychisch abhängig von ihr. Es dauerte nicht lange, bis ich regelmäßig Filmrisse hatte.

Stefan war ein Junge aus der Nachbarschaft. Meine Eltern hatten ihn wohl gebeten, sich ein wenig um mich zu kümmern, da sie selbst mich nicht mehr erreichen konnten und ich immer verstockter auf sie reagierte. Stefan war ein paar Jahre älter als ich und machte bereits eine Ausbildung. Mit ihm und seinen Freunden fuhr ich morgens gemeinsam im Bus nach Celle ins Gymnasium. Ich fühlte mich wohl im Kreis der Älteren, sie schienen mich ernst zu nehmen, sie beachteten mich. Wenn sie sich abends nach der Arbeit oder der Berufsschule trafen, schloss ich mich ihnen wieder an. Sie waren allesamt nicht besonders gut auf Ausländer zu sprechen.

In unserer Gegend gab es viele Kurden. Mit dem Bus fuhren wir an den Häusern vorbei, in denen sie in meist großen Familien lebten. «Asylanten, Kanaken» – diese

Worte wurden mir schnell vertraut, und bald kamen sie mir genauso leicht über die Lippen wie Stefan und seinen Kumpanen.

Wir sind in Hameln angekommen, aber der Fahrer kennt den Weg zum Gefängnis nicht. Wir fahren am besten wieder zurück, denke ich. Und am besten drehen wir dabei auch gleich die Uhr zurück. Man müsste die letzten beiden Tage einfach ungeschehen machen. Diese Erfahrung ist mir doch Lektion genug, um mein Leben endlich zu ändern. Diesmal wirklich. Ich war doch schon unterwegs in ein ganz anderes Leben. Ich hatte doch schon beschlossen, mich ganz aufs Internat zu konzentrieren, mit dem exzessiven Trinken aufzuhören. Was bringt es denn jetzt, wenn ich für die nächsten Jahre weggesperrt werde?

Außerdem bin ich doch nicht der Einzige, der Scheiße gebaut hat. Es gibt genug andere, die für mich verantwortlich waren und die es immer wieder verpfuscht haben. Mit welchen Konsequenzen müssen die eigentlich rechnen?

Irgendwann fühlte ich mich nur noch allein. Ich kam mir wie ein Fremder vor, egal wo ich war. Auch zu Hause. Einmal kam mir sogar der Gedanke, als Baby im Krankenhaus vertauscht worden zu sein, so wenig zugehörig fühlte ich mich meiner Familie, so fremd fühlte ich mich in Eschede. Ich war erst sechs gewesen, als wir Ende der achtziger Jahre von Celle nach Eschede gezogen waren, in eine neue, ganz fremde Umgebung.

Meine Eltern konnten mich nicht auffangen, sie hatten genug mit sich selbst zu tun, spätestens seit die Krankheit meiner Mutter sich so verschlimmert hatte, dass es unser ganzes Leben betraf. Ich kann mich kaum an die Zeit erinnern, als meine Mutter noch gesund war. Ich weiß aber, dass wir in Celle noch gemeinsam Ausflüge unternommen haben. Meine Mutter saß dabei immer am Steuer, bis sie aufgrund einer motorischen Störung einen Unfall verursachte. Die Multiple Sklerose brach schon vor meiner Schulzeit bei ihr aus, und als ich eingeschult wurde, war meine Mutter nicht einmal mehr in der Lage, uns morgens zu wecken. Zunächst ging sie noch am Stock, aber dann kam sie nicht mehr die Treppe zu den Kinderzimmern hoch, weil sie plötzlich an den Rollstuhl gefesselt war.

Mein Vater, der seit einem Fahrradunfall als Kind fast blind ist, verlor gleichzeitig mit unserem Umzug seine Arbeit beim Schwarzen Kreuz. Ich konnte damals noch nicht realisieren, was das für unsere Familie bedeutete, aber ich war plötzlich von Scham umgeben.

Ich wurde nie heimisch in Eschede. Aber es blieb bis zu meiner Inhaftierung mein einziges Zuhause.

Der Fahrer weiß immer noch nicht, wohin. Dann findet er ein Hinweisschild. Sein Problem ist damit gelöst, mein nächstes wartet dagegen schon auf mich: die Jugendanstalt. Wie sich das anhört … Dort werde ich also den Rest meiner Jugend verbringen. Die U-Haft soll noch schlimmer sein als die anschließende Strafhaft, hat mir mal ein Kamerad erzählt. Aber was genau heißt das? Wie lange wird es bis zur Verhandlung dauern? Die Mühlen der Justiz mahlen ja nicht gerade schnell. Und dann? Wie viele Jahre werden sie mir aufbrummen? Zehn Jahre ist die Höchststrafe für Jugendliche, das haben mir die Kripobeamten bereits angedroht. Wenn ich so lange sitzen muss, werde ich für immer gebrandmarkt sein. Zehn Jahre, was für ein gewaltiger Zeitraum – vor zehn Jahren war ich gerade mal sieben Jahre alt.

Meine Schwester war zwei Jahre älter als ich, konnte sich auf dem Schulhof gegen den Mitschüler, der sie drangsalierte, nicht wehren. Ich prügelte mich mit dem Jungen, der einen Kopf größer war als ich, bis er mit blutender Nase aufgab. Für einen Moment lernte ich das Gegenteil von Scham kennen: Ich war stolz darauf, meiner Schwester geholfen zu haben.

Es war das erste Mal, dass ich zuschlug. Für einen Augenblick fühlte es sich gut an. Zum ersten Mal war ich stärker als meine Angst.

Wir fahren auf die Anstalt zu. Groß und hässlich liegt sie da, umgeben von hohen Betonmauern, die mit Stacheldraht und Kameras gesichert sind. Graue Gebäude mit vergitterten Fenstern. Wir halten auf dem Parkplatz. Es regnet immer noch. Die Beamten öffnen mir die Autotür, eine Hand immer gut sichtbar an der Dienstwaffe.

«Endstation! Aussteigen, Freundchen!», herrscht mich der Fahrer an.

Wie recht er hat. Hier endet mein Leben in Freiheit. Was hat mich hierher gebracht? Wenn ich gewusst hätte, dass es hier enden würde. Wäre ich doch vorher ausgestiegen …

Untersuchungshaft

Einer meiner Begleiter läuft zur Pforte und redet über die Sprechanlage mit den Wärtern. Es geht schnell, wir sind angemeldet. Natürlich. Meine Bewacher bringen mich hinein. Ich werfe einen letzten Blick nach draußen, bevor sich die Tür hinter mir schließt.

Die Polizeibeamten erledigen ihren Papierkram und nehmen mir dann die Handschellen ab. Sie übergeben mich den Justizbeamten: «Passt bloß gut auf den auf!»

Natürlich höre ich es. Die Wärter wissen, weshalb ich hier bin, und geben sich alle Mühe, mir klarzumachen, dass ich gegen sie keine Chance habe. Ich werde durch diverse Türen geführt, die vor mir auf- und hinter mir wieder zugeschlossen werden. Dann muss ich meine Taschen ausleeren. Außer Portemonnaie und Haftbefehl habe ich nichts dabei. Den Haftbefehl darf ich behalten. Der Inhalt meines Geldbeutels dagegen wird akribisch geprüft, anschließend muss ich die Übergabe meiner Habseligkeiten per Unterschrift bestätigen.

«Sie bekommen Ihre Sachen bei der Entlassung wieder», sagt einer der Wachleute mit einem süffisanten Grinsen im Gesicht.

Einen Ausweis habe ich nun nicht mehr, stattdessen teilt man mir eine Nummer zu.

«Die Zahl merken Sie sich besser», heißt es. «Die wird für lange Zeit wichtiger als Ihr Name sein.»

So läuft das hier also. Ich bin jetzt eine Nummer.

Durch die nächste Tür werde ich in einen kahlen Raum

geführt. Die Beamten streifen sich Plastikhandschuhe über.
«Ausziehen!»

Ich lege Schuhe, Hose und T-Shirt ab.

«Den Rest auch!»

Die Bullen haben mich doch schon durchsucht, was für eine Schikane! Aber ich will es nicht gleich zum Streit kommen lassen und füge mich. Die Beamten suchen mich von oben bis unten ab, lassen keine Körperöffnung aus. Was erhoffen sie sich, bei mir zu finden? Was für ein frustrierendes Leben sie wohl führen, dass sie sich an meiner Nacktheit ergötzen müssen. Aber bitte, den Anblick meines durchtrainierten Körpers könnt ihr gratis haben. Davon könnt ihr doch nur träumen! Reglos stehe ich da und warte darauf, dass ich mich wieder anziehen darf.

Der nächste fensterlose Raum, eine Bank und ein Tisch, an dem ich auf den Arzt warten soll. Allein in dieser scheußlichen Umgebung warten zu müssen, quält mich. Lange Zeiten, in denen rein gar nichts passiert, in denen ich einfach nur da bin ohne die geringste Möglichkeit, irgendetwas tun zu können – ich kann nicht einmal mehr weglaufen. Ich bin allein mit meinen Gedanken, die immer lauter in meinem Kopf dröhnen. Ich fühle mich vollkommen ausgeliefert, nicht nur denjenigen, die irgendwann durch diese Tür kommen werden – auch mir selbst.

In meiner Erinnerung gab es zu Hause kaum Spielzeug für uns Kinder. Das Geld war äußerst knapp. In Celle hatten meine Eltern beide noch Arbeit, dann, als wir nach Eschede umzogen, waren sie beide fast gleichzeitig ohne Verdienst. Bis heute weiß ich aber nichts Genaues über unsere damaligen Verhältnisse, wir haben nie darüber gesprochen. Ich empfand uns immer als arm, obwohl wir ein Haus besaßen und meine Eltern immer wie-

der Geld spendeten, wenn in den Medien über akute Not irgendwo in der Welt berichtet wurde. Meine Familie war nicht nur finanziell in Not geraten. Die Sorge darum, wie es weitergehen soll, die Sorge um unser aller Wohl muss für meine Eltern so schlimm gewesen sein, dass sie den Mangel an Zuwendung, an Austausch gar nicht bemerkten. Auch nicht die Bedürfnisse ihrer eigenen Kinder.

Ich schämte mich für unsere billige Kleidung, das billige Essen, das nicht vorhandene Spielzeug. Aber vor allem schämte ich mich für meine behinderten Eltern. Für ihre Hilfsbedürftigkeit, ihre Abhängigkeit, dafür, dass sie nicht so waren wie die anderen Eltern. Nie habe ich Schulkameraden zu uns nach Hause eingeladen.

Unser neues Zuhause war wie ein Versteck.

Zwischenzeitlich hatte ich mir immer wieder vorgeworfen, mich meinen Eltern nicht anvertraut zu haben. Ich ließ sie nie wissen, wie leer, einsam und arm ich mich fühlte. Aber wie hätte ich davon erzählen können? Ich war ein Kind und hatte es nie gelernt, über Gefühle zu sprechen. Natürlich hatten meine Eltern genug Sorgen und Ängste, das weiß ich heute, aber als Kind konnte ich all das nur ahnen – darüber geredet haben wir nie.

Ich habe jetzt schon keinen Bock mehr. Ich will nur noch weg. Irgendeinen Weg muss es doch geben. In Filmen klappt das doch auch immer mit dem Ausbrechen. Aber nicht einmal aus diesem Raum gibt es für mich einen Ausweg. Wände und Türen aus Beton und Stahl, außerdem habe ich keinerlei Werkzeug. Ein Entkommen aus diesem Gefängnis ist absolut unmöglich. Ich muss das ertragen, muss versuchen, meine Anspannung in den Griff zu bekommen. Meine Muskeln verkrampfen sich allein bei dem Gedanken, weiter hier ausharren zu müssen. Wo bleibt denn dieser Arzt?

Mir wird heiß, und ich habe Durst. Ich fühle mich dreckig und klebrig. Ich bin jetzt schon zwei Tage inhaftiert, konnte mich seitdem nicht waschen, mir nicht die Zähne putzen, trage immer noch die gleichen Klamotten.

Endlich geht die Tür auf.

Ich erschrecke, als ich den Arzt sehe. Dieses Gesicht, der Körperbau – für einen Augenblick erkenne ich in ihm den Hippie, mein Opfer, den Mann, der doch angeblich tot sein soll. Mein Gehirn muss mir gerade einen bösen Streich spielen.

Der Schrecken währt nicht lange. Nach einer kurzen Untersuchung verlässt der Arzt den Raum wieder. Beamte kommen und führen mich zur Kleiderkammer. Ich werde fotografiert, mir werden Bettwäsche, Geschirr, Handtücher und ein paar schäbige Klamotten ausgehändigt, dann werde ich weitergeschoben. Wir betreten den Innenhof des Gefängnisses. Ich bekomme eine Ahnung, wie groß die Anstalt ist. Um den Hof herum befinden sich die Gebäude mit den vergitterten Zellenfenstern. Es ist ziemlich laut. An zahlreichen Fenstern stehen Insassen und unterhalten sich in allen möglichen Sprachen. Es gibt offenbar jede Menge Ausländer hier.

Wir gehen nur ein kurzes Stück über den Hof bis zum benachbarten Haus. Das also ist das Gebäude für die U-Haft. Im Eingangsbereich sitzen zwei Beamte hinter Panzerglasscheiben. Außer ihnen ist auf dem Flur niemand zu sehen. Sie nehmen mich in Empfang.

«Legen Sie Ihre Sachen erst einmal auf den Boden und kommen Sie mit. Der Hausleiter will Sie kennenlernen.»

Wir gelangen in einen Nebenflur, auf dem sich offenbar nur Büros befinden. Zellen gibt es hier im Erdgeschoss wohl nicht. Der Beamte klopft an eine Tür: «Herein!», ruft jemand von drinnen.

Wir folgen der Aufforderung. Der Hausleiter – er trägt

Zivilkleidung – blickt mich kurz an, bleibt aber hinter seinem Schreibtisch sitzen, gibt mir nicht die Hand. Ich soll auf der anderen Seite Platz nehmen, während der Beamte in der Tür stehen bleibt. Meine Akte liegt auf seinem Schreibtisch, der Hausleiter will aber auch meinen Haftbefehl sehen.

«Das ist ein krasses Verbrechen, das Sie da begangen haben», sagt er. «Kommen Sie damit halbwegs klar? Oder muss ich mir Sorgen machen, dass Sie sich hier etwas antun?»

«Nein, müssen Sie nicht», antworte ich. Ich habe absolut keine Lust, mich jetzt hier auf irgendein Gespräch einzulassen. Ich will einfach nur so bald wie möglich allein sein.

«Ich empfehle Ihnen, den anderen Insassen nicht zu erzählen, dass Sie jemanden getötet haben. Das könnte für Probleme sorgen.»

Ich verstehe nicht, was er damit meint, frage aber nicht nach. Glaubt er etwa, ich wollte mit meiner Tat angeben?

Jetzt spricht er mich auch noch auf meine politische Einstellung an. «Es gibt hier zahlreiche ausländische Gefangene – können Sie mir garantieren, dass es da keine Auseinandersetzungen gibt?»

«Es wäre auf jeden Fall besser, wenn ich nicht so viel Kontakt mit Ausländern hätte», erwidere ich.

Er kommentiert das nicht weiter. Ich habe keine Ahnung, ob ihm meine Aussage passt oder nicht. Er hat mich schließlich gefragt, also musste er mit dieser Antwort rechnen.

«Damit haben wir für das Aufnahmegespräch alles geklärt. Die anderen Insassen haben schon Einschluss, und Sie werden jetzt auch in Ihren Haftraum gebracht. Wenn Sie noch Fragen haben, können Sie sich an die Beamten wenden.»

Der für mich zuständige Aufseher hilft mir, meine «Haftausstattung» in die zweite Etage zu bringen. Genau wie im ersten Stockwerk befinden sich dort vier Stahltüren. Er schließt eine auf, und wir betreten einen Flur. Auch dort: ein Büro hinter Panzerglas. Nach ein paar Schritten erreichen wir meine Zelle. Der Raum ist winzig, neben der Tür befindet sich ein abgetrennter Bereich mit Toilette und Waschbecken, sonst sehe ich ein Bett, einen Tisch, einen Stuhl, einen Schrank und ein kleines Regal über dem Bett.

Der Beamte weist mich auf einen kleinen Alarmknopf an der Wand hin. «Das ist die Ampel. In Notfällen – aber wirklich nur in Notfällen – können Sie den Knopf drücken, dann kommt Hilfe. Gleich bringt Ihnen meine Kollegin Ihr Abendbrot. Morgen ist Aufschluss um sechs Uhr. Gute Nacht.»

Dann geht er und verriegelt von außen die Tür.

Jetzt bin ich mit mir selbst allein. Es ist immer noch nicht still in meinem Kopf, dieser Tag hat mir keinen einzigen Moment Ruhe gegönnt. Von jetzt auf gleich habe ich den Boden unter den Füßen verloren. Ich bin kein Skinhead mehr, ich bin ein Verbrecher in Anstaltslumpen. Dieses eine Wort aus dem Mund des Richters pocht wie ein böses Mantra gegen meine Schädeldecke: «Totschlag, Totschlag, Totschlag!»

Der Tag ging so schnell vorbei, dass ich gar keine Zeit hatte, irgendwelche von diesen furchtbaren Dingen zu verarbeiten, vor denen ich nun nicht mehr flüchten kann. Wie konnte alles so gründlich danebengehen? Vor 48 Stunden sah mein Leben noch ganz anders aus. Ich war zum ersten Mal glücklich und freute mich auf meine Zukunft! Und jetzt? Mein Leben ist in diesem Jetzt gefangen. Und dieses Jetzt ist ein Riesenproblem, größer als alle Probleme, die ich jemals hatte. Meine kleine kaputte Welt, der ich irgendwie zu entkommen versuchte, so lange ich denken kann, ist zur Hölle geworden. Aber diese Hölle auf Erden habe ich mir selbst geschaffen, also muss ich sie ertragen. Auch wenn ich jetzt lieber tot wäre.

Marco war bereits ein Skinhead, als ich ihn wiedersah. Nach der Grundschule hatten wir uns aus den Augen verloren. Ich war nach Celle aufs Gymnasium gekommen, schon wieder in eine fremde Umgebung. Auch da fand ich keinen Anschluss, blieb ohne Freunde, fühlte mich noch mehr als Außenseiter, verloren in meinen Angst- und Schamgefühlen, die stärker, bedrohlicher und schließlich immer konkreter wurden.

Meine Noten waren schon in der Grundschule gut gewesen, lediglich die Mitarbeit im Unterricht ließ immer wieder zu wünschen übrig. Ich befürchtete einerseits, als Streber zu gelten, und andererseits, mit meinen Leistungen abzurutschen. Meine Eltern erwarteten von mir immer gute Noten, sie waren der Meinung, mir fiele einfach alles zu. Eine Anerkennung meiner Ergebnisse bekam ich von ihnen nie.

Als ich aufs Gymnasium wechselte, hatte ich meine Mutter eigentlich schon verloren. Seit der Urinbeutel an ihrem Rollstuhl hing, gab es keine Umarmungen mehr.

Ich bin ein Totschläger. Wie denken die Leute jetzt über mich? Meine Freundin, meine Eltern, Kameraden und Mitschüler, meine Lehrer? Ich frage mich das immer wieder und will doch die Antwort darauf gar nicht hören. Ich bin durcheinander, schäme mich, fühle mich schuldig. Doch ich kann mich dabei gar nicht spüren, ich weiß nur, dass dieser Zustand mich wahnsinnig macht. Ich bin traurig, wütend und verzweifelt zugleich, aber ich kann nicht, ich darf nicht weinen. Mir gehen tausend Dinge durch den Kopf, die ich mir immer und immer wieder vorwerfe: Alles hätte nur ein klein wenig anders laufen müssen, dann säße ich jetzt nicht hier.

Draußen nehme ich jetzt Stimmen wahr. Ich gehe zum Fenster. Aus irgendeiner Zelle dringt laute Musik, an den meisten Fenstern, die ich sehen kann, stehen Häftlinge; oder sie sitzen auf den Fensterbänken. Sie unterhalten sich in verschiedenen Sprachen. Ich will es nicht hören, lasse mein Fenster zu. Von meinen Kameraden sitzt niemand hier ein. Marco haben sie in eine andere Anstalt gebracht. Seit unserer Festnahme konnten wir nicht mehr miteinander reden, «Tätertrennung» heißt das in der Justizsprache.

Obwohl es hier so viele Insassen gibt, fühle ich mich allein. Was verbindet mich schon mit ihnen? Man wird ein Auge auf mich haben, allein aufgrund meiner politischen Einstellung. Ich muss höllisch aufpassen, ich weiß ja noch gar nicht, wie hier der Hase läuft. Ich weiß nur, dass ich hier offensichtlich meine Zeit nicht als Deutscher unter Deutschen verbringen werde.

Ich kann nicht mehr so weitermachen wie bisher. Das muss aufhören, ich habe ganz andere Probleme. Meine Wut hält dagegen: «Lass dich nicht verbiegen», zischt sie. «Erst recht nicht hier.»

Ich höre, wie die Gruppentür aufgeschlossen wird, das Klimpern der Schlüssel kommt näher. Mein Türschloss wird geöffnet. Eine Frau in Justizuniform steht in der Tür. Sie gibt mir eine Tüte mit Brot und etwas Wurst, außerdem eine Packung Margarine und ein Glas Marmelade.

«Das ist die Ration fürs Abendessen und das morgige Frühstück. Ich lasse Ihnen noch einen Stift und ein paar Blätter Papier hier. Damit können Sie Briefe schreiben, aber auch, was Ihnen so durch den Kopf geht. Vielleicht hilft Ihnen das. Für Ihren ersten Brief können Sie eine Briefmarke bekommen, weitere Briefmarken müssten Sie dann allerdings kaufen. Wie das mit dem Einkaufen geht, werden wir Ihnen später erklären. Das dauert eh noch ein paar Tage.»

Ich bin froh über das Essen. Es ist zwar nichts Besonderes, aber besser als trockenes Brot und Wasser, außerdem habe ich seit dem Frühstück nichts gegessen.

Ich sehne mich nach Milena. Mir ist sofort klar, dass ich

hier drin Sport treiben muss, um nicht durchzudrehen. Ob das wohl geht? Worauf habe ich überhaupt noch Anspruch, nachdem ich einen Menschen getötet habe?

Es ist zum Kotzen, mit diesen Gedanken und diesen beschissenen Empfindungen allein zu sein. Ich würde gern mit jemandem darüber reden. Mit wem, wenn nicht mit Milena? Warum haben sie mich nicht mit ihr telefonieren lassen? Aber selbst sie könnte mir jetzt kaum etwas anderes sagen, als dass ich richtig Mist gebaut habe. Und das weiß ich längst selbst.

Wenn Marco hier wäre, könnten wir über die Sache reden. Die ganze Aktion war total unnötig und sinnlos. So etwas haben wir doch noch nie gemacht. Warum sind wir nicht einfach auf dem Spielplatz sitzen geblieben und haben uns weiter volllaufen lassen? Wie es Marco wohl gerade geht?

Mein Stolz, meine alte Wut kommt hoch. Wenn wir verprügelt worden sind, hat man die Angreifer nie verhaftet oder verurteilt. Als Nazis waren wir von vornherein immer die Schuldigen. Dabei wollte ich doch nur das Beste für mein Land. Ordnung und Gerechtigkeit, Sicherheit. Und jetzt bin ich hier.

«Einigkeit und Recht und Freiheit», so heißt es in unserer Hymne, und so stand es auch auf meinem Koppelschloss. Ich habe mich die ganze Zeit für einen von den Guten gehalten, dachte, ich kämpfe einen guten Kampf für eine gute Sache! Ich wollte endlich in Ruhe leben, ich hatte es satt, immer wieder von Ausländern durch den Ort getrieben zu werden, in dem ich zu Hause war. Die hätten mich an diesem einen Tag damals beinahe zu Tode geprügelt. Acht Leute um mich herum ... Mit ihren Baseballschlägern zielten sie immer wieder auf meinen Kopf. Ich riss die Arme hoch, versuchte, mich zu schützen, aber einer hielt mich fest, und die anderen schlugen immer wieder zu, bis sie mir den Ellbogen zertrümmert hatten. Erst dann konnte ich aus meiner Jacke schlüpfen und endlich abhauen.

Es gab immer wieder Leute, die sagten, ich dürfe die Dinge nicht so radikal sehen. Dass ich von einer kleinen Gruppe nicht auf DIE Ausländer schließen dürfe. Aber ihre Argumente fand ich nicht überzeugend. Diese Leute waren nicht so übel von Ausländern zugerichtet worden wie ich.

Ich lege mich aufs Bett, mir ist zum Heulen zumute. Wann habe ich eigentlich das letzte Mal geweint? Das muss irgendwann als kleines Kind gewesen sein. Ich kann mich nicht mehr erinnern. Weinen ist etwas für Schwächlinge, ich habe es komplett verlernt. Offenbar sind meine Augen dazu überhaupt nicht mehr in der Lage. Mit der Zeit wurde ich körperlich immer stärker und machte mich auch innerlich härter. Darauf war ich stolz. Jetzt kommen keine Tränen mehr.

Vor mir liegen Stift und Papier. Nur zu gern würde ich Milena schreiben, wenn ich schon nicht mit ihr telefonieren darf. Doch ich weiß nach wie vor nicht, was ich ihr sagen soll. Sie wird lesen, was in der Zeitung steht. Ihre Mitschüler werden sagen, dass es früher oder später so kommen musste. Bei meinem Alkoholkonsum und meiner politischen Einstellung hätte ihr doch klar sein müssen, in welcher Katastrophe mein Leben enden würde. Wie soll ich ihr nur vermitteln, dass ich etwas Schreckliches getan habe, aber trotzdem kein schlechter Mensch, keine Bestie bin?

Nie hätte ich mir vorstellen können, eine Freundin zu haben, die nicht auch meine Gesinnung geteilt hätte. An den zwei Wochenenden im Monat, die ich auf Anraten des Jugendamts in Eschede verbrachte, damit der Kontakt zu meiner Familie nicht ganz abbrach, tummelte ich mich mit Marco und weiteren Skinheads in der rechten Szene. Wir zogen über die Dörfer, hörten Musik, die auf dem Index stand, und betranken uns hemmungslos.

Kontakte zu anderen hatten wir so gut wie nie, man blieb im mehr oder weniger vertrauten Kreis.

Meine Zeit im Internat verlief anders. Ich war dort der einzige Skinhead, verbrachte meine Freizeit durchaus mit Schulkameraden, die teilweise wie ich im Internat lebten. Meine politische Einstellung spielte da kaum oder gar keine Rolle. Bald war auch dem Jugendamt klar, dass der Einfluss der Kameraden in Eschede mich immer wieder von meinem Weg abbrachte. Es ermöglichte mir deshalb 1999 die Teilnahme an einer Jugendfreizeit in Dänemark.

Was ist mit mir passiert, als ich dort Milena traf? Diese paar Tage, die wir gemeinsam hatten, waren für mich so überwältigend – nie im Traum hätte ich daran gedacht, dass ich zu solchen Gefühlen imstande sein könnte. Nach all den Jahren, in denen ich mich völlig in mich zurückgezogen, alle Gefühle in mir abgetötet hatte, erlebte ich nun den Himmel auf Erden. Plötzlich schien eine glückliche Zukunft zum Greifen nah. Milena nahm mich einfach so, wie ich war, und das fühlte sich gut an. Dass ich wie ein Skinhead aussah, interessierte Milena nicht, sie sah mehr: Sie sah einen Mann, den Menschen in mir.

Aber Milena und ich, wir hatten ein schlechtes Timing.

Ich flüchte mich in den Schlaf. Als ich wach werde, ist es draußen hell – und relativ ruhig. Wie spät mag es sein? Es ist ein blödes Gefühl, keine Uhr zu haben und nichts anderes tun zu können, als darauf zu warten, dass jemand kommt und die Tür aufschließt. Irgendwann höre ich wieder die Schlüssel. Die Gruppentür wird geöffnet; ich lausche den Schritten zum anderen Flur, dort werden Zellen aufgeschlossen. Schlüssel und

Schritte kommen in meine Richtung. Ich gehe davon aus, dass nun auch meine Zelle geöffnet wird, doch die Schritte entfernen sich wieder in Richtung Treppenhaus.

Ich klopfe heftig gegen die Stahltür – hat man mich vergessen? Der Beamte kommt zurück, schließt auf und schaut mich verwundert an.

«Sie waren aber gestern noch nicht da.»
«Ich bin erst abends angekommen.»
«Wollen Sie in die Freistunde gehen? Sonst muss ich Sie wieder einschließen.»

Angesichts dieser Alternative fällt mir die Entscheidung nicht schwer. Ich gehe hinaus. Auf dem Flur warten bereits einige andere Häftlinge – alles Ausländer. Ich scheine der einzige Deutsche in dieser Gruppe zu sein. Dass es viele kriminelle Ausländer gibt, überrascht mich keineswegs. Aber dass ich hier als Deutscher allein bin, schockt mich gewaltig.

Ich war damals noch stolz darauf, Skinhead zu sein; mit diesem Stolz konnte ich die Scham über meine Herkunft, mein Elternhaus überdecken. Und doch hatte ich zu dieser Zeit bereits langsam begonnen, mich umzuorientieren. Ich wollte etwas erreichen in meinem Leben – und das schien mir in den rechten Kreisen nicht möglich, zumal ich mir fest vorgenommen hatte, dem Alkohol abzuschwören – und ein Leben als Skinhead ohne Alkohol war für mich absolut nicht vorstellbar. Das gehörte in unseren Kreisen einfach zusammen.

Milena machte mir dann endgültig klar, dass mich in Eschede und bei den Kameraden nichts mehr hielt. Nicht zuletzt aus diesem Grund suchte ich auch später während der Haft keinen Kontakt zu den Rechten, was diese mir bald vorwarfen. Aber ich wollte keinen Ärger, mit ihnen nicht und auch nicht mit den vielen Ausländern. Abge-

sehen davon begegnete ich Menschen im Knast, Ausländern, die mich zum Umdenken zwangen und mich meine Berührungsängste und Vorurteile gegenüber anderen Kulturen Stück für Stück verlieren ließen. Ich machte im Gefängnis plötzlich positive Erfahrungen mit Menschen aus anderen Herkunftsländern, und diese Erfahrungen stellten mein bisheriges Weltbild auf den Kopf.

Mein Hausleiter scheint also eine sadistische Ader zu haben. Vor Anspannung bin ich sofort hellwach. Was ist, wenn mich jemand angreift, weil man mir meine rechte Gesinnung ansieht? Mir bleibt allerdings nicht viel Zeit, um weiter darüber nachzudenken; die Gruppe verwickelt mich gleich in ein Gespräch.

«Wir haben mitgekriegt, dass du gestern Abend gebracht worden ist. Wie heißt du? Und wie kommt's, dass du abends und nicht vormittags mit dem Gefangenentransport eingeliefert wurdest?»

«Keine Ahnung, welchem Umstand ich das zu verdanken habe. Die Polizei hat mich vom Haftrichter direkt hergebracht; ich wusste nicht, dass das nicht der normale Weg ist.»

Weitere Fragen werden gestellt: «Woher kommst du? Bist du zum ersten Mal hier? Wie alt bist du?»

Wir gehen gemeinsam die Treppe hinunter; immer mehr Häftlinge aus anderen Gruppen folgen uns. Leute aus verschiedenen Zellentrakten begrüßen sich lautstark. Unten staut es sich jetzt ein wenig. Bevor uns die Tür ins Freie geöffnet wird, werden wir ermahnt, vor dem Haus zu bleiben und nicht mit den Insassen anderer Häuser zu reden: «Wenn ihr euch nicht daran haltet, ist die Freistunde sofort vorbei!»

Wir gehen hinaus. Einige Häftlinge laufen auf den Sportplatz vor dem Haus und spielen Fußball. Andere sammeln sich in Gruppen, scheinbar nach Nationalitäten getrennt. Sie bleiben in verschiedenen Ecken stehen oder gehen im Hof spazieren.

Ich schaue mich um. Ich scheine einer der jüngeren Insassen zu sein. Ein Häftling, der türkisch aussieht und ungefähr in meinem Alter ist, kommt auf mich zu. Er will wissen, warum ich hier bin. Ich bin nicht sonderlich scharf auf ein Gespräch mit ihm, doch dann fällt mir ein, was mir der Hausleiter gestern geraten hat.

«Körperverletzung», antworte ich knapp.

«Dann musst du dir keine Sorgen machen, dafür wirst du nicht lange in U-Haft bleiben.»

Lächelnd läuft er zum Sportplatz hinüber. Das wäre zu schön, um wahr zu sein, denke ich. Leider ist es nicht wahr, ebenso wenig wie das, was ich gesagt habe. Es gibt keinen Grund zu hoffen, hier bald wieder herauszukommen.

Ein Deutscher spricht mich an. «Hey, du bist doch Johannes, oder? Ich habe in der Zeitung von der Sache gelesen. Kannst du dich noch an mich erinnern?»

«Nein, keine Ahnung.»

«Andy.» Er streckt mir die Hand hin. «Ich komme auch aus Celle. Wir haben uns in Eschede mal auf einer Party getroffen. Deinen Kumpel Marco kenne ich besser.»

«Kann sein. Kann mich nicht mehr an dich erinnern, wahrscheinlich war ich mal wieder zu besoffen.»

«Ist Marco auch hier in Hameln?», will Andy wissen.

«Nein, wir dürfen keinen Kontakt haben. Tätertrennung. Er sitzt in Vechta.»

Andy ist schon zum zweiten Mal hier. Er hat sich zum Kleinkriminellen entwickelt, gehört nicht zur rechten Szene. «Meld dich, wenn du etwas brauchst oder etwas wissen willst. Hier drin ist es wichtig, zusammenzuhalten und sich zu helfen.»

Er erklärt mir, wie Einkäufe und Kontakte mit der Außenwelt ablaufen, wie ich Verbindung zu einem Anwalt aufnehmen und ab wann ich arbeiten kann. Dank des Gesprächs geht die Freistunde schnell vorbei.

Ich kehre mit den anderen von meinem Zellenflur nach oben zurück. Dort klärt mich der Wachmann über den weiteren Tagesablauf auf: «Sie haben jetzt noch Zeit zum Duschen und Putzen. Anschließend gibt es Mittagessen, und danach ist wieder Einschluss. Solange Sie noch keine Arbeit in einem unserer beiden Betriebe haben, steht Ihnen nur die eine Freistunde zu, ansonsten ist 23 Stunden Einschluss im Haftraum angesagt.»

Ich gehe sofort duschen. Darauf warte ich schon zwei Tage. Der Duschraum befindet sich in der Wohngruppe. Es gibt zwei Duschköpfe und keine Trennwand dazwischen. Ein Türke steht unter dem einen von ihnen. Angespannt und wortlos stelle ich mich unter den zweiten Duschkopf und nehme die kleine Tüte Duschgel, die mir mit all den anderen Sachen ausgehändigt worden ist. Es riecht nicht besonders gut, aber es ist besser als nichts.

Der Türke quatscht mich an: «Bist du zum ersten Mal im Bau?»

Ich nicke nur kurz.

Er fragt nach meinem Namen und nennt mir seinen: «Ali. In ein paar Tagen bin ich wieder draußen. Willst du einen Tipp? Freunde dich ja nicht mit zu vielen Leuten an! Das Leben hier drin läuft nach ganz eigenen Regeln, das wirst du schon noch merken.»

Ich nicke kurz und konzentriere mich dann aufs Duschen.

Als ich fertig bin und mich anziehe, wartet der Beamte schon. «Auf dem Tisch im Gruppenraum steht ein gelber Thermocontainer. Holen Sie Ihren Teller.»

Dann schöpft er daraus mein Mittagessen und schließt mich wieder in meiner Zelle ein.

Das Essen ist wirklich übel, matschig und vom Kondenswasser verdünnt. Ich frage mich, wie lange es wohl schon in dem Container gestanden hat.

Darf ich mich über so etwas überhaupt noch beschweren, angesichts dessen, was ich getan habe? Es ist Teil der Strafe, die ich mir selbst eingebrockt habe.

Ich lasse den Tag Revue passieren. Ein paar Dinge, die mir heute gesagt wurden, habe ich bereits verstanden. Man muss vorsichtig sein, sollte sich mit niemandem anlegen. Aber wie lange wird es dauern, bis ich mich an all die offiziellen Regeln und unausgesprochenen Gesetze gewöhnt habe? Immerhin lenken mich diese neuen Eindrücke von dem Gedankenkarussell in meinem Kopf ab. Es fällt mir verdammt schwer, die Leute hier einzuschätzen. Wer gehört zu wem, und wem sollte ich möglichst aus dem Weg gehen? Welcher Gruppe kann ich mich anschließen, ohne in Schwierigkeiten zu geraten? Wer bin ich hier überhaupt noch?

Mit dem Begriff «Neonazi» konnte ich nie etwas anfangen. Ich sah mich als Skinhead und Deutschnationaler, der von Ausländern gejagt wurde und das nicht länger hinnehmen wollte. Ich bin mehrfach von ihnen angegriffen und verprügelt worden, fühlte mich bedroht, gleichzeitig ausgeliefert, ohne jemanden zu finden, der mich aufgefangen hätte. Meiner Unsicherheit begegnete ich mit Sprüchen. Statt Gefühl zeigte ich Flagge.

Ich schien im Kreis der Rechten einen Rückhalt zu haben, den ich bis dahin nirgendwo anders gefunden hatte: Hier zählte Kameradschaft, das Gemeinschaftsgefühl. Allesamt fühlten wir uns außerhalb unserer Szene ausgegrenzt und benachteiligt, was natürlich vor allem damit zu tun hatte, dass wir sofort als Skinheads identifizierbar waren. Über Gefühle und Bedürf-

nisse lernte ich natürlich auch in der rechten Szene nie zu sprechen. Ich redete mich stattdessen wie alle andern stark, um nicht als Opfer zu gelten, und trank mich bewusstlos, weil ich für mich keine Zukunft sah und meine Chancenlosigkeit nicht länger ertragen konnte. So hielt ich mich an einer selbstgebastelten Ideologie fest, damit ich nicht unterging.

Die Vorstellung, 23 Stunden am Tag allein in meiner Zelle eingeschlossen zu sein, beunruhigt mich. Ich habe nichts zu lesen, keinen Fernseher, kein Radio, bin mir und meinen Gedanken ausgeliefert. Andy meinte, ich müsste meine Familie unbedingt bitten, mir einen Fernseher mitzubringen, wenn sie mich besuchen kämen.

Jetzt will ich endlich an Milena schreiben. Wie schwer es ist, die richtigen Worte zu finden: was passiert ist, wie es mir geht, wie sehr es mir leidtut, und wie viel ich kaputt gemacht habe. Viel lieber würde ich mit ihr reden, ihr Gesicht sehen, ihre Reaktionen wahrnehmen. Ich ahne, wie sehr ich sie verletzt und enttäuscht habe. Ich muss mich der Sache stellen.

Aber kann ich das wirklich? Gibt es nicht doch einen anderen Ausweg? Dieser Gedanke lässt mich nicht los. Lohnt es sich wirklich, all das hier durchzustehen, jahrelang in diesem Loch dahinzuvegetieren, nur um dann irgendwann mit einer fragwürdigen Lebensperspektive wieder herauszukommen? Wenn ich all dem ein Ende setzen wollte, dann wäre jetzt dafür der beste Zeitpunkt. Ich spiele meine Möglichkeiten durch. Das Messer, das man mir ausgehändigt hat, ist absolut ungeeignet. Ein Stück dünnes, stumpfes Aluminium, das sich schon beim Brotschmieren verbiegt.

Aber ich habe ein Marmeladenglas. Mit einer Scherbe könnte ich mir die Pulsadern aufschneiden. Wie müsste ich das genau anstellen? Was, wenn ich nicht gleich richtig treffe, wenn ich drei-, vier-, fünfmal ansetzen muss? Könnte ich das? Wenn ich es wirklich will …

Mein Opfer ist sogar gestorben, ohne dass ich es wollte. Dann werde ich das bei mir doch wohl auch hinbekommen. Und töte ich dann nicht nur, was sowieso schon lange tot ist? Lohnt sich das Leben überhaupt noch? Ich habe meine Chancen gehabt, sie aber alle gründlich vermasselt. Alles, was mich bisher angetrieben hat, meine Ideale, meine Werte, die Kameraden und, seitdem ich Milena getroffen habe, sogar die Freude am Leben – was bleibt davon? Nein, es lohnt sich nicht mehr. Weiterzumachen hat keinen Sinn.

Es war nicht das erste Mal, dass mich Selbstmordgedanken quälten. Meine Schulzeit auf dem Celler Gymnasium gestaltete sich mit der Zeit immer schwieriger. Ich zog mich weiter zurück. Am Unterricht beteiligte ich mich nur noch, wenn ich aufgerufen wurde, ich fand keine Möglichkeit, meinem Zwiespalt zu entkommen: Immer mehr Kraft musste ich aufbringen, um weder zu gut noch zu schlecht dazustehen, und wahrscheinlich war es genau das, was keiner verstand. Ich fühlte mich benachteiligt, missachtet, ausgegrenzt, wollte aber um jeden Preis vermeiden, damit aufzufallen. Es gab niemanden, dem ich mich anvertrauen konnte. Zu allen negativen Gefühlen kam jetzt noch der Neid auf die Mitschüler, die in geordneten und behüteten Verhältnissen aufwuchsen.

Meine Ohnmacht, an der eigenen Situation nichts ändern zu können, brachte mich irgendwann dazu, für meine Mitschüler nur noch Verachtung zu empfinden.

Ich stand unter permanentem Druck. In der Schule war ich schüchtern, zu Hause wurde ich immer ungehaltener, wenn wir uns zum Essen um den Familientisch ver-

sammelten. Ich kann mich nicht an den Inhalt unserer Gespräche erinnern, ich weiß nicht einmal, ob wir überhaupt miteinander gesprochen haben. Aber ich weiß, dass meine Mutter weinte, wenn ich die Türen zuwarf oder meinen Vater als Versager beschimpfte. Diesen Titel gab er sich selbst, wenn er wieder einmal nicht weiterwusste, weil er meiner verzweifelten Wut oder dem eigenen Elend nichts entgegenzusetzen hatte und in Hilflosigkeit zu versinken drohte.

Wenn ich meine Eltern beleidigte, schaute ich sie dabei an, um zu sehen, wie es sie traf. «Du Krüppel!», schrie ich einmal meine Mutter an.

Ich ließ meinen Frust an ihnen aus. Mein Vater reagierte schweigend, zog sich zurück, mein jüngerer Bruder reagierte gar nicht, nur meine Schwester versuchte manchmal, mir Paroli zu bieten. Ich wütete, trat Türen ein. Meinen Schmerz wandelte ich in Zerstörung um.

Oder ich flüchtete mich in eine Phantasiewelt. Dort gelang mir, was in der Realität unmöglich war: Bei Computerspielen, in denen es darum ging, in möglichst kurzer Zeit möglichst viel Geld anzuhäufen, war ich immer erfolgreich.

Was soll aus dem angefangenen Brief werden, der vor mir auf dem Tisch liegt? Milena liebt mich, das weiß ich, ich habe es gespürt. Was habe ich ihr mit meiner Tat angetan! Wie soll sie das aushalten, wenn ich jetzt auch noch Selbstmord begehe? Wenn ich für mich nicht weiterleben will, muss ich es dann nicht wenigstens für sie tun? Ich bin dankbar, dass es sie gibt, dankbar für ihre Liebe und dankbar für die wenigen glücklichen Tage, die ich mit ihr verbringen durfte. Das ist es, was ich ihr schreiben kann.

In den nächsten Tagen gewöhne ich mich erstaunlich schnell an den Tagesablauf im Gefängnis. Sogar die Zeiten in der Zelle lassen sich aushalten. Am Fenster finde ich immer Gesprächspartner, fast täglich kommen und gehen welche. Hauptsache, ich bringe die Zeit irgendwie rum. Erstaunt und auch verunsichert stelle ich fest, dass ich manchmal mit den Ausländern besser klarkomme, viel besser mit ihnen reden kann, als mit den Deutschen. Aber ich fühle mich trotzdem fremd.

Tagsüber kann ich auf diese Weise abschalten; nachts klappt das nicht so einfach. Immer wieder träume ich, dass der Richter mich gehen lässt, träume davon, in mein altes Leben zurückzukehren. Es ist jedes Mal so real, ich freue mich, doch noch einmal eine Chance zu bekommen. Und dann werde ich schlagartig wach, mein Blick fällt auf das Gitter vor meinem Fenster, und ich bin maßlos enttäuscht und ernüchtert.

Durch Andy lerne ich einige Insassen kennen, mit denen ich die Freistunden verbringen kann. Sie alle haben schon etwas mehr Knasterfahrung. Ich habe offensichtlich noch längst nicht alle ungeschriebenen Gesetze hier verstanden, denn als ein weiterer Deutscher in meine Wohngruppe kommt, gehe ich ganz selbstverständlich mit ihm gemeinsam in die Freistunde. Daraufhin nimmt Andy mich zur Seite.

«Du solltest besser nicht mit solchen Typen rumhängen.»

«Warum?», frage ich zurück. «Ich rede doch nur mit ihm, weil wir zusammen in einer Gruppe sind.»

«Egal, es ist nicht gut für dich, wenn die anderen sehen, dass du dich mit solchen Losern abgibst. Bleib lieber bei mir und meiner Gruppe.»

Das Gespräch weckt ungute Gefühle in mir. Bisher hatte ich noch nicht viel Kontakt zu den anderen Insassen, mal abgesehen von den Fenstergesprächen. Noch gab es keine Auseinandersetzungen, und darüber bin ich ziemlich froh. Doch das kann sich hier offensichtlich schnell ändern. Momentan habe ich wirklich keine Lust auf Ärger. Den hatte ich draußen genug. Ich sehe ja, wohin mich das gebracht hat. Ich will so nicht weitermachen. Aber der Grat, auf dem ich wandeln muss, wenn ich hier ohne Schwierigkeiten mit den anderen Häftlingen klarkommen will, scheint äußerst schmal zu sein.

Diese Ahnung bestätigt sich schneller, als mir lieb ist. Nach einigen Tagen werde ich von der Aufnahmegruppe in eine andere Gruppe innerhalb der U-Haft verlegt. Dort gibt es weniger Fluktuation, die meisten haben Arbeit in einem der Betriebe, und deshalb darf man etwas mehr Zeit gemeinsam in der Gruppe statt in der Zelle verbringen. In der Mittagspause und nach der Arbeit ist das der Fall.

Innerhalb der Gruppe gibt es eine klare Hierarchie. Neulinge werden sofort daraufhin abgecheckt, wie durchsetzungsfähig sie sind. Da ich mich aus derlei Klüngeleien eigentlich heraushalten will, verpasse ich die Gelegenheit, mir sofort Respekt zu verschaffen. Das soll sich bald als Fehler erweisen.

Doch zunächst bekomme auch ich Arbeit. Ich bin froh, endlich mehr Zeit außerhalb der Zelle verbringen zu können, mehr Abwechslung zu haben. Doch die Arbeit an sich ist mehr als stumpfsinnig, einfachste Produktionstätigkeit: Wir bekommen große Kisten mit Tausenden Kleinteilen vorgesetzt. Aus zwei Kisten müssen wir Elemente zusammenstecken und in eine dritte Kiste legen. Es ist ein einziger Arbeitsschritt, aber ich muss ihn mindestens fünftausendmal pro Tag wiederholen, um das Soll zu erreichen. Nach ein paar Tagen habe ich bereits wunde Finger. Aber zumindest verdiene ich ein paar Pfennige in der Stunde, dadurch kann ich mich beim Einkauf mit den allernötigsten Sachen eindecken.

Ich arbeite mit einigen Häftlingen zusammen, die nicht oder nur schlecht Deutsch können, aber das ist bei dieser Arbeit kein Problem. Es ist seltsam, aber durch diesen direkten Kontakt mit Ausländern lösen sich meine Vorbehalte ihnen gegenüber in Luft auf. Das hätte ich mir früher niemals vorstellen können. Vor allem nicht nach so kurzer Zeit. Ich kann mir das selbst gar nicht erklären. Ali, dem Türken in der Dusche, war ich noch äußerst misstrauisch gegenübergetreten, inzwischen vergesse ich einfach, dass meine Kollegen fast alle ausländische Wurzeln haben. Wir sitzen hier alle in einem Boot.

Ich bekomme die ersten Besuche. Das läuft nach einem seltsamen Verfahren ab. Zu unregelmäßigen Zeiten erscheint ein Beamter im Betrieb und nennt die Namen der Insassen, die mitkommen sollen. Wer uns besucht, sehen wir erst im Besuchsraum. Einmal sitzt dort meine Schwester und wartet auf mich. Ich bin sehr überrascht, weil wir längere Zeit überhaupt keinen Kontakt zueinander hatten. Aber sie geht darauf gar nicht ein.

Wie haben wir uns begrüßt? Ich kann mich nicht erinnern. Ich glaube nicht, dass wir uns umarmt haben, vermutlich haben wir uns die Hand gegeben.

«Wie geht es dir?», fragt sie mich. «Und wie ist es hier drin so?»
Dann erzählt sie, sie sei schwanger.

Habe ich ihr zur Schwangerschaft gratuliert? Konnte ich überhaupt irgendeine Regung zeigen? Ich glaube, es kam mir damals so vor, als sei meine Schwester aus einer ganz anderen Welt gekommen, zu der ich keinen Zugang fand.

«Ach ja, ich habe übrigens einen Fernseher und ein Radio für dich abgegeben. Sie müssen noch durch die Kontrolle, aber in ein paar Tagen bekommst du sie bestimmt.»

Damit hatte ich nicht gerechnet. Nach all unseren heftigen Auseinandersetzungen schon während unserer Kindheit – und jetzt, nachdem wir so lange nichts voneinander gehört haben und ich wegen einer solchen Tat im Gefängnis sitze, besucht sie mich. Und anstatt mir Vorwürfe zu machen, sorgt sie dafür, dass ich mich ablenken kann. Ich weiß gar nicht, wie ich das einordnen soll.

Andere Besucher kommen – und endlich auch meine Eltern. Als sie da sind, schäme ich mich. Ich weiß, wie viel Kummer sie in den letzten Jahren mit mir hatten, wie verzweifelt sie sind, weil sie mich auf meinem Weg nicht positiv beeinflussen konnten. Und jetzt diese Schande! Ich kann mir denken, wie die Leute im Ort sie anschauen, hinter ihrem Rücken reden. Meine Eltern bringen mir meine Schulbücher mit.

Mein Vater sagt: «Vielleicht helfen sie dir ja, dein Gehirn fit zu halten.» Über die Tat selbst sprechen wir nicht. Auch nicht darüber, was in uns vorgeht.

Ich erinnere mich nicht mehr, wie oft meine Eltern mich während meiner Haftzeit besucht haben. So oder so bedeuteten die Besuche aufgrund ihrer Behinderung einen großen logistischen Aufwand für sie. Wenn sie dann kamen, machten mich unsere Begegnungen immer hilf- und sprachlos. Nie fand ich einen Weg, ihnen klarzumachen, wie es mir ging. Irgendwann bat ich sie darum, mich nicht mehr zu besuchen.

Sie meinen es gut mit den Büchern, doch sie erinnern mich jetzt daran, dass ich in den nächsten Jahren keine Schule mehr von innen sehen werde.

Einmal kommt ein Betreuer aus dem Internat, in dem ich die letzten beiden Jahre verbracht habe. Der Besuch ist beklemmend. Wir wissen beide nicht, was wir sagen sollen.

Auf Milena warte ich vergeblich. Dafür kommt endlich ein Brief von ihr. Es tut gleichzeitig gut zu lesen, dass sie mich immer noch liebt – und weh zu erfahren, wie schmerzhaft die ganze Geschichte für sie ist. Sie wollte mich unbedingt besuchen kommen, aber weil sie noch nicht volljährig ist, braucht sie für eine Besuchsgenehmigung die Erlaubnis ihrer Eltern. Ich kann verstehen, dass die ihr diese Erlaubnis nicht geben wollen.

Leider dauert es unglaublich lange, bis mich meine Post erreicht. Die Briefe gehen zunächst ans Gefängnis und werden von dort an den zuständigen Richter geschickt. Wenn er Zeit hat, liest er die Briefe und schickt sie zurück ans Gefängnis. Ein Brief ist daher ungefähr zwei Wochen unterwegs. Bis die Antwort den Absender erreicht, vergehen fast vier Wochen. Wie soll man auf diese Weise Beziehungen aufrechterhalten?

Es dauert nicht lange, da bekomme ich Ärger. Ich mache mir zu wenige Gedanken, um ihm aus dem Weg zu gehen. In meiner Gruppe ist ein zweiter Skinhead, mit dem ich zwar ab und an geredet, ansonsten aber nicht viel zu tun gehabt habe. Nun soll er in ein anderes Gefängnis verlegt werden. «Dort kann man sich viel einfacher als hier rechte Klamotten und Musik besorgen», meint er. «Wenn du willst, lasse ich ein paar von meinen Sachen hier, wenn du mir beim Einkaufen Tabak mitbringst.»

Ich will ihm das nicht abschlagen und willige ein. Und nachdem ich ihm den Tabak besorgt habe, lege ich seine Sachen in meinen Schrank – schön, wieder vertraute Kleidung am Leib zu tragen, weil ich ja meine eigene nicht mitnehmen konnte. Am nächsten Tag werde ich aber von der Arbeit weg zum Hausleiter gerufen.

«Ihre Zelle wurde durchsucht», eröffnet er das Gespräch. «Hier ist das Durchsuchungsprotokoll mit den Dingen, die wir bei Ihnen gefunden haben. Einiges davon haben Sie nicht mitgebracht, Sie müssen sich diese Sachen also hier drin besorgt haben.» Er sieht mich stirnrunzelnd an. «Sowohl der Besitz als auch die Beschaffung ist Ihnen nicht gestattet. Dafür muss ich Sie zwei Wochen in die Einschlussgruppe stecken.»

Also wieder 23 Stunden Einschluss. Und keine Arbeit. Und diesmal sogar eine Freistunde, die ich getrennt von den anderen verbringen muss.

«Packen Sie Ihre Sachen, Sie ziehen sofort um!»

Ein Beamter wartet schon im Gruppenbüro auf mich. Ich gehe zu meinem Haftraum, während ein anderer Häftling gerade den Flur wischt. Jetzt merke ich, welch ein Fehler es war, mir nicht gleich Respekt verschafft zu haben.

Er schimpft: «Du Idiot, der Boden ist noch nass, und du latschst mitten durch!» Dann kommt er auf mich zu und gibt mir eine Ohrfeige, die sich gewaschen hat. Mit voller Wucht schlägt er zu – dass es eine Ohrfeige und nicht eine Faust ist, die mich trifft, soll mich zusätzlich erniedrigen.

Sofort sehe ich rot. Mir reicht es, ich bin frustriert und ohnmächtig vor Wut, jetzt ist sowieso alles egal, bin ja eh auf dem Weg in die Einschlussgruppe. Knallhart schlage ich zurück. Der andere gerät ins Taumeln, und als ich gerade zum nächsten Schlag ausholen will, rutsche ich auf dem nassen Boden aus. Sofort rennen ein paar andere Häftlinge herbei, die uns auseinanderhalten.

Der Beamte kommt aus dem Büro. «Was ist hier los?»

Niemand antwortet, auch ich nicht.

«Sind Sie so weit?», fragt er mich dann.

Ja, bin ich. Weiter geht's in die Einschlussgruppe.

Und wieder eine neue Situation. Mittlerweile besitze ich zwar Fernseher und Radio, aber hier darf ich sie nicht in meine Zelle mitnehmen. Ich soll ja bestraft werden.

Während meiner Zeit in Haft wurde ich mehrmals mit einem solchen Einschluss bestraft – einmal für eine, einmal für zwei und einmal für vier Wochen. Die Gründe waren oftmals Nichtigkeiten: Wenn die Zelle nicht sauber genug war, es eine Auseinandersetzung mit Mithäftlingen gegeben hatte oder in der Wohngruppe Alkohol gefunden wurde – dann wurde die ganze Gruppe dafür bestraft. In der Bestrafungszelle verbrachte ich dann 23 Stunden; nur ein- oder zweimal am Tag öffnete sich die Tür. Weder Uhr noch Buch oder Radio waren erlaubt, regelmäßiges Duschen hing vom Wohlwollen der Wärter ab, für die gesamte Zeit bekam ich nur ein einziges Handtuch.

Im Einschluss verlor ich jegliches Zeitgefühl, immer wieder lief ich die paar Schritte von Wand zu Wand, machte Liegestütze und Kniebeugen, um nicht durchzudrehen.

Doch auch die Strafzeit geht vorbei. Ich kehre zurück in meine Gruppe, die Auseinandersetzung wurde zum Glück nicht gemeldet, alle haben dichtgehalten. Niemand verliert noch ein Wort darüber. Aber ein wenig mehr Respekt haben die anderen jetzt vor mir, das spüre ich, wenn ich an ihnen vorbeigehe. Sie wissen nun, dass sie nicht alles mit mir machen können – und dass ich den Mund halte und andere Insassen nicht bei den Beamten anschwärze. Diese wohl wichtigste Regel unter den Insassen habe ich schnell begriffen.

Bald findet das erste Gespräch mit meinem Anwalt statt. Diverse Beamte und Insassen haben mir von Anwälten erzählt, die regelmäßig in der U-Haft vorbeischauen und Mandate von Insassen übernehmen, die so wie ich noch keinen Verteidiger haben. Einer dieser Anwälte wird meiner. Wir reden miteinander, ich schildere ihm meinen Fall, erteile ihm ein Mandat, und er verspricht, nach der Akteneinsicht zurückzukehren, um die weitere Prozessplanung zu besprechen.

Nach diesem ersten Gespräch kann ich zwar nicht sagen, ob ich einen guten Anwalt erwischt habe, aber ich bin erleichtert, jemanden an meiner Seite zu wissen, der sich im Justizsystem auskennt und mich auf die Gerichtsverhandlung vorbereiten kann. Ich bin mir bewusst: Es kann bei der Verhandlung letztlich nur um die Höhe des Strafmaßes gehen.

Ich werde zu meinem Hausleiter gerufen.

«Das Gericht braucht ein psychiatrisches Gutachten von Ihnen, um Ihre Schuldfähigkeit zu beurteilen», teilt er mir mit. «Deshalb möchten wir, dass Sie in den nächsten Wochen ein paar Gespräche mit dem Anstaltspsychiater führen und verschiedene Tests absolvieren.»

Ich bin skeptisch und befürchte, ein solches Gutachten könne mir schaden, seine Ergebnisse sich negativ auf das Urteil auswirken. Andererseits wird es mir mit Sicherheit Nachteile bringen, wenn ich mich einer Begutachtung verweigere.

Mein Anwalt rät mir: «Seien Sie in den Gesprächen auf jeden Fall immer ehrlich, auch wenn Sie lieber einige Dinge beschönigen würden.»

Also führe ich mehrere Gespräche mit dem Psychiater und mache verschiedene Tests bei einer Psychologin. Beide sind mir zwar unsympathisch, und ich fühle mich bei der ganzen Prozedur auch nicht sonderlich wohl, aber vielleicht ist das Gutachten ja doch in irgendeiner Weise hilfreich. Schließlich stelle ich mir selbst auch immer wieder Fragen über mich. Wieso bin ich so, wie ich bin? Wie konnte alles nur so aus dem Ruder laufen? Vielleicht kann mir das Gutachten dabei helfen, mich selbst besser zu verstehen.

Doch meine Hoffnungen erfüllen sich nicht. Der Psychiater bescheinigt mir zwar eine überdurchschnittliche Intelligenz, aber auch schwere seelische Abnormitäten. «Schwere seelische Abnormitäten» – was soll ich damit anfangen? Meine Intelligenz hilft mir in meiner Situation nicht viel weiter, für die Arbeit hier brauche ich sie jedenfalls nicht – und meine seelische Verfassung bessert sich durch die Haft sicherlich auch nicht. Zumindest ist dem Gutachter klar, dass ich voll schuldfähig bin. Wäre «vermindert schuldfähig» nicht besser? Aber mein Anwalt beteuert: «Die Bescheinigung der vollen Schuldfähigkeit ist vorteilhaft für Sie, glauben Sie mir.» Also tue ich das.

Ansonsten gewöhne ich mich immer mehr an die Gepflogenheiten im Gefängnis. Nicht viele Insassen bleiben so lange wie ich in U-Haft. Es ist ein ständiges Kommen und Gehen. Wir, die wir länger bleiben, schließen uns fast automatisch einander an und lernen uns im Laufe der Zeit besser kennen. Ich entwickle ein Gespür dafür, wer ein «guter Umgang» für mich ist und mit wem ich den Kontakt meiden sollte – Nationalitäten spielen dabei für mich keine Rolle. Keine Rolle *mehr*.

In meinem Betrieb erwerbe ich durch gute Arbeit das Vertrauen meines Chefs und bekomme anspruchsvollere Aufgaben zugeteilt. Manchmal kann ich etwas länger arbeiten, wenn Aufträge dringend fertigwerden müssen, dann bekommen wir kleine Belohnungen: Der Chef bringt uns belegte Brötchen mit und Cola, Dinge, die uns sonst nicht zugänglich sind und über die wir uns deshalb sehr freuen.

Generell herrscht ein reger Tausch und Handel unter den Insassen. Die langen Abende in den Zellen verbringen wir an den Fenstern und bauen uns Vorrichtungen, um Dinge von Zelle zu Zelle, von Haus zu Haus weiterzugeben. Mit der Zeit lerne auch ich die Wurf- und Fangtechniken, die für dieses Transportsystem notwendig sind.

Ab und zu werden wir von Patrouillen erwischt, dann gibt es wieder Sanktionen. Die normale Strafe für kleinere Vergehen ist der Entzug von Radio und Fernseher. Aber wir Häftlinge sind kreativ darin, uns mit Notsituationen zu arrangieren. Mit einem aus dem Fenster gehaltenen Spiegel kann man das Fernsehprogramm in der Zelle nebenan mitverfolgen, wenn der Nachbar den Fernseher richtig positioniert. Mit einem leeren Milchkarton, einem Radiokabel und zwei Gabeln improvisiert man einen Wasserkocher. Das sorgt zwar regelmäßig für Stromausfälle, weil dabei die Sicherung rausfliegt, und außerdem schmeckt der Kaffee etwas rostig, aber das ist nicht weiter schlimm. Wenn der Strom ausfällt, kann man die Ampel drücken. Meistens kommen dann die Beamten der Nachtschicht und schalten den Strom wieder ein. Gelegentlich haben sie aber auch schlechte Laune und lassen uns im Dunkeln sitzen.

Nach langen Monaten bekomme ich endlich die Vorladung zur Gerichtsverhandlung. Als Jugendlicher darf man nur maximal sechs Monate in U-Haft auf seine Verhandlung warten. Diese Frist wird gerade eben nicht überschritten. Vier Tage sind für meine Verhandlung angesetzt. Einerseits bin ich erleichtert, dass die Zeit der Ungewissheit bald vorbei sein wird, andererseits denke ich mit Sorge an den Prozess. Wie wird es sein, dort zu sitzen, auf der Anklagebank, als Totschläger? Wie viele Jahre Haft werden sie mir geben? Werden Angehörige des Opfers da sein? Werde ich die Möglichkeit haben, mit Marco, meinem Mittäter, zu reden? Wie mag es ihm in Vechta ergangen sein? Und welche Strafe wird ihn erwarten?

Doch zunächst erlebe ich noch mein erstes Weihnachten und Silvester im Gefängnis. Feiertage sind auch im Knast arbeitsfrei, das heißt 23 Stunden Einschluss. Die Beamten sind allesamt sehr nervös: Zu Weihnachten ist die Gefahr am größten, dass Insassen Suizid begehen oder ausrasten.

Ein wenig Freude kommt durch die Pakete auf, die uns Familienangehörige oder Freunde schicken. Zu Weihnachten und Ostern sowie zum Geburtstag darf man als Häftling ein Paket empfangen. Süßigkeiten, Kaffee und Tabak reichen allerdings nicht aus, um in Festtagsstimmung zu kommen. Einige Häftlinge wurden kurz vor den Feiertagen entlassen. Die Glücklichen, sie können jetzt doppelt feiern!

Besonders an Weihnachten rückt die Einsamkeit in der Zelle wieder ins Bewusstsein. Ich hätte jetzt so gerne liebe Menschen um mich, mit denen ich bei Kerzenschein ein leckeres Essen genießen könnte! Habe ich das Recht verwirkt, mir so etwas zu wünschen?

Silvester. Wie sehr hatte ich der Jahrtausendwende entgegengefiebert, als ich noch in Freiheit war, hatte mich auf die Party meines Lebens gefreut. Stattdessen stehe ich jetzt nüchtern und allein an meinem Fenster. Dabei kann ich noch froh sein, dass ich eine Zelle habe, die mir einen Blick auf das Feuerwerk in der Stadt ermöglicht. Ich beneide die Menschen, die dort jetzt ausgelassen feiern.

Dann erwischt mich ein Beamter dabei, wie ich ein paar Sachen zu einem Mithäftling herunterlasse. Der Beamte ist an diesem Tag besonders schlecht drauf; wutentbrannt stürzt er mit seinem Kollegen in meine Zelle. Nur mit Mühe kann ich ihn dazu bewegen, mir nur den Fernseher zu nehmen und mich nicht in die Isolation zu stecken. Das hätte mir gerade noch gefehlt.

Was kann ich denn dafür, dass er heute arbeiten muss? Die Beamten könnten ruhig ein Auge zudrücken, wenn wir versuchen, uns den Tag heute so angenehm wie möglich zu machen – sie können wenigstens in ein paar Stunden nach Hause gehen.

Die Verhandlung

Es sind nur noch wenige Tage bis zur Verhandlung. Da das zuständige Gericht in Celle tagt, steht mir eine kleine Reise bevor. Ein Beamter klärt mich darüber auf, dass ich in einem Gefangenentransporter in die JVA Celle gebracht werde; von dort aus wird man mich an den Verhandlungstagen ins Gericht fahren. Erst nach der Urteilsverkündung werde ich nach Hameln zurückkehren.

Dann ist es so weit. Statt zur Arbeit geht es heute zur Gerichtsverhandlung. Ich kann ein paar Kleidungsstücke mitnehmen; viel Auswahl habe ich nicht. Tabak und Feuerzeug packe ich ebenfalls ein, nachdem ich mir hier im Knast das Rauchen angewöhnt habe. Handtuch, Zahnbürste und andere Toilettenartikel bekomme ich im Celler Gefängnis, wie man mir sagt.

Zunächst werde ich in eine Wartezelle gebracht. Mein Gepäck wird sehr gründlich kontrolliert. Anschließend muss auch ich mich wieder untersuchen lassen, ob ich an oder in meinem Körper irgendetwas hinausschmuggeln will.

Danach werden mir Handschellen und Fußketten angelegt. So gesichert und von zwei Beamten flankiert, geht es in den Hof zwischen Verwaltungsgebäude und Außentor, wo ein dritter Beamter schon in einem Transporter wartet. Im rückwärtigen Teil des Transporters befindet sich ein Käfig, in dem ich untergebracht werde. Beim Einsteigen ins Fahrzeug merke ich erst richtig, wie sehr meine Bewegungsfreiheit durch die Fesseln an Händen und Füßen eingeschränkt ist. Als man mich ausbruchssicher im hinteren Wagenteil eingeschlossen hat, warnt mich einer der Beamten: «Die Polizisten vorn im Fahrzeug haben bei einem solchen Transport Schusswaffen dabei. Sie sind berechtigt, davon Gebrauch zu machen, falls nötig.» Schon verstanden.

Das Tor öffnet sich, wir verlassen den Hof. Ich bin mittlerweile sehr ernüchtert. Im Gefängnis gab es keine Fluchtmöglichkeit. Die ganze Anlage ist relativ neu und bestmöglich gesichert. Zudem werden die meisten Außenkontakte unterbunden und die, die übrig bleiben, genau kontrolliert. Ich hatte gehofft, dass sich vielleicht bei einem solchen Transport – wenn ich das Gefängnis hinter mir lasse – eine Möglichkeit zur Flucht ergeben könnte. Stattdessen bin ich jetzt noch besser gesichert und beobachtet, habe noch weniger Bewegungsfreiheit als in meiner Zelle.

Ich werde vor der Verhandlung nicht weglaufen können. Ich werde Verantwortung übernehmen müssen für das, was ich getan habe. Und dann werde ich den Preis dafür bezahlen müssen. Gnade kann ich von den Richtern nicht erwarten. Sie werden mir vorhalten, wie viele Menschen sich in den letzten Jahren darum bemüht haben, mein Leben in die richtigen Bahnen zu lenken. Zweimal schon stand ich vor dem Jugendrichter, einmal wegen Sachbeschädigung, beim zweiten Mal wegen Körperverletzung. Dabei hat er mir klargemacht, dass die Gesellschaft mein gewalttätiges Verhalten nicht toleriert. Er hat mich vor härteren Strafen gewarnt, falls ich weiterhin durch Gewalt oder andere Straftaten auffallen würde.

Und was tue ich? Ich werde wieder straffällig, begehe erneut eine Gewalttat, nur diesmal eine viel schlimmere. Auch wenn es nicht meine Absicht war: Ich habe ein Menschenleben auf dem Gewissen! Das Leben eines Menschen, von dem ich so gut wie nichts weiß.

Peter Deutschmann hatte Marco in Gesprächen von seinem rechtsradikalen Weg abbringen wollen. Bei Marco hat er es nicht geschafft, aber bei mir – und wurde selbst zum Opfer dafür. Dabei hatte ich nie ein Problem mit ihm; ich war einfach nur der irrigen Ansicht, meinem Kameraden zur Seite stehen zu müssen. Marco und unsere ganze Szene sah ich von Peter Deutschmann angegriffen und meinte, als Einzelner für sie handeln zu müssen. Sie sollten wissen, dass sie sich auf mich verlassen konnten. Danach hätte ich vermutlich weder Marco noch sonst irgendjemand der Kameraden wiedergesehen. Ich wollte ja endgültig weg aus Eschede.

Es gab genug andere, die sich mir tatsächlich als Feinde erwiesen haben. Leute, mit denen ich Streit hatte, mit denen es zu verbalen und handfesten Auseinandersetzungen kam. Leute, die ich gehasst habe und die mich für meine politische Einstellung gehasst haben ... Hätte es einen von ihnen getroffen, könnte ich wenigstens einen konkreten «Grund» nennen. Nicht, dass es das besser machte, aber ich hätte mich vielleicht darauf berufen können, dass diese Leute mir schaden wollten. Aber was soll ich jetzt sagen, wenn die Richter mich nach dem Warum fragen? Aus Freundschaft, aus Solidarität meinem besten Freund gegenüber, aus Langeweile, Trunkenheit und Wut? Was sind denn das für Gründe?

Wenn dann auch noch der Psychiater aussagt, ich sei überdurchschnittlich intelligent, wird das wie der blanke Hohn klingen – ich selbst komme mir gerade ziemlich dumm und klein vor.

Der Transporter hält an. Wir haben die JVA in Celle erreicht. Nun werde ich Revue passieren lassen müssen, was passiert ist – im Gerichtssaal, vor allen Leuten. Und dann wird man das Urteil über mich sprechen. Wenn ich könnte, würde ich weglaufen. Aber ich kann nicht. Wie auf Schienen ist alles bisher gelaufen. Automatisch, ohne dass ich hätte eingreifen können. So wird es jetzt weitergehen. Ich hasse dieses Gefühl der Ohnmacht, des Ausgeliefertseins.

Ich werde im Gefängnis in Empfang genommen; ein seltsames Gefühl. Eine Zeitlang bin ich auf dem Weg zur Schule mit dem Bus hier vorbeigefahren. Nach Celle, in den Knast, kommen keine normalen Verbrecher, so hieß es immer. Hier sitzen nur besonders gefährliche Kriminelle, nur die ganz harten Jungs. Jetzt bin ich hier. Bin ich ein besonders gefährlicher Krimineller? Ein ganz harter Junge? Meine Selbstwahrnehmung sieht ganz anders aus. Momentan zweifle ich sogar daran, ob ich überhaupt hart genug bin, um im Jugendgefängnis über die Runden zu kommen.

Die Celler Justizbeamten schauen mich irritiert an: «Wie alt sind Sie denn?», fragt einer.

«Siebzehn», antworte ich.

Damit haben sie ein Problem. «Sie dürften gar nicht hier sein. Die Hamelner Kollegen hätten doch wissen müssen, dass Sie zu jung sind.» Man besinnt sich kurz, dann heißt es: «Na gut, jetzt sind Sie schon mal da, jetzt bleiben Sie. Im Grunde spielt das Alter beim Tagesablauf eh keine Rolle.»

Sie bringen mich in meinen Trakt, doch ich darf noch nicht in meine Zelle. Zuerst muss ich in eine Umkleidezelle. Ich muss meine Kleidung komplett ablegen und meine persönlichen Dinge abgeben. Dafür bekomme ich einen Jogginganzug, den ich anziehe. So muss ich in meinen Haftraum.

«Kann ich ein Radio oder eine Zeitung bekommen?» Ich würde mich so gerne mit irgendetwas ablenken.

«Ich schaue mal, was sich machen lässt», meint ein Beamter.

Ich vermute, dass das nein bedeutet. Doch zu meiner

Überraschung kommt der Beamte nach einigen Minuten tatsächlich wieder. Er bringt mir einen Fernseher, einen Wasserkocher und etwas Kaffee mit. Ich bin positiv überrascht. Als ich den Fernseher einschalte, freue ich mich erst recht, denn es gibt viel mehr Sender als in Hameln. Später stelle ich fest, dass auch das Essen besser ist. Ich denke nach. Es gehört hier bestimmt zum Sicherheitskonzept, dass man den Häftlingen zwar enge Grenzen setzt, aber trotz allem respektvoll mit ihnen umgeht. In Hameln habe ich mehr Schikanen erlebt.

Am nächsten Morgen muss ich meine Freistunde ganz allein auf einem ummauerten Platz verbringen, beaufsichtigt nur von einer Kamera. Lieber hätte ich mit jemandem geredet. Das ist normalerweise das Gute an den Freistunden: Man kann sich mit anderen austauschen. Hier komme ich mir ganz verloren vor. Bleibt mir also nur noch, mich an meiner Zigarette festzuhalten. Schon seltsam, draußen habe ich weder geraucht noch Kaffee getrunken. Seitdem ich im Knast bin, habe ich mir beides relativ schnell angewöhnt. Kaffee war bislang tabu, weil er aus dem Ausland kommt. Aber es gibt nicht sehr viele Highlights im Häftlingsalltag. Da werden Kaffee und Tabak schnell zu Kostbarkeiten. Ich genieße diesen Kick, auch wenn dieser Genuss auf Dauer nicht gesund sein kann.

Die sechzig Minuten gehen wider Erwarten schnell um, es geht zurück in die Umkleidezelle. Ich kann wieder meine eigenen Klamotten anziehen. Danach bekomme ich erneut die Handschellen und Fußketten angelegt. Es wird ernst. Wir fahren zum Gericht.

Ich kenne den Weg. Als Kind habe ich manchmal diese Transporter gesehen und mir nicht viel dabei gedacht. Aufgrund der Farbe hielt ich sie für Bundeswehrfahrzeuge. Man kann ja auch nicht hineingucken. Jetzt weiß ich es besser.

Im Gerichtsgebäude muss ich zunächst in den Keller in

eine Wartezelle. Mit den Fußketten ist es verdammt schwer, Treppen zu steigen. In der Zelle heißt es dann wieder warten, bis die Verhandlung beginnt. Einerseits bin ich froh, dass ich nun endlich Gewissheit bekommen werde, wie es mit mir weitergeht. Andererseits fühle ich mich ohnmächtig: Fremde Menschen werden über mein Leben entscheiden. Von den Richtern wird es maßgeblich abhängen, welche Möglichkeiten ich in Zukunft haben werde. Was für eine Zukunft kann das überhaupt noch sein?

Gleichzeitig sage ich mir, wenn *ich* in den letzten Jahren andere Entscheidungen getroffen hätte, wäre ich jetzt nicht hier. Hätte *ich* mich anders verhalten …

Doch hätte, wenn und aber bringen mich jetzt nicht weiter, sind nur noch fromme Wünsche. Es ist, wie es ist. Ich habe getan, was ich getan habe. Und dafür muss ich die Verantwortung übernehmen.

Doch ich habe Angst vor dem, was kommen wird. Ich habe Angst vor dem Urteil der Richter. Ich schäme mich so für das, was ich getan habe. Muss das jetzt noch vor allen Leuten ausgebreitet werden? Es muss. Ich werde abgeholt.

Eine gesonderte Treppe führt direkt in den Gerichtssaal zur Anklagebank. Mein Anwalt ist schon da. Daneben sitzen Marco und sein Anwalt, hinter uns die Justizbeamten. Irritiert stelle ich fest, dass mehrere Zuschauer anwesend sind, darunter auch einige meiner Kameraden. Ich bin doch minderjährig, die Verhandlung müsste eigentlich unter Ausschluss der Öffentlichkeit stattfinden! Ich frage meinen Anwalt danach. Er sagt, Zuschauer seien deshalb zugelassen, weil Marco schon volljährig ist. Deshalb dürfe die Öffentlichkeit nicht ausgeschlossen werden. Ich kann also wohl nichts dagegen unternehmen. Dass ich jetzt von den ganzen Leuten beobachtet werde, macht alles noch viel schlimmer.

Die Richter betreten den Raum. Es sind drei, und mit ihnen kommen zwei Schöffen, ein Mann und eine Frau. Das sind also die Menschen, die über meine Zukunft entscheiden werden. Mir gegenüber sitzt die Staatsanwältin. Sie verliest die Anklage. Mir wird Totschlag vorgeworfen. Die Sachbeschädigung und der Hausfriedensbruch sind im Vergleich dazu so unbedeutend, dass sie gar nicht zur Debatte stehen. Die Anklage kann sich im Laufe des Verfahrens noch ändern, hat mir mein Anwalt erklärt, ich könne, wenn alles gutginge, wegen Körperverletzung mit Todesfolge verurteilt werden. Wenn alles gutgeht – ich glaube nicht mehr daran. Aber ich hatte doch überhaupt nicht die Absicht, ihn zu töten!

Vier Verhandlungstage sind anberaumt worden, dazwischen gibt es Pausentage. Der Prozess strengt mich enorm an: Ich bin den Blicken der Leute ausgesetzt, all den Fragen, die mir gestellt werden, auf die ich oft gar keine Antwort finden kann. Aber es hilft alles nichts, ich muss die Tat in allen Details schildern.

Was wir uns denn vorgestellt hätten, als wir davon sprachen, dem Hippie einen Denkzettel zu verpassen? Was denn dieser «Denkzettel» genau sein sollte?

«Ich weiß es nicht», erwidere ich wahrheitsgemäß. «Wir waren betrunken und hatten diese fixe Idee, wir müssten etwas beweisen. Darüber, wie wir das tun wollten, haben wir gar nicht nachgedacht.» Ich überlege kurz. «Der Hippie sollte merken, dass er mit uns nicht alles machen kann ... Irgendwie bin ich wohl schon davon ausgegangen, dass wir ihn verprügeln würden. Aber geplant oder abgesprochen haben wir das nicht. Wenn ich nüchtern gewesen wäre, hätte ich sicherlich mehr nachgedacht», schließe ich kleinlaut.

«Haben Sie denn nicht gemerkt, wie schwer Sie den Mann mit Ihren Tritten verletzt haben?»

«Nein.» Ich schüttle den Kopf. «Ich hatte keine Ahnung.

Ich wollte ihn nur außer Gefecht setzen. Ich hatte überhaupt nicht die Absicht, ihm bleibende Schäden zuzufügen!»

Aber selbst in meinen eigenen Ohren hört sich das jetzt nach der Entschuldigung eines Kleinkindes an.

Die Gutachter geben ihre Stellungnahmen zur Schuldfähigkeit von Marco und mir ab. Es ist seltsam, so sachlich vorgetragen zu bekommen, was die Fachleute alles in ihre Entscheidung einbeziehen. Sie reden von den schwierigen Verhältnissen, in denen wir aufgewachsen sind, von frühen Auffälligkeiten und der Betreuung durch das Jugendamt. Sie sprechen von problematischen Aspekten unserer Persönlichkeit, von Intelligenzquotienten und Alkohol.

Bei Marco kommt der Gutachter zu dem Schluss, dass er aufgrund seines Alkoholkonsums behandelt werden sollte, da von weiteren Straftaten unter Alkoholeinfluss auszugehen sei. Ich wundere mich, dass mein Trinkverhalten als weniger problematisch eingeschätzt wird. Eigentlich sehe ich gar keinen Unterschied zwischen meinem und dem von Marco. Ich habe zwar die schulischen Anforderungen ganz gut bewältigt, aber ansonsten habe ich mich doch auch bei jeder sich bietenden Gelegenheit ins Koma gesoffen. Und Gelegenheiten gab es reichlich. Von den meisten Partys blieben mir hauptsächlich meine Filmrisse in Erinnerung. Das war schon beinahe die Regel! Doch nach Ansicht des Gutachters ist gerade dieser regelmäßige Konsum ein Zeichen dafür, dass ich während der Tat trotz Alkoholeinflusses voll schuldfähig war.

Ein medizinischer Gutachter gibt Auskunft über die Verletzungen und die genaue Todesursache des Opfers. Seine Aussage bestätigt in wesentlichen Punkten unsere Geständnisse und entkräftet einige der Vorwürfe, die gegen uns erhoben wurden. Er berichtet, dass die Rippenbrüche des Opfers den üblichen Verletzungen bei Wiederbelebungsversuchen entsprächen. Es deute nichts darauf hin, dass sie durch

Tritte oder gar Herumspringen auf dem Opfer entstanden seien. Auch die kleineren Schnittverletzungen seien mit deutlich größerer Wahrscheinlichkeit vom Sturz in die auf dem Boden liegenden Glasscherben verursacht worden als durch vorsätzliche Stiche oder Schnitte. Zudem spricht der Gutachter davon, dass die Verletzungen im Gesicht und am Hals durchaus von wenigen Tritten verursacht worden sein könnten und nicht Folgen einer Gewaltorgie sein müssten, über die in der Zeitung zu lesen war.

Ich bin etwas erleichtert zu hören, wie der Fachmann den Tathergang im Wesentlichen bestätigt. Meine Tat bleibt immer noch brutal genug, aber zumindest widerlegt das Gutachten einige Pressemeldungen, nach denen wir blutrünstige Bestien seien, die ihr Opfer nicht nur verprügelt, sondern auch über einen langen Zeitraum hinweg misshandelt hätten.

Der Mediziner sagt aus, dass die durch meine Schläge und Tritte verursachten Verletzungen nicht zum Tod geführt haben. Nach der ärztlichen Behandlung sei der Zustand des Patienten stabil gewesen. Aufgrund schlechter Blutwerte des Opfers habe man die Blutungen allerdings nicht stoppen können, weshalb man ihm eine größere Anzahl von Bluttransfusionen hatte geben müssen. Mit der Zuführung dieser Flüssigkeitsmenge sei der Körper des Opfers überfordert gewesen. Letztlich sei es deshalb zum Tod durch Herz-Kreislauf-Versagen gekommen. Somit gehe der Tod also nur indirekt auf die Gewalteinwirkung zurück. Bei einem Menschen mit normalem Blutbild wären die Verletzungen definitiv nicht tödlich gewesen.

Wie hoch ist die Wahrscheinlichkeit, dass so etwas passiert? Normalerweise müsste ich hier wegen Körperverletzung sitzen. Schlimm genug. Normalerweise müsste aber vor allem auch das Opfer hier sitzen und als Zeuge aussagen. Normalerweise, aber nichts ist mehr normal. Ich verstehe es immer noch nicht. Welchen Sinn hat das alles? Ich möchte die Zeit zurückdrehen können.

Gegen Ende der Verhandlung kommt es zu den Plädoyers. Im Laufe des Prozesses wurde eigentlich schon deutlich, dass es nicht auf eine Verurteilung wegen Totschlags hinauslaufen würde. Die Sachlage ist geklärt. Nun geht es vor allem um die Täter als Menschen. Aufgrund unseres Alters kommt das Jugendstrafrecht zur Anwendung. Es soll also nicht nur darum gehen, uns zu bestrafen, sondern auch darum, die Strafe pädagogisch wirksam zu gestalten und uns damit Möglichkeiten zu eröffnen, nach ihrer Verbüßung wieder einen Platz in der Gesellschaft zu finden. Darauf gehen sowohl die Staatsanwältin als auch unsere Verteidiger ein.

Marcos Anwalt erinnert in seinem Plädoyer an das Opfer. Seltsamerweise hat Peter Deutschmann als Person in der Verhandlung fast keine Rolle gespielt. Wir erfahren wenig über ihn als Menschen. Der Anwalt hat sich erkundigt, aber nicht viel über ihn herausgefunden. Peter Deutschmann scheint extrem zurückgezogen gelebt zu haben. Der Anwalt erinnert an das Peace-Zeichen, das Deutschmann als Kette um den Hals trug. Welche Tragik, sich für den Frieden einzusetzen und dann gewaltsam getötet zu werden! Das Opfer sei früher einmal DJ gewesen, ein Mensch, der andere Menschen in gute Stimmung versetzt, der ein Gemeinschaftserlebnis ermöglicht habe. Wie kam es, dass er selbst in den letzten Jahren so vereinsamte? Weder Freunde noch Angehörige hatten in den vergangenen Tagen den Prozess verfolgt. Über seinen Tod wissen wir mittlerweile alles – über sein Leben weiß ich bis heute fast nichts.

Der letzte Verhandlungstag: Alle Aussagen sind protokolliert, die Gutachten wurden gehört, die Plädoyers gehalten. Nun fehlt nur noch der Urteilsspruch. Nur noch? Dieses Urteil wird vieles verändern. Manches davon sehne ich herbei, vor vielem fürchte ich mich. Endlich geht diese sinnlose Warterei in der U-Haft vorbei. Diese sinnlose Zeit, in der mir Schule, Ausbildung oder Therapie verwehrt bleiben. Endlich kann ich anfangen, meine Haftzeit zu nutzen, um etwas für meine Zukunft zu tun. Endlich geht die Briefkontrolle vorüber, die jeden Kontakt zu Milena erschwert hat, endlich wird es keinen Monat mehr dauern, bis ich Antwort auf meine Briefe bekomme. Endlich werde ich wissen, wie lange ich in Haft bleiben muss. Endlich geht auch dieser Verhandlungsstress vorbei. Die ganze Zeit über fühlte ich mich zur Schau gestellt. Ich musste mir vor all den Zuschauern anhören, was die Gutachter über mich denken, musste mir anhören, wie viel in meiner Familie schiefgelaufen ist. Unser ganzes Familienleben wurde im Detail ausgebreitet.

Der Vorsitzende Richter verliest mein Urteil. Fünf Jahre Gefängnis. Die Urteilsbegründung dauert lange. Sein Blick bleibt die ganze Zeit auf die Akte gerichtet, aus der er vorträgt. Auch die beisitzenden Richter suchen keinen Blickkontakt zu mir, ebenso wenig die Schöffen. Mich ärgert das. Sie sprechen das Urteil über mich, sie erklären, warum ich die nächsten fünf Jahre im Gefängnis verbringen muss, und würdigen mich dabei keines Blickes. Sie reduzieren mich auf meine Akte. Aber auch ich bin doch trotz allem noch ein Mensch. Warum schauen sie mir nicht in die Augen? Wenn sie mich aufgrund meiner Schuld für die nächsten Jahre aus der Gesellschaft ausschließen, können sie mir das doch ins Gesicht sagen!

Der Richter sagt jetzt auch, vieles sei unglücklich gelaufen. Er erkennt an, dass ich weder die Absicht zu töten gehabt hätte, noch während der Tat davon hätte ausgehen müssen, dass die Verletzungen meines Opfers tödlich sein würden. Dennoch müsse ich die volle Verantwortung für mein Handeln übernehmen. Auch der Alkoholkonsum habe meine Wahrnehmung nicht so sehr beeinflusst, dass ich nicht hätte wissen können, was ich mit meiner Tat anrichtete. Ich hätte Herrn Deutschmann bewusst aufgesucht, um ihm einen Denkzettel zu verpassen, und dabei sei ich mir im Klaren darüber gewesen, dass dieser Denkzettel nicht nur aus unfreundlichen Worten bestehen würde. Dann hätte ich mir gewaltsam Zugang zu seiner Wohnung verschafft, ein Ort, an dem ein Mensch sich sicher fühlen sollte. Dort hätte ich auf mein Opfer eingeschlagen und ihn getreten, obwohl Deutschmann einem Streit aus dem Weg gehen wollte. Schließlich hätte ich ihn schwer verletzt zurückgelassen, wohl wissend, dass er selbst keine Hilfe rufen konnte. Natürlich, mit 17 Jahren denke man nicht unbedingt an die Endlichkeit des Lebens, man halte sich selbst auch für unsterblich. Allerdings sollte es einem intelligenten jungen Mann in den Sinn kommen, welche schwersten Verletzungen er verursachen könne, wenn er brutal mit Springerstiefeln gegen den Kopf eines Menschen träte.

Ich sei voll schuldfähig. Weder mein Alkoholverhalten noch die Auswirkungen meiner schwierigen Kindheit seien ein hinreichender Grund, um eine verminderte Schuldfähigkeit festzustellen. Deshalb müsse ich die volle Verantwortung für mein Handeln übernehmen. Andererseits stünden mir damit auch alle Möglichkeiten offen, von jetzt an Veränderungsbereitschaft zu signalisieren und darauf hinzuarbeiten, meine Haftzeit möglichst optimal zu nutzen.

Dann schließt er mit Worten, die ich so nicht erwartet hatte: Um mir eine Zukunftsperspektive zu ermöglichen, solle mir bald die Gelegenheit gegeben werden, in den offenen Strafvollzug zu wechseln, um mein Abitur zu machen.

Diese Worte wecken neue Hoffnung in mir. Ich war bisher nicht davon ausgegangen, dass so etwas in absehbarer Zukunft überhaupt noch möglich wäre. Ich denke nach. «Bald» kann doch nichts anderes als «zum nächsten Schuljahr» heißen. Dann müsste ich lediglich ein halbes Jahr im geschlossenen Vollzug bleiben, könnte dann drei Jahre im offenen Vollzug die Oberstufe besuchen und anschließend vielleicht sogar vorzeitig entlassen werden.

Wenn das klappt, dann wäre das Urteil das Beste, was mir passieren konnte. Die Richter scheinen mich wohl doch als Menschen zu sehen, für dessen Zukunft sie eine Mitverantwortung tragen. Das lindert den dumpfen Schmerz, den die Urteilsbegründung in mir ausgelöst hat. Ich sehe ein kleines Licht am Ende des Tunnels. Wenn ich jetzt wirklich noch mein Abitur machen kann, verbringe ich zwar die nächsten Jahre in Haft, aber es sind keine vollends verlorenen Jahre. Ich kann sie nutzen, um einen anderen, besseren Weg einzuschlagen.

Marco bekommt auch fünf Jahre, ebenfalls wegen Körperverletzung mit Todesfolge. In das Strafmaß wird seine bisherige Bewährungsstrafe mit hineingerechnet. Er sei zwar nicht selbst auf das Opfer losgegangen, aber der Anstifter der ganzen Aktion gewesen. Zudem habe er mich nicht frühzeitig von meiner Attacke abgehalten, was ihm durchaus möglich gewesen wäre, wie sein späteres Eingreifen gezeigt habe. Außerdem sei er es schließlich gewesen, der durch die bewusste Zerstörung des Telefons dem Opfer die Möglichkeit genommen habe, schnell Hilfe zu rufen. Allerdings seien bei Marco eine noch größere Alkoholproblematik und damit auch eine verminderte Schuldfähigkeit festzustellen. Deshalb werde Marco im Maßregelvollzug untergebracht, wo ihm bessere Therapiemöglichkeiten offenstünden.

Marco und sein Verteidiger scheinen mit diesem Urteil zufrieden zu sein. Maßregelvollzug in einer geschlossenen Psychiatrie ist immer noch besser als die Unterbringung im geschlossenen Strafvollzug.

Mein Anwalt ist ebenfalls zufrieden, Körperverletzung mit Todesfolge sei bedeutend besser als Totschlag, und die Haftzeit könnte bei guter Führung sogar verkürzt werden. Ich kann seine positive Einschätzung trotz des Hoffnungsschimmers nicht teilen. Fünf Jahre sind fast ein Drittel meines bisherigen Lebens! Dabei wurde doch eindeutig festgestellt, dass ich nicht die Absicht hatte, Peter Deutschmann umzubringen. Hätte er nicht diese Blutgerinnungsstörung gehabt, wären die Verletzungen gar nicht tödlich gewesen. Mir fallen genug Gründe ein, die sich strafmildernd hätten auswirken können. Hätte der Jugendrichter nicht berücksichtigen müssen, dass ich vorher noch keine Bewährungsstrafe hatte? Gerade Jugendrichter haben doch einen großen Ermessensspielraum. Doch jetzt sind es fünf Jahre, die ich verbüßen muss. Wem nutzen sie? Peter Deutschmann?

Kann ich für die Jahre im Gefängnis dankbar sein? Ja und nein. Es war sicher die intensivste Zeit meines Lebens. In vielerlei Hinsicht wurde ich dort erwachsen. Ich habe dort meine dunkelsten Stunden erlebt – und gleichzeitig die Wende in meinem Leben. Ich bezweifle, dass ich in einem anderen Kontext eine solche Erfahrung hätte machen können. Im Vollzug hatte ich zunächst immer nur mich und meine missliche Lage vor Augen, den täglichen Kampf darum, als Mensch behandelt zu werden. Was ich mit meiner Tat angerichtet habe, ist mir im Gefängnis erst nach und nach bewusst geworden. Es ging ja auch immer nur um unsere Bestrafung – daran, Mitgefühl den Opfern gegenüber zu entwickeln, wurde mit uns nicht gearbeitet. Erst in Freiheit ist mir klar geworden: Ich muss die Vergangenheit akzeptieren, ich kann nichts rückgängig machen. In den ersten Monaten der Haft habe ich mir aber immer wieder gewünscht, an ei-

nem bestimmten Punkt meines Lebens noch einmal von vorne beginnen zu können.

Ich blicke in den Zuschauerraum. Dort sitzen meine Eltern – mein Vater in der ersten Reihe, meine Mutter in ihrem Rollstuhl daneben. Ich sehe, wie meine Mutter weint. Meine Wut ist verflogen. Ich fühle mich nur noch mies. Wie schlimm muss das für meine Eltern sein! All der Kummer der vergangenen Jahre, dann eine solche Tat. Sie mussten miterleben, wie ich mich von ihnen abgewendet habe, dass ihr Einfluss nicht die erhoffte positive Wirkung hatte, ich mich ihnen völlig entzog. Und jetzt muss ich, immer noch minderjährig, eigentlich immer noch ein Kind, ihr Kind, für fünf Jahre ins Gefängnis. Wegen eines Tötungsdelikts! Wie müssen sie sich fühlen? Die Tränen meiner Mutter lassen es mich für einen Moment erahnen.

Zum ersten Mal seit vielen Jahren wird mir bewusst, dass meine Eltern Anteil an meinem Leben nehmen. Was ich tue und was mit mir geschieht, betrifft sie, ganz direkt. Spätestens seitdem ich vor zweieinhalb Jahren ins Internat gezogen bin, dachte ich eigentlich, dass der Bruch zwischen meinen Eltern und mir für immer vollzogen sei. Aber jetzt spüre ich plötzlich doch eine Verbindung.

Sie sind zur Verhandlung gekommen und reagieren von allen Beteiligten am emotionalsten. Warum haben sie noch immer so starke Gefühle mir gegenüber? Wir haben doch schon lange keinen richtigen Kontakt mehr, keine richtige Beziehung. Warum habe ich ihre Gefühle für mich bisher nie wahrnehmen können?

Ich werde das nicht herausfinden können, ab sofort werden wir kaum noch Kontakt haben. Ich muss zurück in meine Zelle.

Der Gefangenentransporter wartet bereits. Er wird mich nach Hameln zurückbringen; bis das Urteil schriftlich vorliegt, werde ich in U-Haft bleiben. Jetzt kann ich wieder nur warten, bis die Justiz die nächsten Schritte in die Wege leitet. Das kann dauern. Mir ist alles willkommen, was mir die Zeit und mein Grübeln verkürzt, deshalb hoffe ich, gleich morgen wieder arbeiten zu können.

Eine Jugend voller verpasster Chancen

Im Gefangenentransporter denke ich über meine Vergangenheit nach. Meine Haftzeit scheint eine logische Folge meines bisherigen Lebens zu sein. Egal, was ich tue und wohin ich auch komme, immer und überall gehen die Dinge gründlich schief. Jedes Mal, wenn sich mir irgendwo ein Horizont auftut, gibt es den nächsten Rückschlag. Dazu die ständigen Veränderungen – überall bin ich nur für kurze Zeit, und schon muss ich mich an das nächste neue Umfeld gewöhnen. Gibt es nirgendwo eine Heimat, ein Zuhause für mich?

Wenn ich zurückschaue, kann ich im Drehbuch meines Lebens keinen roten Faden erkennen, aber umso heftigere Schnitte. Mit den meisten Menschen konnte ich kaum etwas anfangen. Hatte ich überhaupt je Freunde? Schon als kleines Kind war ich anders. Wenn alle anderen Kinder im Kindergarten malten, zog ich mich allein in die Kuschelecke zurück. Wie sehr ich Malen hasste!

Von Anfang an faszinierten mich Menschen, die sich nicht anpassten. Als kleiner Junge habe ich zwar selten Punks auf der Straße gesehen, aber ich weiß noch, wie sehr ich mich für sie begeisterte. Meine Eltern erlaubten mir allerdings nicht einmal, mir die Haare lang wachsen zu lassen.

Bedingt durch unseren Umzug nach Eschede sah ich keines der anderen Kinder aus meinem Kindergarten je wieder. Auch wenn die Entfernung zwischen diesen bei-

den Orten nur zwanzig Kilometer beträgt, war es für mich eine neue, vollkommen fremde Welt, in der wir nun wohnten. Es fiel mir auch in der Schule nicht leicht, Anschluss zu finden. Ich wurde noch schüchterner.

Meine Einschulung ist mir im Gedächtnis geblieben: Ich saß mit lauter fremden Kindern in der Sporthalle. Alle Kinder wurden mit Namen vom Rektor aufgerufen, dann von ihrer Klassenlehrerin in Empfang genommen, und wenn die Klasse komplett war, gingen alle hinaus. Drei erste Klassen gab es. Alle Kinder hatten ihren Platz gefunden, die letzte Klasse ging gerade hinaus. Nur ich saß noch da. Da erst fiel dem Rektor auf, dass ich aus irgendeinem Grund nicht auf seiner Liste stand. Er rief einfach einer der Lehrerinnen zu, sie solle mich mitnehmen. Erst später ging mir auf, dass die Klassen nach Wohngebieten eingeteilt waren. Ich landete ausgerechnet in der Klasse mit den Schülern, die am weitesten von unserem Zuhause entfernt wohnten, was es für mich erschwerte, Anschluss zu finden.

Es fiel schnell auf, dass meine Familie nicht viel Geld hatte, ich keine coolen Klamotten wie meine Mitschüler besaß, keinerlei Spielzeug, das mich für die anderen attraktiv gemacht hätte. Ich redete auch nicht gern, traute mich nicht, meine Mitschüler anzusprechen. Wie hätte ich unter diesen Voraussetzungen Freunde finden sollen? Was ich bald herausfand: Ich konnte mir durch Rangeleien Respekt verschaffen, deshalb kam ich immerhin mit anderen «Problemkindern» gut aus. Mit ihnen traf ich mich dann ab und zu nachmittags. Wir streunten herum und stellten Blödsinn an – niemand kümmerte sich um uns, und selbst unsere Eltern interessierten sich nicht dafür, wo wir gerade waren und was wir genau machten.

Angst, Ohnmacht und Scham – immer wieder sind es dieselben Gefühle, die hochkommen, wenn ich auf meine Kindheit zurückblicke. Ich fühlte mich wie in einem Gefängnis, allein, nicht wahrgenommen. Echte Wertschätzung erfuhr ich keine, an Lob von meinen Eltern kann ich mich nicht erinnern. Das galt nicht nur für meine schulischen Leistungen, sondern auch für alle anderen Bereiche. Eine Zeitlang spielte ich leidenschaftlich Handball. Aber meine Eltern kamen zu keinem einzigen Spiel, ihnen war sportlicher Erfolg einfach nicht wichtig. «Dabei sein ist alles», meinten sie. Ich hätte eigentlich den Verein wechseln müssen, um besser gefördert werden zu können. Aber wie sollte das auf dem Land gehen, ohne dass meine Eltern ein Auto hatten? Und ohne ein Bewusstsein dafür, die Stärken ihres Kindes zu fördern? Keine Chance.

Womöglich habe ich auch aus diesem Grund später die Nazizeit so glorifiziert; ich war der irrigen Meinung, ich hätte dort bestimmt Anerkennung für meine Leistungen gefunden: Wer hart und erfolgreich arbeitet, war bei den Nazis doch angesehen, dort zählte Leistung etwas!

Irgendwann fanden wir Freude am Kokeln. Wir gingen in den Supermarkt, klauten Streichhölzer und Grillanzünder und zündeten dann irgendwo kleine Feuer an. Nicht, um irgendwas zu zerstören, darum ging es nicht, eher um die Freude am Feuer und um den Nervenkitzel an sich.

Überhaupt reizte mich in dieser Zeit die Gefahr. Mit dem Stehlen hatte ich angefangen, weil ich unbedingt eine Spielzeugpistole haben wollte. Von meinen Eltern bekam ich sie natürlich nicht. Mit meinen fünfzig Pfennig Taschengeld in der Woche lag der Kauf der Pistole, die neun Mark kostete, in unerreichbarer Ferne. Rechnen hatte ich ja schon gelernt, also wusste ich, dass ich achtzehn Wochen sparen müsste, um mir diese Pistole kaufen zu können – für mich eine unvorstellbar lange Zeit. Also klaute ich das Spielzeug schließlich, was überraschenderweise nicht schwer war. Von da an ließ ich immer mal wieder etwas mitgehen.

Nach einiger Zeit stahl ich nicht mehr, weil ich etwas Konkretes haben wollte, sondern nur noch, um den Nervenkitzel zu spüren. Ich weiß nicht, warum – aber dieses Gefühl, etwas Verbotenes zu tun und dabei erwischt werden zu können, herauszufinden, ob ich geschickt genug war oder die Verkäufer zu gut aufpassten, wurde zu meiner ersten Sucht.

Und auch das Rumkokeln entwickelte sich zu einer Sucht, auch wenn wir dabei riskierten, einen größeren Brand zu entfachen. Irgendwann passierte es dann auch, und wir konnten das Feuer nur noch mit Mühe löschen. Ein anderes Kind sah von weitem den Rauch und erzählte uns später, wie gefährlich es ausgesehen habe. Uns wurde klar, dass wir damit aufhören mussten, bevor uns jemand erwischen würde.

Im Grundschulalter hatte ich noch mein kindliches Gottvertrauen. Ich merkte, dass ich von alleine mit dem Klauen nicht aufhören konnte, es aber eigentlich gar nicht mehr tun wollte. Also fing ich an zu beten, dass Gott mir helfen möge, davon loszukommen. Und tatsächlich, nach einer Weile hörte ich auf damit – einfach so. Eine erstaunliche Erfahrung. Leider konnte ich mit niemandem darüber reden.

Zur Schule an sich hatte ich damals ein gemischtes Verhältnis. Einerseits machte mir das Lernen Spaß, ich las viel, auch in meiner Freizeit: Morgens passte ich die Zeitungsbotin ab, um noch vor der Schule die Zeitung zu lesen; ganz allein saß ich in der Küche, noch bevor meine Eltern und Geschwister aufgestanden waren. Außerdem fand ich die Lexika meines Vaters interessant, ich las, was ich finden konnte, und eignete mir so nach und nach eine gute Allgemeinbildung an. Wissen war mir enorm wichtig, ich wollte etwas erreichen in meinem Leben, hoffte, mit Bildung meiner trüben und hoffnungslosen Situation entkommen zu können – und mir war früh klar, dass dafür das Abitur hilfreich sein würde.

Eine Schwierigkeit war dabei, wie viel Wert, vor allem in den Nebenfächern, auf die mündliche Beteiligung gelegt wurde. Eigentlich wusste ich fast immer die Antworten auf die gestellten Fragen, aber ich meldete mich nie. Wenn die Lehrer mich fragten, sagte ich, was ich wusste, sonst schwieg ich lieber. Ich hatte panische Angst, etwas Falsches zu sagen und mich vor allen anderen zu blamieren.

An Selbstbewusstsein fehlte es mir in meiner Kindheit völlig. Wenn meine Mitschüler von ihren phantastischen Eltern erzählten, blieb ich stumm. Mein Vater war dauerhaft arbeitslos, meine Mutter schwer krank. Besonders schlimm war es für mich nach den Sommerferien. Unsere Lehrerin fragte reihum, wie wir die Ferien verbracht hätten, und alle erzählten von tollen Erlebnissen. Ich hätte mich in diesen Runden am liebsten unsichtbar gemacht. Reisen war für meine Familie finanziell und gesundheitlich nicht möglich. Ich schämte mich, das vor allen zugeben zu müssen.

Auf die vierjährige Grundschule folgte die zweijährige Orientierungsstufe. Wieder eine neue Situation, eine ganz neue Klasse mit Schülern, die ich kaum kannte. Dazu kam das Kurssystem, das die Schüler in den Hauptfächern nach Leistungsniveau trennte. Menschlich kam ich mit den schlechteren Schülern besser zurecht, mit denen, die Probleme machten, die auch aus schwierigen Familienverhältnissen kamen. Mit ihnen hatte ich dann aber kaum noch Unterricht, weil meine Leistungen zu gut waren. Zu den anderen Schülern, die gute Noten hatten, die aus ordentlichen Familien kamen und nicht negativ auffielen, bekam ich keinen Kontakt.

Einen noch härteren Bruch gab es, als ich ab der siebten Klasse aufs Gymnasium nach Celle kam. Auch dort kannte ich niemanden, wir wohnten – wieder einmal – so weit auseinander, dass außerhalb des Unterrichts keine gemeinsamen Aktivitäten möglich waren. Ich war und blieb ein Außenseiter.

Gerade in dieser Zeit hätte ich Menschen gebraucht, die mir gutgetan hätten. Zu Hause wurde die Situation immer unerträglicher. Alle Familienmitglieder litten darunter, aber wir fanden keinen Weg, um die verfahrene Situation zu Hause zu lösen. Ich fühlte mich in meiner eigenen Familie unglaublich fremd. Mein Vater hatte in dieser Zeit mit sich selbst und mit der Krankheit meiner Mutter zu kämpfen, für mich blieb da keine Kraft mehr übrig. Anstatt mir Orientierung zu geben und Grenzen zu setzen, zog er sich im Streitfall einfach zurück. Ich verbarrikadierte mich in meinem Zimmer und fragte mich, warum ausgerechnet ich in dieser Familie leben musste. Gemeinschaft kam nur noch bei den Mahlzeiten zustande, und diese Gemeinschaft machten wir uns zur Hölle, ohne zu wissen, warum.

Mit dem Glauben meiner Eltern wollte ich mittlerweile absolut nichts mehr zu tun haben. Wenn Gott ihnen so ein Leben auferlegte, dann wollte ich diesen Gott nicht. Meine Eltern konnten weder sich selbst noch mir helfen, und ihr Gott war anscheinend genauso schwach.

Die Situation in der Schule wurde zunehmend schmerzlicher für mich. Immer öfter drängte sich mir der Vergleich zu meinen Mitschülern auf, und immer klarer wurden mir die äußeren Unterschiede bewusst. Sie lebten alle in geordneten und wohlbehüteten Verhältnissen, sie fuhren in den Ferien ins Ausland, waren cool gekleidet, kauften sich von ihrem Taschengeld Dinge, die sie begehrten und in der Schule dann stolz den Mitschülern präsentierten. Ich verlor allmählich jeden Lebensmut und versank in Selbstmitleid. Zu Hause überfiel mich kalte Wut. Jahrelang noch weiter zur Schule zu gehen erschien mir immer sinnloser. Dabei war ich erst in der achten Klasse. Fünf zähe, lange Jahre sollte das noch so weitergehen?

Mein Körper begann zu rebellieren. Fast jeden Morgen bekam ich heftiges Nasenbluten, sobald ich zum Schulbus musste. Es hielt so lange an, dass ich den Bus verpasste. Kopfschmerzen und Nasenbluten wurden mir gleichzeitig zum Leid und zum Verbündeten in dem Wunsch, nicht mehr in die Schule gehen zu müssen.

Selbst in den Sportverein, wo ich Judo machte, wollte ich nicht mehr, dabei brauchte ich dieses körperliche Auspowern. Abgesehen davon bekam ich von meinen Judotrainern wenigstens ab und zu Anerkennung: Wenn ich einen Wettkampf gewann, ermunterten sie mich, wenn wir trainierten. Das Problem war allerdings: Beim Training hätten mich Mitschüler sehen können – und wenn sie gemerkt hätten, dass ich zum Sport ging, obwohl ich die Schule versäumte, hätten sie mich für einen Schulschwänzer gehalten. Das hätte ich nicht auch noch ertragen. Also blieb ich zu Hause.

Ich war vollkommen allein mit meiner Verzweiflung, sah keine Perspektive, nichts mehr, wofür es sich lohnte zu kämpfen.

Meine Schwester lief von zu Hause weg und kam übers

Jugendamt anschließend in eine Pflegefamilie. Ich wollte auch endlich raus aus diesem armseligen Leben. Aber wo sollte ich hin? Ich kannte niemanden, bei dem ich hätte bleiben können. Die einzige Möglichkeit, die ich noch für mich sah, war Selbstmord. Ich wusste, welche Möglichkeiten es gab, und beschäftigte mich damit. Manche davon traute ich mir nicht zu, andere waren mir nicht zugänglich. Aber eine Methode erschien mir als vollkommen sicher: Eschede liegt an der ICE-Strecke Hannover–Hamburg; kurz vor Eschede fahren die Züge durch eine leichte Kurve. Dort würde der Zugführer mich viel zu spät sehen, um noch bremsen zu können. Das wusste ich genau. Früher war ich an dieser Stelle oft über die Schienen gegangen, um in einer alten Kiesgrube zu spielen. Einmal schleppte ich gerade mein Fahrrad über die Gleise, da schrie mir ein anderer Junge, der sich hinter mir befand, zu, ich solle aufpassen, ein Zug käme. Ich beachtete ihn aber nicht, weil ich dachte, er wolle mich verarschen. Dann hob ich instinktiv doch den Kopf und sah einen ICE auf mich zurasen. Ich konnte nur noch mein Rad fallen lassen und mich auf die Böschung werfen. Der Zug brauchte trotz eingeleiteter Notbremsung noch Hunderte Meter, um zum Stillstand zu kommen. Ich konnte sehen, wie die Räder den Stahlrahmen meines Fahrrads sauber durchtrennten. Es ging alles ganz schnell; wenn es statt dem Fahrrad meinen Körper erwischt hätte – ich hätte sicher nichts gespürt.

So zu sterben erschien mir damals tatsächlich verlockend. Natürlich wäre das für den Lokführer katastrophal gewesen, aber ich empfand mein Leben damals als eine dauerhafte Katastrophe, was mich gleichgültig machte für das Wohlergehen anderer. Kümmerte sich denn jemand darum, wie es mir ging? Warum sollte ich also Rücksicht auf andere nehmen?

Obwohl ich mich eigentlich von Gott abgewendet, meinen kindlichen Glauben verloren hatte, ließ mich ein Gedanke nicht los: Was wäre, wenn es doch ein Leben nach dem Tod gäbe? Was, wenn ich mich dafür verantworten müsste, wie ich gelebt habe und wie ich gestorben bin? Ich glaube, dass mich allein diese Vorstellung damals weiterleben ließ.

Und dann veränderte sich plötzlich mein Leben: Ich lernte Stefan und seine Freunde kennen. Der Versuch meiner Eltern, mich jemand anderem anzuvertrauen, war erfolgreich. Morgens ging ich nun wieder zum Bus und fuhr zur Schule, wenngleich das laufende Schuljahr nicht mehr zu retten war, dafür hatte ich zu lange gefehlt.

Der neue Freundeskreis tat mir gut. Ich freute mich zwar nicht auf die Schule, aber zumindest auf die Busfahrt. Als kleiner Gymnasiast hinten im Bus bei den großen Berufsschülern zu sitzen, gab mir Auftrieb. Sie hielten mir sogar immer einen Platz frei, und ich kam mit ihnen viel besser klar als mit Gleichaltrigen. Ich redete selbst nicht viel, aber ich fühlte mich wohl und gut aufgehoben bei ihnen. Obwohl sie alle eine Berufsausbildung machten, ermutigten sie mich dazu, die Schule bis zum Abi durchzuziehen, um später bessere Chancen zu haben. Dieser Zuspruch war wichtig für mich. Selbst motivieren konnte ich mich damals nicht, und wenn meine Eltern mir etwas sagten, war das eher ein Grund für mich, mich nicht danach zu richten. Jetzt hatte ich Freunde, die von mir erwarteten, dass ich mein Talent nicht wegwarf, sondern meine Möglichkeiten nutzte, einen guten Schulabschluss zu machen.

Wenn sie sich abends trafen, gehörte es auch dazu, Alkohol zu trinken. Die ersten Male lehnte ich die Angebote mitzutrinken noch ab, aber irgendwann konnte ich nicht mehr widerstehen. Ich war 14.

Nach einer Weile wurde es für mich zur Gewohnheit, dass ich bei unseren Treffen nicht nur einige Flaschen Bier, sondern alle möglichen hochprozentigen Getränke in mich hineinkippte, meist durcheinander. Und fast immer litt ich am nächsten Morgen unter einem Filmriss. Das hielt mich jedoch nicht davon ab, weiterzutrinken.

Das war die Zeit, in der meine Schwester von zu Hause weglief und das Jugendamt auf meine Familie und mich aufmerksam wurde. Meine Schwester hatte als Hauptgrund, warum sie uns verlassen hatte, mein aggressives Verhalten angegeben. Für den zuständigen Betreuer war es denn auch kaum zu übersehen, dass ich sowohl selbst einige Probleme hatte, als auch erhebliche Probleme in der Familie verursachte und deshalb dringend Hilfe brauchte.

Er war mit seinem Latein allerdings auch bald am Ende, genau wie meine Eltern. Also sollte ich aufgrund meiner Verhaltensauffälligkeiten und der Schulverweigerung erst einmal in der Kinder- und Jugendpsychiatrie in Lüneburg untergebracht werden, um mich dort gründlich untersuchen zu lassen. Für mich ein totaler Schock: Ich ging doch gerade wieder regelmäßig zur Schule, warum wurde ich denn jetzt erneut aus meinem Umfeld herausgerissen?

Von meinen Eltern fühlte ich mich endgültig fallengelassen und abgeschoben. Wie konnten sie ihren eigenen Sohn einfach weggeben? Ich wollte nicht in die Psychiatrie, was sollte ich dort? Ich war doch nicht geisteskrank!

Gleich am ersten Tag in Lüneburg lief ich weg, wurde jedoch am Bahnhof wieder aufgegriffen. Eigentlich hätte ich während meiner Zeit in der Psychiatrie das städtische Gymnasium besuchen sollen, doch in den ersten Wochen nach meinem Fluchtversuch verbot man mir, zur Schule zu gehen.

Welch Irrsinn! Ich war in die Psychiatrie gekommen, weil ich die Schule geschwänzt hatte – und nun wurde mir verboten, hinzugehen! Als sie mich dann endlich wieder den Unterricht besuchen ließen, entstand das nächste Dilemma. Meine neuen Mitschüler begegneten mir eigentlich alle sehr freundlich und gingen auf mich zu. Aber diese Zuwendung, über die ich mich normalerweise gefreut hätte, brachte mich in große Bedrängnis. «Warum kommst du erst jetzt», wurde ich gefragt, «das Schuljahr läuft doch schon seit Wochen?» Was sollte ich darauf antworten? Ich schämte mich zutiefst, in der Psychiatrie zu sein. Wie hätte ich, ohne mich lächerlich zu machen, ihnen davon erzählen können?

Auch auf die Frage, wo ich denn wohnte, war ich nicht vorbereitet. Um mein Gesicht zu wahren, musste ich also lügen. Nach der Schule nahm ich einen Umweg, damit meine Mitschüler nicht sehen konnten, wo ich hinging.

Als an einem Wochenende das Stadtfest gefeiert wurde, fragten mich einige aus meiner Klasse, ob ich mitkommen wolle. Ich sagte natürlich zu und freute mich sehr darauf. So etwas hatte ich schon lange nicht mehr gemacht. Am Nachmittag erzählte ich in der Psychiatrie davon. Aber anstatt sich darüber zu freuen, dass ich dabei war, Anschluss zu finden, verboten sie mir, in meiner Freizeit das Gelände zu verlassen. Ich war bitter enttäuscht – und schämte mich, wenn ich an den nächsten Montag dachte. Wie sollte ich das meinen Mitschülern erklären? Ich hatte doch zugesagt. Es war einfach zum Kotzen. Da steckten sie mich hier in die Psychiatrie, behaupteten, das geschehe nur, um mir zu helfen – und dann machten sie alles kaputt und nahmen mir jede Chance, Anschluss zu finden und Freunde zu gewinnen. Was die Psychologen von mir wollten, verstand ich nicht, und mit den anderen Patienten auf meiner Station kam ich auch nicht besonders gut klar. Ich wollte nur noch weg.

Eine Möglichkeit ergab sich, als ich nach Hause fuhr, um meine Familie zu besuchen. Nach dem Wochenende sollte ich wieder in die Psychiatrie zurückkehren. Nicht mit mir, dachte ich. Freiwillig wollte ich da auf keinen Fall mehr hin. Ich lief weg und kam bei einer Freundin von Stefan und deren Familie unter. Nach einiger Zeit machten sie mir allerdings klar, mich nicht mehr länger beherbergen zu können, das ginge so nicht. Ich war verzweifelt, weil mir nichts anderes übrigblieb, als wieder in die Psychiatrie zurückzukehren. Aber auch die Psychologen und das Jugendamt sahen schließlich ein, dass ich dort nicht gut aufgehoben war. Also kam ich nach zwei Monaten wieder in meine Familie, auch wenn allen bewusst war, dass das keine Lösung auf Dauer sein konnte und es für alle Beteiligten am besten wäre, wenn ich so bald wie möglich anderswohin käme.

Mir ist noch immer nicht ganz klar, an welcher Stelle genau mein Irrweg begann. Ab einem bestimmten Zeitpunkt sprach ich mit meinen Eltern so gut wie kein Wort mehr, und spätestens mit der Einweisung in die Psychiatrie war da ein Bruch, der sich von meiner Seite nicht mehr kitten ließ. Ich konnte ihnen nicht verzeihen, dass sie mich weggaben, und wollte mit ihnen nichts mehr zu tun zu haben. Später auf dem Internat lieferte ich am Wochenende nur noch meine Wäsche zu Hause ab und verschwand dann bis zum Sonntagabend; wir begegneten uns so gut wie gar nicht mehr.

Die Frömmigkeit meiner Eltern erschien mir damals völlig lächerlich. Sie beteten, kamen aus ihrer schwierigen Situation aber nie heraus.

Ich musste wohl selber stark sein, um nicht unterzugehen. Von meinen Eltern konnte ich nichts erwarten. Ich kann mich auch nicht erinnern, dass meine Eltern von sich und ihrer Vergangenheit gesprochen hätten. In den Familien meiner Eltern war die Vertreibung offenbar ein großes Thema, obwohl ich davon nur sehr wenig weiß – nur meine Großmutter erzählte mir einmal, dass sie in einer Scheune, in der sie sich mit ihrer Mutter und anderen Flüchtlingen vor den Russen versteckt hielten, die Enthauptung ihrer eigenen Mutter erleben musste, während sie auf deren Schoß saß. Über mehr wurde nicht gesprochen. Dementsprechend fremd war mir jeder persönliche Austausch; ich habe gar keine Empathie entwickeln können, musste das erst als Erwachsener lernen. Dieser Lernprozess dauert immer noch an – eine Tatsache, die ich anderen oft nur schwer vermitteln kann.

Meine Schwester war mittlerweile in einer Pflegefamilie untergekommen und fühlte sich dort wohl. Ich wurde gefragt, ob auch ich mir eine solche Lösung vorstellen könnte. Mit meinem Betreuer vom Jugendamt sah ich mir eine Familie an. Es war sehr ernüchternd – ich hatte nicht das Gefühl, dort Eltern vorzufinden, die sich einen Sohn wünschten, sondern eher Menschen, die auf das Geld aus waren, das sie für ein Pflegekind vom Staat bekommen würden, und dazu eine billige Haushaltshilfe. Dorthin wollte ich unter keinen Umständen. Was nun?

Mein Betreuer empfahl mir ein Internat. Dort könnte ich mich auf die Schule konzentrieren, wäre mit anderen Jugendlichen zusammen und würde noch dazu durch kompetente Mitarbeiter gut betreut. Ich war zunächst skeptisch. Unter einem Internat konnte ich mir nicht viel vorstellen. War das nicht etwas für Kinder reicher Eltern? Doch mitten im Schuljahr sollte der Wechsel sowieso nicht erfolgen. Ich war ja gerade dabei, die achte Klasse zu wiederholen, und aufgrund der

Zeit in der Psychiatrie war es schwer genug, schulisch wieder Anschluss zu finden. Ein dritter Schulwechsel innerhalb eines Jahres sollte mir nicht auch noch zugemutet werden.

Ich ging also zunächst zurück auf meine alte Schule, lebte wieder bei meinen Eltern, zog mich mehr aus dem Familienleben zurück als je zuvor, und verbrachte meine Freizeit vorwiegend mit meinen Freunden. Wir tranken viel und hörten dabei Musik. Die Songs waren keine, die im Radio gespielt wurden. Meine Freunde waren keine Rechtsextremisten, aber sie waren rechts. Aus meiner Sicht nicht weiter verwunderlich. Wenn man als junger Deutscher in Celle zur Berufsschule musste, war man dort in der Minderheit und hatte ständig Stress mit den Schülern mit ausländischen Wurzeln, die leider viele Vorurteile bestätigten: Es gab an der Berufsschule massive Gewalt, Drogenhandel und andere Delikte. Ich selbst hatte noch kaum Begegnungen mit Ausländern gehabt, aber ich stimmte meinen Freunden zu, dass dieses Verhalten inakzeptabel sei und wir Deutschen uns das nicht gefallen lassen dürften.

Außerdem passte die rechte Gesinnung genau in meine Lebenssituation. Ich hatte bisher nichts, worauf ich stolz sein konnte, und nun lernte ich Menschen kennen, die mir vermitteln wollten, dass ich allen Grund hätte, stolz zu sein. Stolz darauf, deutsch zu sein, stolz darauf, weiß zu sein. Stolz darauf, nicht so zu sein wie die breite Masse, die sich von Politikern und Medien eine Meinung aufzwingen ließ.

Ich war begeistert: Endlich hatte ich etwas, das meinem Leben einen Wert gab. Meine Wahrnehmung änderte sich; ich war nicht so wie meine Mitschüler. Aber ich war auch nicht schlechter. Ich war anders und deshalb Außenseiter. Ich war anders, weil ich zur Elite gehörte. Ich gehörte zu denjenigen, die sich Gedanken machten, über den Staat, über die Gesellschaft. Und wir waren nicht bereit, alles hinzunehmen: all die Ungerechtigkeiten, all die kriminellen Ausländer, all die Linken, die über Deutschland schimpften, aber auf Kosten der Steuerzahler gut lebten.

Nach einiger Zeit lernten wir auf einem Schützenfest Leute kennen, die ähnlich dachten wie wir – nur mit dem Unterschied, dass sie noch radikaler und wesentlich konsequenter waren. Sie zeigten ihre Einstellung schon durch ihr Auftreten: Glatze, Springerstiefel und Bomberjacken waren ihre Markenzeichen. Diese Jugendlichen fand ich noch faszinierender als meine Freunde. Sie redeten nicht nur oder dachten sich ihren Teil. Nein, ihre Einstellung prägte ihr Leben; sie hatten keine Angst davor, deshalb Ärger zu bekommen. Sie zeigten sich öffentlich, liefen so durch die Straßen, auch wenn sie nur eine kleine Gruppe waren. Überhaupt war es ihnen völlig egal, ob andere ihre Einstellung und Lebensweise gut fanden oder nicht. Entweder, man war ihr Freund oder ihr Feind, dazwischen gab es nichts.

Für mich war die Entscheidung klar. Wenn schon anders, dann auch richtig. Wenn schon rechts, dann auch rechtsradikal. Wenn ich diese Ansichten habe, dann muss ich auch so auftreten. Vom Reden allein würde sich nichts ändern.

Ich schloss mich den Skinheads an und verbrachte meine Zeit lieber mit ihnen als mit meinen alten Freunden. Ihr Leben und Verhalten erschienen mir kompromisslos, was mich unglaublich anzog. Ihre Musik war nicht nur rechts, sondern radikal rechts. Die Liedtexte waren oft verboten und dadurch umso interessanter für uns. Auch das extreme und für den Normalbürger schockierende Auftreten der Skinheads reizte mich. Ich rasierte mir wie sie die Haare ab, trug Stahlkappenstiefel und andere Szeneklamotten.

Schon vorher hatte ich viel Alkohol getrunken, aber jetzt uferten die Partys regelmäßig zu Exzessen aus. Und obwohl ich mit meinem mickrigen Taschengeld kaum meinen finanziellen Beitrag leisten konnte, durfte ich mitfeiern. Ich fand es genial, dass nicht jeder nur auf seinen Vorteil achtete. Wir waren Kameraden, und jeder war für den anderen da, wenn er konnte. Wer eine eigene Wohnung hatte, stellte sie für Partys zur Verfügung, wer Geld verdiente, kaufte davon Alkohol für alle. Ich als kleiner Schüler durfte daran teilhaben – später, wenn ich selbst Geld verdienen würde, könnte ich mich dann revanchieren.

Erstaunlicherweise gelang es mir trotz des exzessiven Trinkens, das Schuljahr zu schaffen. Doch auf anderer Ebene gab es immer wieder Ärger: Meinen Lehrern gefiel es nicht gerade, wie ich herumlief, und auch mit einigen Mitschülern gab es Auseinandersetzungen wegen meiner Einstellung. Wenn ich nicht sowieso die Schule verlassen hätte, um aufs Internat zu gehen, wäre ich wahrscheinlich geflogen.

So kam ich mit fünfzehn Jahren ins Internat nach Elze. Wie sich herausstellen sollte, war das tatsächlich die beste Lösung für mich. Durch die räumliche Distanz entspannte sich das Verhältnis zu meinen Eltern. Es wurde nicht gut, aber wir konnten immerhin dem permanenten Streit aus dem Weg gehen. Schulisch konnte ich, zumindest teilweise, wieder gute Leistungen abliefern, außerdem kam ich mit den anderen Jugendlichen im Internat zurecht. Natürlich gab es den einen oder anderen Streit, aber wir unternahmen auch viel zusammen, obwohl das häufig Dinge waren, die offiziell nicht erlaubt waren – wir schlichen uns heimlich nach draußen oder tranken Alkohol. Es gab außer mir weitere Jugendliche, die vom Jugendamt dorthin geschickt wurden, und auch von den Schülern mit reichen Eltern brachten einige Probleme mit. Es war also immer möglich, jemanden zu finden, mit dem ich trinken konnte. Jedes zweite Wochenende und in den Ferien hätte ich zu meinen Eltern fahren können. Das sollte dazu beitragen, dass wir als Familie in Kontakt blieben. Aber meine Familie interessierte mich zu dieser Zeit herzlich wenig. Für mich waren meine Freunde meine Familie. Ich verbrachte fast die komplette freie Zeit mit ihnen und war an den Wochenenden quasi von Freitagmittag bis Sonntagabend sturzbetrunken.

Heute besuche ich meine Eltern mit einem klammen Gefühl, weil ich ihnen weniger helfen kann als anderen Menschen, die mir weit weniger nahestehen. Ich kann ihnen zwar ein Gespräch anbieten, spüre aber, wie wenig zurückkommt, zumal meine Mutter krankheitsbedingt kaum noch ansprechbar ist. Es fällt mir schwer, länger als ein Wochenende in Eschede zu verbringen – ich kehre immer wieder gern von dort zurück an meinen jetzigen Wohnort, wo ich mein Leben selbst gestalten kann, wo diese Hilflosigkeit nicht mehr unmittelbar zu spüren ist, wo ich mit Menschen zusammen sein kann, die meine Welt mit mir teilen. Der Ort, an dem ich meine Kindheit verbracht habe, ist mir immer fremd geblieben, und ich kann mich an vieles nicht mehr erinnern.

Die Krankheit meiner Mutter konnte ich erst spät betrauern; dem schwierigen Verhältnis zu meinem Vater konnte ich mich noch gar nicht widmen; in meiner Kindheit und Jugend sah ich in ihm niemanden, zu dem ich hätte aufschauen können. In Gott erst habe ich meinen Vater gefunden. Es tröstet mich ein wenig, wenn ich mir vorstelle, dass es meinem Vater vielleicht ähnlich geht – gesprochen haben wir aber auch darüber nie; ich glaube nicht, dass mir das jetzt schon möglich wäre.

Die Freude darüber, Gott in meinem Leben zu wissen, wiegt heute mehr als die Versäumnisse, die meine Beziehung zu meinen Eltern geprägt haben. Der Glaube hat mir schließlich geholfen, mit Respekt anzuerken-

nen, wie liebevoll mein Vater meine Mutter schon all die Jahre pflegt. Und ich bin mir sicher, dass meine Eltern uns das gegeben haben, was sie vermochten, auch wenn es oft nicht gereicht hat.

Damals war der Alkohol mein bester Freund. Ich nutzte jede Gelegenheit, um mich zu betrinken. Es war mir fast egal, mit wem ich trank; der einzige Unterschied bestand darin, dass ich mit den Skinheads noch mehr soff als mit den Mitschülern im Internat.

Wenn ich mit den Kameraden unterwegs war, gab es ständig Ärger. Sobald wir uns nicht an einem privaten Ort trafen, war Streit vorprogrammiert, mit Ausländern, mit Linken. Wir provozierten und wurden provoziert. Oft blieb es bei einem verbalen Schlagabtausch, manchmal wurde es richtig ernst. Ich erlebte vor allem junge Ausländer immer wieder als Bedrohung. Und sie waren meistens deutlich in der Überzahl.

Einmal war ich mit einem Freund nachts unterwegs, als uns ein ausländischer Jugendlicher entgegenkam. Wahrscheinlich fühlte er sich von uns ebenso bedroht wie wir uns von ihm, denn er hatte einen Stock in der Hand. Jedenfalls warf ich meine Bierflasche nach ihm.

Das wurde mir später vor Gericht als gefährliche Körperverletzung ausgelegt, obwohl ich mir ziemlich sicher war, den Ausländer nicht getroffen zu haben. Was hätte ich denn tun sollen, als er auf mich zukam? Ich fühlte mich damals zu Unrecht verurteilt, sah darin ein politisches Urteil, das mich in meinem Weltbild bestätigte.

Die Sache hatte allerdings nicht nur ein juristisches Nachspiel, denn die Freunde und Verwandten des Opfers wollten Rache nehmen. Sie kannten mich und meinen Kameraden und jagten uns in der darauffolgenden Nacht durch den Ort. Meinen Freund erwischten sie zuerst, er wurde jedoch nicht allzu heftig verprügelt, dafür zogen sie ihn aus und ließen ihn nur in Unterhose bekleidet zurück.

Kurz darauf hatten sie mich umzingelt. Ich hatte keine Chance, es waren sieben oder acht Männer, und sie waren mit Knüppeln und Baseballschlägern bewaffnet. Ohne etwas zu sagen, prügelten sie auf mich ein, zielten mit ihren Knüppeln direkt auf meinen Kopf. Ich konnte nichts anderes tun, als zu versuchen, die Wucht der Schläge mit den Armen etwas abzufangen. Irgendjemand hielt mich von hinten fest, zum Glück nur an meiner Jacke. Ich weiß nicht, wie ich es schaffte, denn zu dem Zeitpunkt war mein Ellbogen schon gebrochen, aber ich konnte irgendwie aus meiner Jacke schlüpfen und durch eine Lücke im Ring der Angreifer entkommen. Ich sprang über mehrere Zäune, rannte durch Vorgärten und hoffte nur, dass sie mich nicht noch einmal abfangen würden.

Neben dem gebrochenen Ellbogen hatte ich mehrere Prellungen und Platzwunden am Kopf und war mir sicher: Es wäre noch schlimmer gekommen, wenn ich mich nicht mit den Armen vor den heftigsten Schlägen geschützt hätte. Ich war davon überzeugt, dass sie mich totschlagen wollten. Was für eine Reaktion auf einen Flaschenwurf!

Die anderen Skinheads wollten sich in die Sache nicht einmischen. Wir hätten vielleicht ein paar Dutzend Mann mobilisieren können, auf der anderen Seite wären es dann schnell einige hundert gewesen.

Mir blieben nur Wut und Ohnmacht, auf Rache musste ich verzichten. Auch von der Justiz erwartete ich keine Gerechtigkeit, und tatsächlich: Als ich Anzeige erstatten wollte, riet man mir bei der Polizei, sie zurückzuziehen. Die Ausländer hätten ausgesagt, dass sie ihre Kinder vor mir hätten schützen müssen. In einer Gerichtsverhandlung müsse ich damit rechnen, nicht als Opfer, sondern als Täter behandelt zu werden.

Ich konnte es nicht fassen: Da jagt mich eine Gruppe Ausländer durch meinen Heimatort und will mich wegen einer vergleichsweisen Lappalie totschlagen – und die deutsche Justiz lässt sie gewähren!

Diese Erfahrung war für mich existenziell. Mein Leben bedeutete anderen nichts, sie nahmen keine Rücksicht auf mich und meine Gesundheit. Mir blieb nur der Schluss, dass ich selbst für meinen Schutz sorgen musste. Ich setzte eisern mein vor kurzem begonnenes Muskeltraining fort und hatte immer häufiger irgendeine Waffe zur Verteidigung dabei, wenn ich allein unterwegs war. Ich wollte nicht noch einmal zum hilflosen Opfer werden, ich wollte nicht mit fünfzehn sterben. Aber sollte ich mich jetzt aus Angst verstecken und nicht mehr für meine Überzeugung eintreten? Das kam für mich nicht in Frage. Dann hätten es diese Leute doch endgültig geschafft und hätten tun und lassen können, was sie wollten, weil alle Angst vor ihnen hatten. Wenn ich schon nichts gegen sie unternehmen konnte, wollte ich ihnen doch wenigstens zeigen, dass ich mich nicht einschüchtern ließ.

In der Folge richtete sich meine Wut im Alkoholrausch eher gegen Gegenstände. Einmal wurde ich von der Polizei beim Randalieren erwischt; ich versuchte zu flüchten, war allerdings zu betrunken. Wieder eine Gerichtsverhandlung, aber nicht nur wegen Sachbeschädigung, sondern auch wegen Widerstands gegen die Staatsgewalt und Beamtenbeleidigung. Ich konnte den Rechtsstaat nicht mehr ernst nehmen, fühlte mich fast schon politisch verfolgt. Was sollte das alles? Wenn mich jemand halb totschlug, interessierte das niemanden, aber mir wurden Straftaten unterstellt. Ich verlor endgültig mein Vertrauen in die Justiz. Für sie war ich der Böse; aber was tatsächlich passierte, schien niemanden zu interessieren.

Ich blieb zwei Jahre im Internat. Schulisch lief es gut, ansonsten gab es jedoch vermehrt Schwierigkeiten. Immer häufiger fiel ich wegen meines Alkoholkonsums unangenehm auf. Teilweise war ich sogar im Unterricht betrunken. Mir wurde dieses Problem allmählich selbst bewusst. Zu oft wachte ich auf, war noch angezogen und konnte mich nicht an den letzten Tag erinnern. Mir war klar, dass es so nicht weitergehen konnte.

Auch die Internatsleitung war nicht gewillt, mein Verhalten noch länger hinzunehmen. Nach dem letzten Schultag – ich hatte gerade die zehnte Klasse beendet – fand eine Konferenz mit den Lehrern statt. Man beschloss, mir die Chance zu einem Neuanfang zu geben, wenn ich bereit wäre, im neuen Schuljahr eine Alkoholtherapie zu machen. Das war ich. Ich hatte Ziele in meinem Leben und wusste, dass ich sie auch erreichen konnte, wenn ich vernünftiger lebte. Ich war froh, eine neue Chance zu bekommen, und hatte wirklich vor, mich zu bessern.

Doch vor diesem Neuanfang lagen sechs lange Wochen Sommerferien. Die ersten beiden Wochen schickten mich die Betreuer vom Jugendamt zu einer Jugendfreizeit nach Dänemark, damit ich mit meinen Freunden daheim keine Dummheiten anstellte.

Ich genoss die Zeit sehr, was auch und besonders an Milena lag, die ich dort kennenlernte. Ich war verliebt. Und glücklich. Sie wohnte nur wenige Kilometer vom Internat entfernt, und ich hoffte, in Zukunft mehr Zeit mit ihr zu verbringen als mit meinen alten Freunden. Und wenn ich keinen Alkohol mehr trank, wäre das Skinheadleben auch nicht mehr sonderlich attraktiv für mich, davon war ich fest überzeugt. Ganz abgesehen davon war mein bester Freund aus der Szene, Marco, kurz davor, ins Gefängnis zu wandern. Er hatte schon eine Bewährungsstrafe und war trotzdem wiederholt straffällig geworden. Mit den anderen Skinheads hatte ich zwar auch viel gefeiert und getrunken, aber wirklich befreundet, gestand ich mir ein, war ich nicht mit ihnen. Es sah für mich alles danach aus, dass ich nach den Ferien in ein neues Leben würde starten können.

Am Samstagnachmittag kam ich aus Dänemark zurück, am Sonntagnachmittag traf ich mich mit Marco. Am Montagmorgen wurde ich verhaftet.

Wenige Stunden hatten ausgereicht, um alles zu zerstören. Ich Idiot! Ich hatte mir doch vorgenommen, auf Alkohol zu verzichten – warum hatte ich nicht sofort damit angefangen?

Orientierungssuche im Knast

Nach dem Prozess muss ich länger in U-Haft bleiben, als ich erwartet hatte. Ich wundere mich darüber, weil sowohl Anwälte als auch Staatsanwaltschaft direkt nach der Verhandlung angekündigt hatten, keine Rechtsmittel gegen das Urteil einlegen zu wollen. Normalerweise sollte es jetzt zügig in die Strafhaft gehen, ich kann aber nichts weiter tun, als geduldig abzuwarten.

Eigentlich sollte auch meine Briefkontrolle durch das Gericht beendet sein. Da ich jedoch weiter in U-Haft sitze, erreichen mich Briefe weiterhin mit großer Verzögerung. Ich muss damit leben, und fast habe ich mich auch schon an dieses Ohnmachtsgefühl gewöhnt. Es gibt nur noch wenig, was ich selbst bestimmen und beeinflussen kann.

Den Brief, der mich dann erreicht, habe ich nicht sehnsüchtig erwartet, aber längst mit ihm gerechnet: Milena schreibt mir, dass sie seit einigen Wochen in einer neuen Beziehung lebt, sie habe es mir aber erst nach der Verhandlung mitteilen wollen. Trotz all dem Schmerz, den das in mir auslöst, weiß ich ihre Rücksichtnahme zu schätzen. Mir war klar, dass sie nicht auf mich warten konnte. Dennoch tut es weh, sie so gehen lassen zu müssen. Es ist frustrierend, nicht einmal um sie kämpfen zu können.

Nicht mal mehr träumen kann ich jetzt von ihr.

Ein Mithäftling aus meiner Wohngruppe, mit dem ich mich auf Anhieb gut verstanden habe, seit wir uns das erste Mal begegneten, bekommt mit, welche Nachricht ich erhalten habe. Seiner Meinung nach sei es mies von Milenas neuem Kerl, ein Mädel anzubaggern, dessen Freund im Gefängnis sitzt. Er erzählt mir, dass er in ein paar Tagen entlassen werde, und bietet mir an, den Typen zu verprügeln. Nein, das will ich nicht. Ich muss es akzeptieren, auch wenn es schwerfällt.

Ich werde Milena immer dankbar sein. Sie war der erste Mensch, der mich spüren ließ, dass ich geliebt werde. Unser Kontakt blieb während meiner gesamten Haftzeit bestehen, trotz all der großen Schmerzen, die ich ihr zugefügt hatte; sie schrieb mir regelmäßig, und fast jeder ihrer Briefe endete mit den Worten «Lass den Kopf nicht hängen». Für mich waren diese Worte fast wie ein Mantra, wenn ich mich nachts auf meiner Matratze vor Verzweiflung hin und her wälzte. Mit dieser kleinen Zeile, die ich mir ins Gedächtnis rief, erinnerte sie mich immer wieder daran, dass ich trotz aller Schuld, die ich auf mich geladen hatte, immer noch ein Mensch war, egal, was passierte. Dass Milena zu mir stand, hat mich vor der totalen Verrohung bewahrt – und letztlich auch davor, mir das Leben zu nehmen.
Ich allein war mir selbst zu wenig.

Zwei Monate nach meiner Verurteilung bekomme ich endlich die Nachricht, dass meine Verlegung in die Aufnahmeabteilung bevorsteht. Dort kann es nur besser werden, denke ich, packe meine Habseligkeiten zusammen und verabschiede mich von den Jungs in meiner Wohngruppe.

Ein Beamter bringt mich ein Haus weiter. Ich bekomme wieder einen Haftraum in einer Wohngruppe zugeteilt. Dies ist eine ganz andere Situation als in der Untersuchungshaft. Dort hatten fast alle gehofft, bald wieder in Freiheit zu sein.

Hier sind alle frisch verurteilt oder kamen ins Gefängnis, weil sie gegen Bewährungsauflagen verstießen.

Viele hoffen, nicht in Hameln bleiben zu müssen. Die Anstalt hat keinen guten Ruf. Manche wollen eine Drogentherapie machen, andere spekulieren auf eine Verlegung in den offenen Vollzug. Einige Asylbewerber wissen schon, dass sie bald abgeschoben werden, in ihre Heimat oder in ein Land, das ihnen noch fremder ist als Deutschland. Mehrere sind schon zum zweiten oder dritten Mal in Haft. Die ersten Gespräche mit den anderen Insassen drehen sich darum, in welcher Abteilung man am besten seine Strafe absitzen kann – und in welches Haus man auf keinen Fall gelangen sollte.

Ich werde zum Aufnahmegespräch beim Abteilungsleiter gebracht. Mir bietet sich derselbe Anblick, der mir schon aus der U-Haft vertraut ist. Der Leiter sitzt hinter dem Schreibtisch und hat meine Akte vor sich liegen.

Er schaut mich an. «Wie stellen Sie sich Ihren weiteren Vollzug vor, Herr Kneifel?»

«Ich möchte möglichst schnell in den offenen Vollzug», erwidere ich, «damit ich ab dem nächsten Schuljahr wieder aufs Gymnasium gehen kann, um mein Abitur zu machen.»

«Halten Sie es denn angesichts Ihrer Straftat für angemessen, schon nach einem Jahr in den offenen Vollzug zu dürfen?», fragt er mit hochgezogenen Brauen.

«Na ja», drucke ich herum. «Ich dachte nur, weil der Richter es im Urteil so geschrieben hat ...»

«Der Richter war bis zur Verurteilung für Sie zuständig», teilt er mir mit. «Ab jetzt bin *ich* für Sie zuständig. Und ich werde Sie mit Sicherheit nicht in den offenen Vollzug lassen. Sie sind nicht in der Position, irgendetwas fordern zu können. Dafür haben Sie sich spätestens durch Ihre Tat disqualifiziert. Es hat seinen Grund, warum Sie auf Ihrer Seite des Schreibtisches sitzen – und ich auf der anderen. Die nächsten Jahre werden Sie hier bei uns bleiben. Und wenn Sie in dieser Zeit beweisen, dass Sie aus Ihren Fehlern gelernt haben, können Sie hier vielleicht eine Ausbildung machen. Anschließend dürfen Sie dann ganz freundlich noch einmal nachfragen, ob Sie in den offenen Vollzug verlegt werden können!»

Seine Worte sitzen. Was soll ich darauf antworten? Es kann doch nicht sein, dass er vollkommen ignoriert, was der Richter in sein Urteil geschrieben hat!

Ich überlege, ob das ganze Gespräch nur ein Test ist – ich suche nach einem Strohhalm, an dem ich mich festhalten kann. Wollen die nur herausfinden, wie ich reagiere? Testen, ob ich mich im Griff habe? Ich schaue dem Hausleiter ins Gesicht. Natürlich macht es mich wütend, wie er mir seine Macht demonstriert. Aber ich bin bestimmt nicht dumm genug, jetzt auf ihn loszugehen, auch wenn es mich innerlich fast zerreißt.

Also frage ich, so ruhig wie ich nur kann: «Wie geht es denn in den nächsten Tagen weiter? Der Chef in dem Betrieb, in dem ich während der U-Haft gearbeitet habe, hat mir angeboten, dass ich erst mal bei ihm bleiben kann, bis sich etwas anderes findet.»

«Anscheinend haben Sie nicht begriffen, was ich Ihnen gerade erklärt habe», gibt der Abteilungsleiter ungerührt zurück und wiederholt: «Sie sind nicht in der Position, Forderungen zu stellen. Wie kommen Sie überhaupt auf den Gedanken, dass Sie hier eine Sonderbehandlung erhalten? Sie werden das ganz normale Aufnahmeprocedere durchlaufen und anschließend einen Arbeits- oder Ausbildungsplatz zugeteilt bekommen.»

Damit beendet er das Gespräch.

Was hatte ich erwartet: dass es besser werden würde, sobald ich die U-Haft hinter mir gelassen hätte? Gar nichts ist besser geworden. Ich hasse dieses Gefühl, nichts tun zu können.

Ich hasse es, der Willkür von Menschen ausgesetzt zu sein, die es genießen, Macht über mich zu haben. Aber ich hasse auch meine Wut.

Ohnmacht und Scham umgaben mich schon, bevor ich denken konnte. Sie steckten längst in mir, sie wuchsen zu einem einzigen Teil in mir zusammen, der über die Jahre immer größer und größer wurde. Ich fühlte, ohne zu lernen, wie ich Mitgefühl entwickeln konnte. Und ich handelte, ohne das Denken gelernt zu haben.

Bis heute fehlen mir jegliche Bilder zu meiner Tat, Bilder, die nahezu jeder unweigerlich vor Augen hat, der davon hört, was ich getan habe.

Sooft ich auch über jenen Tag nachdenke, nie sehe ich ein Gesicht. Ich kann mich nicht einmal an Peter Deutschmanns Gesicht erinnern. Daran muss ich oft denken.

Ich hatte doch gerade erst Hoffnung geschöpft, dass ich meine Haftzeit wenigstens sinnvoll nutzen könnte. Und dann zerschlägt sich diese Hoffnung innerhalb weniger Minuten. Dabei habe ich mir bisher wirklich Mühe gegeben, nicht negativ aufzufallen, habe mir viel gefallen lassen von anderen Insassen, Provokationen, Beleidigungen, tätliche Angriffe sogar. Ich wollte mir nichts verbauen. Soll das der Lohn für mein Verhalten sein? Natürlich habe ich viel falsch gemacht. Ich wurde vollkommen zu Recht verurteilt und muss diese Strafe annehmen. Aber habe ich nicht eine zweite Chance verdient? Werde ich nur noch nach dieser einen furchtbaren Tat bewertet? Es gibt doch hier etliche, die Schlimmeres verbrochen und schon Haftstrafen hinter sich haben und dann trotzdem in den offenen Vollzug gelangen. Bei mir ist das sogar im Urteil enthalten.

Ich kann das nicht einfach hinnehmen und schreibe einen Brief an meinen Anwalt, in dem ich ihm mitteile, was mein Abteilungsleiter im Aufnahmegespräch gesagt hat, und ihn bitte, sich dafür starkzumachen, dass mein Urteil tatsächlich auch umgesetzt wird.

Ich will meinem Leben eine andere Richtung geben. Ich will aus meinen Fehlern lernen und darauf hinarbeiten, dass ich ein besseres Leben führen kann. Aber nichts wird besser werden, wenn ich im geschlossenen Vollzug bleiben muss.

Ich schicke den Brief ab und hoffe darauf, dass mein Anwalt etwas tun kann. Es muss weitere Möglichkeiten geben. Verzweifelt warte ich auf seine Antwort, darauf, dass sich mein Richter vielleicht mit dem Abteilungsleiter in Verbindung setzt. Aber ich warte vergeblich. Nichts passiert. Stattdessen durchlaufe ich das ganz normale Aufnahmeprogramm.

Wir sitzen wochenlang nur in unseren Zellen und warten von früh bis spät. Ab und zu werden wir zu Gesprächen oder Tests abgeholt. Einmal werden uns die verschiedenen Möglichkeiten vorgestellt, einen Schulabschluss oder eine Ausbildung zu machen. Hameln bietet mehr als andere Anstalten, es ist das größte Jugendgefängnis Deutschlands. Für die meisten Häftlinge gibt es passende Angebote: Deutschkurse, Haupt- und Realschulabschluss, Berufsvorbereitungs- oder Berufsgrundbildungsjahr, handwerkliche Ausbildungen. Nur für Gymnasiasten ist nichts dergleichen vorgesehen. Vielleicht könnte ich einen der besseren Ausbildungsplätze bekommen. Als Zerspanungsmechaniker vielleicht – doch alle Plätze sind bereits belegt. Oder als Elektriker. Ich sehe schon drei Jahre Ausbildung auf mich zukommen, die kaum weniger von stumpfsinniger Beschäftigung geprägt sind als die Tätigkeiten, die ich bisher in der U-Haft kennengelernt habe.

Eines Tages kommt ein Beamter zu mir in die Zelle. «Ich bin hier für die Öffentlichkeitsarbeit zuständig», erklärt er mir. «Ein Fernsehteam will einen Beitrag über rechtsradikale Insassen drehen. Wären Sie bereit, sich interviewen zu lassen?»

Ich zucke die Achseln. Warum nicht? Ich habe sowieso nichts Besseres zu tun. Ein bisschen Abwechslung kann da nicht schaden. Ich sage also zu.

Als es so weit ist, holt mich der Beamte ab und führt mich in einen Bereich der Anstalt, den ich noch nicht kenne. Ein Kamerateam ist da und noch ein anderer Insasse, der ebenfalls interviewt werden soll. Ich kenne ihn nicht, offenbar ist er auch ein Rechter. Die Journalisten reden zuerst mit ihm. Es dauert ziemlich lange, währenddessen unterhält sich der Beamte mit mir. Er erkundigt sich nach meinen Haftzielen.

«Ich hoffe, dass ich – wenn ich schon eine Ausbildung machen muss – wenigstens eine anspruchsvollere bekomme», antworte ich ehrlich.

Er nickt. «Ich kenne einige der Ausbildungsmeister ganz gut. Ich kann versuchen, mich für Sie einzusetzen.»

Ich bin überrascht. Es wäre schön, wage aber nicht, darauf zu hoffen. Die Journalisten sind mittlerweile fertig mit ihrem Interview. Sie haben bereits genug Material, lassen sie mich wissen. Ich werde nicht mehr gebraucht, also bringt man mich in meine Wohngruppe zurück.

Die Aufnahmegespräche gehen weiter. Man empfiehlt mir: «Bewerben Sie sich auf einen Platz in der anstaltsinternen Sozialtherapie. Bei Ihrer Straftat und Haftzeit ist das sinnvoll. Es kann allerdings eine Weile dauern, bis Sie aufgenommen werden können. Bis dahin können Sie ja Ihre Bereitschaft zur Mitarbeit signalisieren. Wir bringen Sie vorläufig in dem Haus unter, in dem die kooperativsten Häftlinge sitzen. Dort gibt es eine Gruppe für diejenigen, die auf eine interne Sozial- oder Drogentherapie warten. Außerdem sollten Sie über einen Zeitraum von zwei Jahren an der Gruppe ‹Tötungsdelikte› teilnehmen.»

Ich muss einen Antrag stellen, dann kann ich teilnehmen, wenn die Gruppe das nächste Mal startet. Ohne zu wissen, was mich genau erwartet, bewerbe ich mich.

Eines Tages kommt jemand, der sich als mein Ausbilder vorstellt. Der Beamte für Öffentlichkeitsarbeit hat sich tatsächlich für mich eingesetzt – ich kann eine Ausbildung als Zerspanungsmechaniker beginnen! Meine Freude darüber wird noch dadurch gesteigert, dass ich sofort anfangen darf, in dem Betrieb zu arbeiten, obwohl mein erstes Lehrjahr erst drei Monate später beginnt.

Acht Stunden Beschäftigung am Tag – ich kann es kaum erwarten!

Der Betrieb ist so etwas wie ein Vorzeigebetrieb innerhalb der Anstalt, weil hier Insassen eine wirklich hochwertige Ausbildung machen können. Es gibt jeweils eine computergesteuerte Dreh- und Fräsmaschine. Außerdem stehen uns verschiedene konventionelle Drehbänke und eine Fräse sowie Bohr- und Schleifmaschinen zur Verfügung. Allerdings wird es eine Weile dauern, bis ich tatsächlich an den Maschinen arbeiten darf. Die ersten Wochen muss ich von Hand Metallteile bearbeiten, vor allem mit der Feile. Das macht nicht wirklich Spaß, aber es ist besser, als im Haftraum zu sitzen. Außerdem habe ich die Perspektive, im Laufe der Ausbildung auch interessantere Tätigkeiten ausführen zu können.

Die anderen Insassen, es sind vier, müssen wie ich ebenfalls lange Haftstrafen absitzen, was einerseits Voraussetzung für eine Ausbildung ist, die dreieinhalb Jahre dauert. Andererseits lässt es darauf schließen, dass auch sie wegen schwerer Straftaten einsitzen. Im Laufe der Ausbildung sind unsere Taten zwar hin und wieder Thema, aber eigentlich reden wir nicht weiter darüber.

Einer der Auszubildenden führt allerdings ein ganz anderes Leben: Er ist ein Externer, der noch nie straffällig geworden ist und hier ganz normal seine Ausbildung macht. Er kommt jeden Morgen und kann nach Feierabend wieder nach Hause gehen. Ich beneide ihn.

Zum Mittagessen muss ich in das Haus meiner Wohngruppe zurück. Dort bekomme ich mit allen anderen das Containeressen ausgeteilt. Die gemeinsamen Mahlzeiten sind eine willkommene Abwechslung, es geht mitunter witzig zu, manchmal gibt es allerdings auch heftigen Streit. Einmal entwickelt sich aus einem belanglosen Gespräch eine handfeste Auseinandersetzung. Mein Tischnachbar geht auf mich los und schlägt mich. Ich setze mich unmittelbar zur Wehr und schlage zurück. Ein Beamter trennt uns, wir müssen beide sofort in die Einschlussgruppe.

Ich kann nicht mehr zur Arbeit gehen und mache mir Sorgen. Gerade erst habe ich die Möglichkeit bekommen, im besten Betrieb hier zu arbeiten und bald eine Ausbildung anzufangen. Wird es jetzt dabei bleiben? Oder verliere ich den Job, noch bevor ich richtig angefangen habe?

Ich frage mich, wie das weitergehen soll. Ich habe noch über vier Jahre Haft vor mir. Wie soll ich mit solchen Situationen umgehen? Der Raum hier drin ist nun mal begrenzt, ich kann niemandem aus dem Weg gehen. Es ist doch nicht so, dass ich die Konflikte suche! Aber ich lasse mich auch nicht zum Opfer degradieren. Ich lasse mich nicht verbiegen! Gleichzeitig will ich aber auch keine Auseinandersetzung riskieren, die mir weitere Haftzeit bescheren würde.

Nach ein paar Stunden holt mich ein Beamter aus meiner Zelle in der Einschlussgruppe. Ich darf wieder in meinen normalen Haftraum. Die anderen Leute aus meiner Gruppe wurden befragt. Alle haben ausgesagt, dass der andere Insasse mich grundlos angegriffen hat und ich mich nur verteidigt habe. Die Sache ist also noch einmal gut ausgegangen.

Am nächsten Tag darf ich wieder zur Arbeit gehen. Mein Chef bittet mich ins Büro: «Was war gestern los?»

Ich erzähle, was in der Mittagspause passiert ist.

Er nickt und sagt: «Ich arbeite schon lange im Gefängnis und weiß: Solche Sachen passieren hin und wieder. Ich verlange allerdings von meinen Auszubildenden, dass sie sich im Betrieb benehmen.» Er sieht mich eindringlich an. «Wenn hier etwas Derartiges vorfallen sollte, würde ich Sie ohne Wenn und Aber rausschmeißen. Wenn es Konflikte gibt, kommen Sie zu mir und reden darüber. Ich verurteile Sie nicht für Dinge, die irgendwo im Haus oder in der Freistunde passieren. Mir ist bewusst, dass die Aktennotizen nicht alles enthalten, ich lese sie aber auch gar nicht. Hier im Betrieb haben Sie die Möglichkeit, durch Ihr Verhalten gegenüber Chef und Kollegen ein anderes Bild von sich zu zeichnen. Von mir werden Sie nur danach beurteilt.»

Ich bin sehr erleichtert. Offenbar gibt es doch Menschen hier, die mir eine Chance geben. Es tut wirklich gut, diese Erfahrung zu machen.

Bald kommt der Tag, dem ich mit Grauen entgegensehe: Mein 18. Geburtstag steht an. Die meisten Jugendlichen feiern an diesem Tag die Party ihres Lebens, ich hingegen sitze seit fast einem Jahr in Haft und habe keine Freunde um mich, die mit mir feiern würden. Ich habe nicht mal eine Flasche Bier, kein besonderes Essen, nichts. Die wenige Post, die ich bekomme, ist da nur ein schwacher Trost. Ja, es ist schön, dass es draußen noch Leute gibt, die an mich denken. Ich würde allerdings lieber richtig feiern, endlich mal wieder ausgelassen sein. Es ist zum Heulen. Die Tage, auf die ich mich vor einem Jahr noch so gefreut habe, sind trostlos geworden. Silvester 2000, die Millenniumsfeier, musste ich in U-Haft verbringen. Und der 18. Geburtstag ist auch nicht besser.

Juri, ein Aussiedler, der auf seine Drogentherapie wartet, bekommt mit, dass ich Geburtstag habe. Er hat von einem Besuch noch einen halben Kuchen übrig und schenkt ihn mir, damit ich wenigstens etwas habe, um Geburtstag zu feiern. Ich freue mich sehr darüber, dass Juri an mich denkt. Es ist schön, wenn man sich das Leben hier nicht noch schwerer macht, sondern zusammenhält und sich gegenseitig unterstützt. Irgendwie hilft mir das, dem Tag doch noch etwas abzugewinnen.

Nach drei Monaten in der Aufnahmeabteilung werde ich endlich in Haus 6 verlegt. Es ist das Haus für die kooperativen Insassen. Einige haben schon Vollzugslockerungen, dürfen ab und zu die Anstalt verlassen. Andere stehen kurz davor oder sollen bald in den offenen Vollzug kommen. Dann ist da noch die Gruppe, in die ich gesteckt werde. Die Insassen haben eine längere Strafe vor sich und warten auf einen Platz in den Abteilungen für Sucht- oder Sozialtherapie. Unsere Situation ist seltsam. Alle anderen im Haus werden in absehbarer Zeit die Anstalt verlassen, wir dagegen haben noch den größten Teil unserer Haftzeit vor uns.

Im Unterschied zur Aufnahmeabteilung habe ich hier sehr viel mehr Kontakt zu den anderen Gefangenen und kann in der Mittagspause an der normalen Freistunde teilnehmen. Dadurch ergeben sich ganz neue Möglichkeiten. Zum einen kann ich mit Leuten reden, die ich schon aus der U-Haft oder der Aufnahmeabteilung kenne, und bin nicht mehr nur auf die Insassen meiner Wohngruppe beschränkt. Zum anderen lerne ich auch die verschiedenen «Handelswege» kennen. Ich erfahre, an wen ich mich wenden muss, wenn ich Dinge brauche, die mir anders nicht zugänglich sind.

Dadurch komme ich auch ziemlich schnell wieder an Alkohol. Ab und zu ist auf dem Schwarzmarkt Hefe zu haben. Die restlichen Zutaten können wir uns legal besorgen. In meiner Gruppe finden sich einige Leute, die solche Aktionen initiieren oder unterstützen. Wir bereiten also ein paar Liter Bier zu und hoffen darauf, dass der Alkohol nicht während des Gärungsprozesses von den Beamten gefunden wird. Ich kann meinen ersten Rausch nach der langen Zeit kaum erwarten – so langweilt und frustriert mich der Gefängnisalltag.

Damals war ich so sehr am Boden, dass ich alle guten Vorsätze, die Finger vom Alkohol zu lassen, in den Wind schrieb. Obwohl ich ja wusste, was Alkohol in mir auslösen konnte, wie viel er dazu beigetragen hat, dass ich im Gefängnis war, überwog der Wunsch nach Abwechslung – und der Möglichkeit, für einen kurzen Moment alles einmal vergessen zu können.

In den ersten Monaten hätte ich mich das nicht getraut. Aber mittlerweile habe ich keine Lust mehr, vielleicht noch jahrelang auf irgendwelche Hafterleichterungen warten zu müssen. Wenn ich jetzt eine Gelegenheit habe, einen außergewöhnlichen Abend zu verbringen, lasse ich sie mir nicht entgehen.

Die neuen Kontakte in der Strafhaft bringen mich allerdings auch in höchst unangenehme Situationen. Es gibt in den Freistunden verschiedene Gruppen, die sich auf dem Hof versammeln, darunter auch eine Gruppe Rechtsextremisten. Sie wollen mit mir reden. Ich gehe zu ihnen rüber, und wir unterhalten uns. Vorher kannte ich keinen von ihnen, weder von draußen noch aus der U-Haft. Nur einen habe ich schon mal gesehen, als das Filmteam da war; aber gesprochen haben wir damals nicht miteinander.

Es ist eine unangenehme, fast bedrohliche Gesprächsatmosphäre. Sie fragen mich: «Wie kommt es eigentlich, dass du mit den Journalisten reden wolltest? Bist du etwa der Meinung, dass du für die rechte Szene im Gefängnis sprechen kannst?»

Ich bin verunsichert, war ich doch bisher davon ausgegangen, dass wir innerhalb der Szene Kameraden sind und mehr oder weniger gleichberechtigt. Offensichtlich haben hier nicht alle die gleichen Rechte. Hätte ich vorher um Erlaubnis fragen sollen, bevor ich dem Interview – das ja am Ende gar nicht stattgefunden hat – zustimmte? Mir kommen Zweifel, ob dies die Leute sind, mit denen ich meine Zeit hier verbringen möchte, und ob mir diese Gruppe den Rückhalt geben kann, den ich in der Anstalt brauche.

Der weitere Gesprächsverlauf verstärkt diese Zweifel. Die Rechten scheinen sich ebenso unsicher zu sein, ob sie mich tatsächlich in ihrer Gruppe haben wollen. Sie teilen mir mit, welches Verhalten sie in den nächsten Wochen von mir fordern – natürlich soll ich mich von ausländischen Mithäftlingen fernhalten. Ich höre mir schweigend an, was sie sagen. Irgendwie macht es mich traurig. Unter den Skinheads draußen gab es auch manchmal Streit, aber ich hatte das Gefühl, durch die gemeinsame Einstellung mit ihnen verbunden zu sein. Für mich war es selbstverständlich, dass ein Kamerad für den anderen da war. Hier scheint das anders zu sein. Natürlich, ich habe den Kontakt zu dieser Gruppe nicht gesucht. Sie wissen vielleicht nicht, wie sie mich einschätzen sollen. Aber ich muss hier niemandem beweisen, ob ich ein guter Kamerad bin. Und wie kommen sie darauf, von mir etwas fordern zu können?

Ich habe mir in den letzten Monaten ohnehin Gedanken

darüber gemacht, ob ich mich tatsächlich noch als Teil der rechten Szene sehe. Nach allem, was ich mir durch meine Einstellung eingebrockt habe, nach allem Ärger, den ich draußen als Skinhead mit Ausländern und Linken hatte. Hier drin habe ich schon genug Stress mit Beamten, weil ich als Rechter bei denen verschissen habe.

Ich brauche keine weiteren Probleme. Wenn sie mich als Verräter betrachten, lässt mich das nicht kalt, aber mir wird immer klarer, dass mein Glaube an Kameradschaftlichkeit und Freundschaft innerhalb der Szene ein naiver Irrglaube war. Ich durchschaue mehr und mehr, was wirklich dahintersteckt.

Als wir auseinandergehen, ist klar: Wir werden keine Freunde. Aber wie soll ich mit ihnen weiter umgehen? Ich habe nicht das Bedürfnis, mir Feinde zu machen. Wenn es hart auf hart kommt, kann ich allein nicht viel ausrichten. Es gibt immer genug Ecken in der Freistunde, die die Beamten gerade nicht im Blick haben. Und es ist kein schönes Gefühl, so ganz allein und hilflos dazustehen. Man muss immer mit Ärger rechnen, damit, dass jemand seine Aggressionen nicht im Griff hat oder seine Stellung in der Häftlingshierarchie behaupten will. Doch ausgerechnet aus dieser Richtung habe ich keinen Ärger erwartet. Ich bin bitter enttäuscht.

Wut und Traurigkeit hängen bei mir bis heute eng zusammen. Diese Auseinandersetzung mit den rechten Mithäftlingen machte mich traurig, weil sie mir den Boden unter den Füßen wegzog. Einer der beiden interpretierte meinen traurigen Blick dann als «böse» – und tatsächlich kann Traurigkeit bei mir bis heute sehr schnell in Wut umschlagen. Die Vorstellung, zusammenbrechen zu müssen, macht mich eher wütend als traurig.

Nach der Arbeit spricht mich Juri auf die Situation in der Freistunde an: «Hey, was war denn da los? Ich meine – ich weiß, dass du ein Brauner bist. Also, wenn du mich fragst ... Ich hab andere Vorstellungen von Kameradschaft. Ich verstehe das nicht, dass die Leute dich grundlos anmachen.» Er macht eine Pause, dann spricht er weiter. «Wenn du noch mal Ärger mit denen haben solltest, kannst du mir Bescheid sagen, klar?»

Ich schüttle den Kopf. «Ich muss damit allein klarkommen. Ich will die Sache lieber selber regeln. Aber trotzdem, danke.»

Er scheint es mir nicht ganz zuzutrauen. Wahrscheinlich hat er damit recht. Einerseits freue ich mich über die angebotene Hilfe, andererseits weiß ich nicht, wie sich dadurch das Problem lösen lassen sollte. Wenn die Rechten das Gefühl bekommen, dass ich mir bei den Russen Schutz hole, werden sie bestimmt nicht besser auf mich zu sprechen sein. Juri geht trotzdem in der nächsten Freistunde zu ihnen rüber und sagt ihnen, dass sie mich in Ruhe lassen sollen, andernfalls würden sie Probleme bekommen. Sie gucken mich zwar böse an, aber seitdem gehen sie mir tatsächlich aus dem Weg. Damit habe ich nicht gerechnet.

So habe ich mir meinen Ausstieg aus der rechten Szene nicht vorgestellt. Habe ich mir darüber überhaupt ernsthafte Gedanken gemacht? Aber vielleicht ist es jetzt gerade deshalb ein ganz heilsamer Schock. Draußen wollte ich manche Dinge einfach nicht sehen. Es gab auch da schon Anzeichen dafür, dass es mit der Kameradschaft doch nicht so weit her war. Mir kommen verschiedene Vorfälle in den Sinn, bei denen ich Ärger mit anderen Skinheads hatte. Im Nachhinein gab ich immer mir die Schuld, weil ich besoffen war und irgendwelchen Blödsinn gelabert hatte. Warum kam ich nur nie auf die Idee, dass die meisten «Kameraden» gar nicht meine Freunde waren und deutlich andere Interessen hatten, als mir zur Seite zu stehen?

Für solche Leute werde ich bestimmt nicht noch mal meine Freiheit oder meine Gesundheit aufs Spiel setzen. Dieses Kapitel meines Lebens ist abgeschlossen. Für mich jedenfalls. Mir ist klar, dass andere Leute aus meinem Umfeld hier das anders sehen werden. Wenn in meiner Akte steht, dass ich rechtsextrem bin, dann bin ich es für sie auf ewig. Daran hätte sich wahrscheinlich selbst dann nichts geändert, wenn ich mich mit den Rechten geprügelt hätte.

Die Frage, ob ich weiterhin in der rechten Szene bleiben soll, hat sich für mich erledigt.

Doch die Situation im Haus bleibt kompliziert. Nachmittags nach der Arbeit sitzen hier zehn Leute auf einem Haufen, die alle auf einen Therapieplatz warten und irgendetwas tun müssen, um sich die Langeweile zu vertreiben. Wir bringen alle eine Menge Probleme mit, und die Situation wird nicht dadurch besser, dass wir ohne Betreuung zusammen abhängen. Wir beeinflussen uns nicht gerade positiv.

Einige konsumieren Drogen; mir wird auch immer wieder angeboten, mitzurauchen. Irgendwann sage ich ja. Die Tage sind so langweilig, ein kleiner Rausch erscheint mir nur zu verlockend. Wirklich bedröhnt bin ich zwar nicht, aber es führt auch nicht dazu, dass ich in Zukunft die Finger davon lasse. Wie ein paar andere aus der Gruppe bin ich mehr an Alkohol interessiert, der nicht ganz so einfach zu besorgen ist wie andere Rauschmittel. Umso glücklicher bin ich über die wenigen Male, bei denen ich mich richtig betrinken kann. Ich weiß zwar, dass ich unter Alkoholeinfluss meine Straftaten begangen habe und dass es richtig Ärger gibt, wenn ich erwischt werde – aber ich sehe keine anderen Möglichkeiten, meinen Frust zu vergessen und ein bisschen Spaß zu haben.

Unsere Zellen werden regelmäßig kontrolliert, und natürlich wollen wir auf keinen Fall, dass illegale Dinge bei uns gefunden werden. Wir warten also, bis eine Kontrolle vorbei ist;

dann setzen wir Alkohol an, der zur Gärung ja einige Tage braucht. Ich verstecke einen Eimer im Schrank unter meinen Klamotten. Ich rechne nicht damit, dass meine Zelle in den nächsten Tagen noch einmal kontrolliert wird. Doch dann betritt ein Beamter meinen Haftraum, geht gezielt auf den Schrank zu, hebt die Klamotten hoch und findet den Eimer. Ich bin geschockt. Das kann kein Zufall sein. Irgendjemand hat mich angeschissen! Es muss so sein. Die Leute aus meiner Gruppe wussten schließlich davon. Die Kontrolle kam zu überraschend, der Beamte ist zu gezielt vorgegangen. Hat da einer auf meine Kosten einen Deal mit den Schließern gemacht, um seine Haftsituation zu verbessern?

Für mich bedeutet das, dass ich meinen Warteplatz für die Sozialtherapie verliere und in eine andere Abteilung verlegt werde. Aber vorher muss ich noch meine Strafe absitzen. Das heißt wieder 23 Stunden am Tag Einschluss, keinen Fernseher, kein Radio, keine Arbeit. Eigentlich müsste ich in eine Absonderungszelle. Zu meinem Glück sind die gerade alle belegt. Ich kann in meinem Haftraum bleiben, mir wenigstens etwas zu lesen organisieren und mit anderen Häftlingen reden. Ich erfahre dadurch auch, dass jemand aus meiner Gruppe in die Drogentherapie verlegt wird, obwohl er nicht der Nächste auf der Warteliste war. Wahrscheinlich ist er derjenige, der mich verraten hat.

Ich bin maßlos wütend auf ihn, auf sein Verhalten. Was habe ich ihm getan? Dieser Egoist! Und ich kann nichts tun, um mich zu rächen. Die Drogentherapie ist vollkommen abgeschottet vom restlichen Gefängnis. Was für ein mieses System: Ich wollte nur einen netten Abend verbringen, habe damit niemandem Schaden zugefügt und werde trotzdem bestraft. Und der Verräter, der mir durch sein Verhalten geschadet hat, wird dafür auch noch belohnt.

Nach meiner Bestrafung komme ich in Haus 4. Es ist eine ganz normale Abteilung, in der die Leute nur ihre Zeit absitzen. Hier treffe ich auf Häftlinge, die sich weder besonders gut noch besonders schlecht verhalten haben. Sie versuchen, das Beste aus den Umständen zu machen, ohne mit den Beamten vermehrt zusammenzuarbeiten und ohne auf Ärger mit anderen Insassen aus zu sein. Man sagt mir: «Wenn Sie sich hier in den nächsten Monaten gut führen, bekommen Sie wieder einen Warteplatz für die Sozialtherapie.»

Die Gruppe hat einen hohen Ausländeranteil. Am Anfang meiner Haft wäre das für mich noch eine bedrohliche Situation gewesen, inzwischen ist es mir ganz recht, denn die Jungs sind echt nett.

Nach ein paar Tagen fragen sie mich sogar, ob ich an ihrer Kochgruppe teilnehmen möchte. Sie kaufen immer zusammen ein und verbessern dadurch die Mahlzeiten. Ich freue mich sehr über die Einladung, denn das Knastessen ist alles andere als lecker, und zwei der Jungs können wirklich gut kochen. Das meist orientalische Essen ist mir am Anfang viel zu scharf, aber ich gewöhne mich schnell daran und lerne diesen neuen Kick zu schätzen. Ich bin dankbar, in dieser Gruppe gelandet zu sein: Wir unterstützen uns gegenseitig und sind dadurch alle besser dran. Das tut mir gut, gerade nach der letzten herben Enttäuschung.

So bin ich fast ein wenig traurig, als ich nach einigen Monaten wieder einen Platz auf der Warteliste für die Sozialtherapie ergattere und zurück nach Haus 6 verlegt werde. Eigentlich weiß ich gar nicht mehr, was ich in der Sozialtherapie soll. Worüber soll ich mit den Therapeuten reden? Aber ohne Sozialtherapie habe ich keine Chance auf eine vorzeitige Entlassung.

Wenn ich ab und zu von Leuten höre, die entlassen worden sind, sitzen sie meist schon wieder. Innerhalb einer Woche erfahre ich von zwei Ex-Häftlingen, mit denen ich hier im Gefängnis viel Zeit verbracht habe. Sie waren beide erst wenige Tage draußen. Und jetzt sind sie tot. Einer hatte einen Autounfall, der andere wurde vor einer Disco erstochen.

Diese Neuigkeiten machen mir Angst. Ich sehne mich so sehr danach, hier endlich rauszukommen. Die beiden haben auch lange auf ihre Entlassung gewartet. Und was hatten sie dann davon? Kann mir so etwas auch passieren? Werde ich vielleicht meine Freiheit gar nicht mehr genießen können? Die Vorstellung erschreckt mich. Welche Sicherheit habe ich denn, dass es bei mir anders laufen wird?

Ich bin mittlerweile vorsichtiger geworden. Nicht, dass ich mich an alle Regeln im Vollzug hielte, aber ich gehe keine unnötigen Risiken mehr ein. Weil ich nicht wieder auffällig werde, muss ich nicht ganz so lange auf meinen Platz in der Sozialtherapie warten. Trotzdem ist schon fast die Hälfte meiner Haftzeit vorbei, als ich endlich aufgenommen werde. Ich freue mich, rechne damit, dass ich nun das Schlimmste hinter mir habe, ich in absehbarer Zeit Vollzugslockerungen bekomme und dann auch bald entlassen werden kann.

Ein gescheitertes Experiment

Trotz meiner Skepsis gegenüber der Sozialtherapie bin ich schon bald froh, endlich dort gelandet zu sein. Bereits an den äußeren Bedingungen merke ich, dass es hier nicht in erster Linie um die Bestrafung meiner Taten geht. Hier sind die Lebensbedingungen sehr viel angenehmer als in den Häusern, in denen ich zuvor untergebracht war. Die Gruppenräume sind bedeutend wohnlicher eingerichtet, die Küche ist besser ausgestattet, ich darf mehr Zeit außerhalb meines Haftraums verbringen. Es sind zwar immer noch Haftbedingungen, aber sie sind deutlich angenehmer als in den übrigen Vollzugsabteilungen. Auch der Umgang mit den Beamten ist netter. Sie sind mehr Betreuer und weniger Schließer. Allerdings wird mir nach wie vor kein Vertrauen entgegengebracht. Meine Zelle wird weiterhin gründlich durchsucht, und ich muss regelmäßig unter Aufsicht in einen Becher pinkeln, damit mein Urin auf Drogenkonsum getestet werden kann.

Was mich sehr stört: Die Insassen in der Sozialtherapie sollen möglichst wenig Kontakt mit den weniger kooperativen Gefangenen haben – ich kann also nicht mehr mit den Leuten in die Freistunde gehen, mit denen ich mich hier angefreundet habe. Dabei sind mir diese Kontakte eigentlich viel wichtiger als die zu den Häftlingen in der Sozialtherapie. Mag ja sein, dass das Gefängnispersonal meine Freunde für keinen guten Umgang hält. Aber mit ihnen komme ich eben am besten aus. Ich hatte noch nie Kumpels, mit denen ich so gern Zeit verbracht, mit denen ich mich so gut verstanden habe.

Diese Männer gehören zu den wirklich schweren Jungs, vor allem Osama. Er wirkt rein körperlich schon sehr überlegen, hat eine schnelle Auffassungsgabe und ist aufgrund seiner Hafterfahrung hier schon fast zu Hause – ihm macht so leicht keiner was vor. Und wenn doch, kann Osama sehr schnell seine Fäuste sprechen lassen. Er hält sich nicht an die Regeln, betreibt seine Geschäfte, und die anderen Insassen gehen Ärger mit ihm lieber aus dem Weg. Aber ich halte ihn und die anderen Jungs trotzdem nicht für schlechte Menschen. Wir respektieren uns gegenseitig, haben den gleichen Humor. Und wir sind gute Trainingspartner. Von Seiten der Anstalt wird uns keine Möglichkeit gegeben, Kraftsport zu machen, aber wir nutzen die Freistunden zumindest für Klimmzüge. Dabei spornen wir uns gegenseitig an. Jeder versucht, der Beste zu sein. So motivieren wir uns, um alles aus uns herauszuholen. Im Sommer genießen wir es, mit freiem Oberkörper über den Hof zu gehen und die bewundernden Blicke der anderen Insassen und der Beamten auf uns zu spüren. Das Muskeltraining ist der einzige wirkliche Freiraum, den wir hier in der Haft haben. Und den nutzen wir trotz der schlechten Rahmenbedingungen.

Ganz im Gegensatz dazu trifft man in der Sozialtherapie nicht unbedingt auf Insassen, vor denen die anderen Häftlinge Respekt haben. Sie geben sich den Beamten gegenüber extrem kooperativ, was so weit geht, dass sie ihre Mitgefangenen anschwärzen. So etwas würde ich nie tun, auch wenn mir das Vorteile brächte. Ich hätte große Schwierigkeiten damit, als Verräter zu leben. Selbst wenn die anderen Häftlinge es nicht mitbekämen – ein solches Verhalten ist für mich das Letzte. Was soll daran vorbildlich sein? Welche Vorstellung von Gesellschaft haben die Beamten eigentlich? Ich möchte nicht in einer Umgebung leben, in der keiner dem anderen trauen kann und jeder nur auf den eigenen Vorteil bedacht ist. Mir gefällt es wesentlich besser, mit Menschen zusammen zu sein, auf die ich mich verlassen kann.

Deshalb bin ich nur kooperativ, wenn es darum geht, auf ein straffreies Leben hier drin hinzuarbeiten und mich auf ein Leben in Freiheit vorzubereiten. Reine Anpassung ist für mich nach wie vor unvorstellbar.

Außerdem hält sich doch niemand an sämtliche Vorschriften. Es gibt Regeln, die ich einsehe und die einzuhalten ich auch bereit bin. Ich halte es zum Beispiel auf jeden Fall für sinnvoll, gewaltfrei miteinander umzugehen. Das fällt mir hier allerdings auch nicht sehr schwer. Ich treffe niemanden in der Sozialtherapie, der es auf eine körperliche Auseinandersetzung mit mir anlegen würde. Aber was eine darüber hinausgehende Kooperationsbereitschaft mit den Beamten und Therapeuten angeht, bin ich skeptisch.

Mir sind Psychologen sowieso nicht ganz geheuer. Ich habe noch keinen Angehörigen dieser Spezies getroffen, bei dem ich das Gefühl gehabt hätte, dass er mir in irgendeiner Form hätte helfen können. Manchmal hatte ich den Eindruck, die haben alle Psychologie studiert, um mit ihren eigenen Problemen besser klarzukommen. Schon während meiner Zeit in der Kinder- und Jugendpsychiatrie fanden die Psychologen keinen Zugang zu mir; ich verstand einfach nicht, was sie von mir wollten. Hier in der Anstalt bin ich jetzt bereits eine ganze Weile in einer Gesprächsgruppe mit anderen Häftlingen, die auch wegen Tötungsdelikten hier sind. Doch ich habe nicht den Eindruck, dass die Interventionen des Psychologen, der die Gruppe leitet, in irgendeiner Form hilfreich oder sinnvoll wären. Ich verstehe dadurch weder mich noch meine Tat besser. Was heißt Sozialtherapie überhaupt? Wie soll ich denn im Gefängnis lernen, in der Gesellschaft zu leben? Das sind doch zwei grundverschiedene Welten. Für mein Gefühl geht es hier in erster Linie darum, sicherzugehen, dass ich kein Risiko für andere Menschen darstelle – und nicht darum, mir zu helfen.

Was das Ganze jetzt, nach über zweieinhalb Jahren in Haft, noch bringen soll, ist mir vollkommen schleierhaft. Mein altes Leben liegt so weit hinter mir. Meine Straftaten habe ich immer dann begangen, wenn ich mit Skins zusammen war, und mit denen habe ich schon lange nichts mehr zu tun. Ansonsten hatte ich mein Leben – vom Alkoholmissbrauch mal abgesehen – doch ganz gut im Griff. Nach der Zeit im Gefängnis werde ich garantiert nicht mehr das Bedürfnis haben, straffällig zu werden. Das weiß ich selbst, dazu brauche ich keinen Therapeuten. Aus der Schule weiß ich noch, dass der Begriff «Therapie» eigentlich «Heilung» meint. Muss ich denn geheilt werden? Wenn ja, wovon? Bin ich überhaupt krank? Ich fühle mich gesund.

Trotz meines Widerwillens muss ich sowohl an Einzel- als auch an Gruppengesprächen teilnehmen. Doch ich bin nicht sehr glücklich mit der Psychologin, mit der ich meine Einzelgespräche führen soll. Ich werde nicht wirklich warm mit ihr, und umgekehrt geht es ihr wohl auch so. Sie macht auf mich den Eindruck, als wolle sie mich in irgendeine Schublade stecken, ohne zu wissen, in welche. Wie soll das auch funktionieren? Ich bin anders als die meisten der übrigen Häftlinge. Die Mehrheit von ihnen ist doch gar nicht mehr in der Lage, ein normales Leben in Freiheit zu führen, sie haben sich entweder längst dazu entschieden, ihre Verbrecherlaufbahn fortzusetzen, oder sind so hilflos, dass sie mit dem vorliebnehmen, was man ihnen gerade vor die Nase setzt. Ich suche aber immer noch nach einem Weg, der mir die Chance auf ein besseres Leben bietet. Wenn die Psychologin mich mit den anderen einfach in einen Topf schmeißt, wird sie mich kaum je richtig einschätzen können.

Andererseits merke ich, dass es mir guttut, mit ihr über

mein Leben zu sprechen. Das ist eine ganz neue Erfahrung für mich. Ich merke, wie schwer es mir fällt, über mich und meine Gefühle zu reden; ich muss das tatsächlich erst lernen. Einzelne meiner Probleme wurden zwar auch schon in Begegnungen mit dem Jugendamt oder im Internat angesprochen, aber über einen längeren Zeitraum verschiedene Themen regelrecht zu bearbeiten, ist mir neu. So merke ich zwar, wie gut es ist, Dinge konkret zu formulieren und dadurch für mich selbst Klarheit zu bekommen. Dennoch fehlt mir das Vertrauen zu meiner Gesprächspartnerin, um über alles offen reden zu können. Ich spüre deutlich ihre Unsicherheit mir gegenüber. Wie soll sie mir da helfen können?

Außer den Gesprächen kommen weitere Neuerungen auf mich zu: Ich darf zum ersten Mal die gefängniseigene Sporthalle nutzen. Dort spielen wir Badminton – nicht unbedingt mein Lieblingssport, aber immerhin. Außerdem ist hinter dem Haus auch ein Basketballkorb angebracht, sodass ich mich noch ein wenig mehr bewegen kann.

Mittlerweile kommt außerdem eine Gruppe der Anonymen Alkoholiker wöchentlich in die Anstalt. Da ich meine Straftaten unter Alkoholeinfluss begangen habe, wird mir nahegelegt, an den Gruppentreffen teilzunehmen. Ich bin zwar der Meinung, dass ich mittlerweile ganz gut mit Alkohol umgehen kann, aber ich gehe trotzdem hin, denn ich bin mir durchaus bewusst, welchen großen Stellenwert Alkohol vor meiner Inhaftierung in meinem Leben hatte und wie sehr ich mir dadurch geschadet habe.

Einige der trockenen Alkoholiker, die die Gruppe mit uns Insassen führen, haben durch den Alkohol fast ihr Leben ruiniert, dennoch bin ich von ihnen sehr beeindruckt: Sie waren dem Alkohol verfallen und haben es geschafft, trocken zu werden. Und nun wollen sie als Ehrenamtliche hier in der Anstalt auch uns helfen, vom Trinken loszukommen.

Nach den Gesprächen mit ihnen stelle ich mir schon die Frage, wie sehr ich abhängig bin oder zumindest war. Wahrscheinlich war ich nie körperlich abhängig – schließlich hatte ich keinerlei Entzugserscheinungen, als ich inhaftiert wurde. Psychisch sah das schon ganz anders aus: Ich genoss es, mich zu betrinken. Wenn ich merkte, dass der Alkohol seine berauschende Wirkung entfaltete, wollte ich immer mehr davon – bis zur Besinnungslosigkeit.

Gilt das immer noch? Natürlich möchte ich mich betrinken, wenn ich an Alkohol gelangen kann. Aber liegt das daran, dass ich süchtig bin? Oder liegt es nicht eher an den Umständen hier drin? Wie kann ich mich hier sonst gut fühlen? Habe ich den Alkohol nicht immer gegen mein mieses Gefühl eingesetzt? Ich bin mir nicht sicher, wie es nach meiner Entlassung sein wird. Nach all den Jahren in Haft möchte ich auf jeden Fall wieder feiern und das Leben genießen. Ob ich dann Maß halten kann? Würde ich es schaffen, mich zu betrinken, ohne die Kontrolle zu verlieren? Inwieweit hängen Ohnmacht und Kontrollverlust zusammen?

Die trockenen Alkoholiker erzählen uns, dass sie sich immer noch als Alkoholiker sehen. Die einzige Möglichkeit, mit Alkohol zurechtzukommen, bestehe für sie darin, vollkommen darauf zu verzichten.

Eine andere Frage, mit der ich mich verstärkt auseinandersetze, ist die Frage nach dem Sinn meines Lebens. Dass es irgendetwas in dieser Richtung geben muss, ist mir klar. Mir sind gewisse Überzeugungen und Werte extrem wichtig. Ich bin mir nur nicht sicher, wohin ich mich entwickeln soll. Von der rechten Ideologie habe ich mich mittlerweile vollständig gelöst, auch durch die vielen positiven Begegnungen mit und Freundschaften zu ausländischen Mithäftlingen. In meiner jugendlichen Naivität war ich damals nur zu gern auf die rechten

Parolen hereingefallen. Scheinbar fand ich in ihnen Lösungen für meine Probleme. Zumindest gab mir diese Gesinnung ein Ventil für meine Wut und Unzufriedenheit. Die Ernüchterung war umso größer, als sich die vermeintlichen Kameraden als falsche Freunde herausstellten.

Ich beginne, regelmäßig in den Gottesdienst zu gehen, obwohl ich mich von dem christlichen Glauben, wie ihn meine Eltern lebten, bewusst distanziert habe. Dennoch sind meine Gottesdienstbesuche mehr als nur eine willkommene Abwechslung vom täglichen Einerlei. Klar, die Pastoren bekommen Geld dafür, dass sie hier sind. Es ist ihr Job. Und doch begegnen sie uns anders als die Beamten. Sie entschuldigen unsere Taten nicht, aber sie mahnen auch die Missstände in der Gesellschaft und im Gefängnis an. Sie reden von unserer Würde, die wir trotz unserer Taten haben. Für sie sind wir mehr als nur Verbrecher. Selbst wenn die Pastoren mal einen von uns aus dem Gottesdienst schicken, weil er sich nicht respektvoll verhält, setzen sie sich dafür ein, dass er beim nächsten Mal wiederkommen darf. Das fasziniert mich.

Und dann sind da noch die Christen, die ehrenamtlich ins Gefängnis kommen. Sie machen zwar oft einen etwas weltfremden und naiven Eindruck, aber man spürt doch: Sie besuchen uns aus Überzeugung. Sie gehen menschlich mit uns um, in Gesprächen mit ihnen merke ich, dass ich ihnen wichtig bin. Das, was sie sagen, wirkt auf mich wie ein vernünftiges Lebenskonzept. Auch das, was die Pastoren in ihren Predigten als christlichen Lebensstil darstellen, hört sich gut und sinnvoll an. Es geht um Menschlichkeit, um die Orientierung an den Zehn Geboten.

Doch ich weiß auch: Deren Umsetzung ist hier hinter Gittern absolut utopisch. Hier muss man hart sein, wenn man nicht zum Opfer werden will. Und ich will kein Opfer sein. Aber draußen, nach der Entlassung, könnte ein solcher Lebensstil vielleicht für mich funktionieren.

Zwei Personen bieten Bibelstunden im Gefängnis an. Die beiden arbeiten «draußen» in einem Projekt, bei dem ehemalige Gefängnisinsassen und Drogensüchtige nach christlichen Prinzipien zusammenleben. Viele von ihnen schaffen es, ihr Leben in den Griff zu bekommen. Das beeindruckt mich.

Allerdings kenne ich keine überzeugten Christen in meinem Alter – jedenfalls keine, die ich ernst nehme –, die nach ihrem Glauben leben.

Ich frage mich, ob Religion meinem Leben Sinn geben kann. Und wenn ja, welche Religion? Hier im Gefängnis sind fast all meine Freunde Moslems, wie Osama, der nach den Regeln des Korans lebt. Er ist kein besonders frommer Mensch, aber er glaubt an Gott, geht zu den Freitagsgebeten und hält auch den Fastenmonat Ramadan ein. Ich mache mir Gedanken darüber, ob ich Moslem werden soll, und beschäftige mich auch mit dem Koran, der mich aber nicht wirklich inspiriert.

Mir sind auch Äußerlichkeiten wichtig, ich möchte einen möglichst perfekten Körper haben, aber ich suche nach etwas, das mich erfüllt, etwas, das mir innere Kraft gibt. Und ich wünsche mir, dass es etwas Gutes ist. Hass kann auch ein Antrieb sein, aber davon hatte ich schon genug in meinem Leben. Ich will keine Feindbilder haben, von denen ich mich abgrenzen und die ich bekämpfen muss. Dieses ständige Kämpfen kostet so viel Kraft. Es muss doch eine andere Möglichkeit geben, miteinander umzugehen.

All diese Überlegungen sind allerdings nur ein Teil meines Lebens. Ein anderer Teil besteht darin, dass ich die Zeit im Gefängnis möglichst optimal nutzen möchte, vor allem durch meine Ausbildung. Mit fortschreitender Lehrdauer darf ich immer verantwortungsvollere Tätigkeiten ausüben. Wenn ich meine Arbeit mit der anderer Insassen vergleiche, habe ich wirklich Glück gehabt. Teilweise darf ich komplette Fertigungsprozesse allein übernehmen: das Erstellen technischer Zeichnungen, die Programmierung der computergesteuerten Fräse und anschließend sämtliche Teilschritte vom Rohmaterial bis zum Endprodukt.

Das ist deutlich besser als Kartons zu falten, wie das einige meiner Freunde tun. Nichtsdestotrotz bin ich zwar beschäftigt, fühle mich intellektuell aber unterfordert. Berufsschule ist nun mal etwas anderes als die gymnasiale Oberstufe. Aber davon abgesehen ist es immerhin eine Ausbildung, mit der ich später etwas anfangen kann. Ich habe zwar nach wie vor die Absicht, mein Abitur nachzuholen und zu studieren, aber wenn ich schon eine Ausbildung im Metallbereich habe, warum dann nicht darauf aufbauen und in Richtung Maschinenbauingenieur denken? Das ist ein guter Job mit Zukunft und ordentlichem Einkommen.

Wenn ich nicht ins Gefängnis gekommen wäre, würde ich gerade mein Abitur machen. Ich ärgere mich immer noch darüber, dass mir die Anstalt keine Möglichkeit gegeben hat, weiter zur Schule zu gehen.

Davon abgesehen gehört es selbstverständlich nicht zum Vollzugskonzept, dass die Insassen sich in ihrer Freizeit amüsieren sollen, schließlich haben wir alle Straftaten begangen. In diesem Punkt kollidieren aber die Interessen der Justizbeamten und die Interessen von uns jungen Männern. Wir wollen Spaß haben – und wenn wir dazu keinen Raum bekommen, nehmen wir ihn uns. Wir sind recht kreativ, was die Beschaffung und den Konsum von Drogen und Alkohol angeht. Und wir sehen zu, dass Humor und Unterhaltungsprogramm nicht zu kurz kommen. Die meisten Witze gehen auf Kosten anderer Insassen, und wenn diese nicht schlagfertig sind, bekommen sie so einiges ab. Doch sonst haben wir nicht viel zu lachen; gegenüber manchen Beamten, die auch mal einen lockeren Spruch machen, muss man den Mund halten, wenn man nicht in eine Absonderungszelle gesteckt werden will.

So führe ich also trotz aller sinnvollen Gedanken, die ich mir über mein Leben mache, auch weniger sinnvolle Verhaltensweisen fort. Zum einen einfach deshalb, weil sie helfen, die Zeit schneller vergehen zu lassen, zum anderen, weil ich gar keinen anderen Zeitvertreib kenne. Uns wird ja doch nur gesagt, was wir nicht tun sollen. Wie wir unsere Kreativität und Kraft stattdessen nutzen könnten, sagt uns hingegen keiner. Im Gegenteil, körperliche Ertüchtigung wie Kraftsport ist uns verboten. Ich weiß nicht, wie die Anstaltsleitung auf die Idee kommt, dass wir dadurch gefährlicher würden. Es sind doch nicht unsere Muskeln, die uns gefährlich machen, sondern viel eher der Frust, die Langeweile, die Ohnmacht und mangelnden Perspektiven. Außerdem wären wir nach einem ordentlichen Workout körperlich erschöpft und hätten gar kein Interesse mehr daran, uns zu prügeln. Als ob wir mit Fernsehschauen und Kartenspielen ausgelastet wären! Wir sind doch keine Rentner, sondern junge Männer voller Energie – aber fast ohne Möglichkeiten, diese Energie produktiv einzusetzen.

Trotzdem stelle ich Fortschritte in meiner Sozialtherapie fest. Ich denke dadurch viel nach. Dieses Nachdenken über mich und mein bisheriges Leben ist ein längerer Prozess, und obwohl ich dadurch einige Ziele für mich entwickle, bin ich davon überzeugt, sie durch die Umstände im Gefängnis erst nach meiner Entlassung erreichen zu können.

Ich werde dadurch auch nicht zum Vorzeigeinsassen, vor allem die Gespräche mit der Psychologin sind sehr zäh.

Irgendwann sehe ich mit ihr zusammen den Film *Good Will Hunting* an. Ich kenne den Film noch nicht, finde ihn aber durchaus interessant und entdecke ein paar Parallelen zu meinem eigenen Leben. Doch ich frage mich, was meine Therapeutin damit bezwecken will. Anders als beim Protagonisten des Films kommt es bei mir jedenfalls zu keinem Gefühlsausbruch. Wir gehen auseinander, ohne dass ein wirkliches Gespräch zustande gekommen wäre.

Über eine Filmszene muss ich im Nachhinein dann doch länger nachdenken. Darin sagt ein Therapeut mehrmals zu seinem Klienten, dem jungen Will: «Es ist nicht deine Schuld!» Gilt das auch für mich? Ist es nicht nur meine Schuld? Mir wird seit meiner Verhaftung nichts anderes gesagt, als dass ich schuldig bin. Auch hier im Knast werde ich immer wieder für Regelverstöße bestraft. Ich soll Verantwortung übernehmen für das, was ich getan habe. Wenn ich versuche, mein Tun zu rechtfertigen oder mich zu entschuldigen, lässt mir das keiner durchgehen. Ich weiß selbst, dass vieles, was ich in meinem Leben getan habe, nicht in Ordnung war, von meiner Tat ganz abgesehen. Selbst jetzt ist mein Verhalten oft genug nicht vorbildlich. Trotzdem sehe ich mich auch als Opfer. Was kann ich dafür, dass die Umstände hier im Gefängnis sind, wie sie sind? Wenn ich in den offenen Vollzug gekommen wäre, hätte ich mich ganz anders verhalten können.

Zumindest gebe ich mich in der Sozialtherapie auch mit Insassen ab, die weniger durchsetzungsstark sind. Mittlerweile habe ich bei den Gefängnisinsassen einen recht guten Ruf, einige haben mehr Respekt als Angst vor mir – eine neue Erfahrung für mich. Da ich den meisten verbal und körperlich deutlich überlegen bin, geben sie sich mir gegenüber sowieso sehr zurückhaltend. Dennoch werde ich in eine Rolle gedrängt, in der ich Verantwortung übernehmen soll. Meine Wohngruppe wählt mich zu ihrem Gruppensprecher, obwohl einige andere schon länger dort sind als ich. Es ist sonderbar, dass mir von den Insassen immer wieder Respekt und auch Vertrauen entgegengebracht wird und ich auf der anderen Seite erlebe, wie misstrauisch die meisten Beamten mir gegenüber sind.

Ein besonderes Highlight erlebe ich, als in der Sporthalle ein internationales Musical aufgeführt wird, das auch Schüler und Schülerinnen umliegender Schulen besuchen sowie Häftlinge aus den kooperativen Vollzugsabteilungen. Das Musical ist eine tolle Abwechslung im sonst eher langweiligen Gefängnisalltag. Es ist schön, dabei sein zu dürfen. Allerdings weiß ich auch: Ich hätte diese Möglichkeit nicht gehabt, wenn ich in einem anderen Haus untergebracht gewesen wäre. Dabei hätten sich die meisten Insassen der anderen Häuser sicherlich ebenso darüber gefreut.

Einmal mehr stelle ich das hier herrschende Belohnungs- und Bestrafungssystem in Frage. Irgendwann baut jeder mal Mist. Der eine wird erwischt und gilt als nicht mitarbeitsbereit. Der andere wird nicht erwischt und gilt als mitarbeitsbereit. Ich kenne keinen Insassen, der nichts dafür tun würde, ein besseres Leben zu führen. Aber ich kenne viele, die dabei keine Unterstützung bekommen, sondern als hoffnungslose Fälle vorverurteilt werden.

Das Schlimme ist, dass die Opfer in der Justiz und im Vollzug komplett ausgeblendet werden, es sei denn, es gibt noch Nebenkläger. Es geht immer nur um die Täter: Du bist Täter, du bist schuldig, du kriegst deine Strafe – das Opfer ist letztlich irrelevant. Für die Täter ist das zunächst sicher einfacher; natürlich war es mir unangenehm, genauer auf meine Tat zu schauen, die mich ins Gefängnis gebracht hatte.

Das System funktioniert so: Man versucht, die Häftlinge erst einmal zu brechen, um sie dann so aufzubauen, wie man sie haben will. Solange man als mündiger

Mensch auftritt, gilt man als nicht therapierbar. Erst wenn man hilflos ist und fragt, was man zu tun hat, wird einem geholfen.

Ich trug damals so viele Probleme mit mir herum, mit denen ich nie umzugehen gelernt hatte. Letztlich öffnete ich mich im Gefängnis immer dann, wenn man mir als Mensch begegnete – das war beim Personal genau wie bei den Mithäftlingen, die durch einen menschlichen Umgang erst zu Freunden werden konnten. Der, der ich damals war, ist mir heute fremd; deswegen fällt es mir auch heute so schwer, die damaligen Erlebnisse emotional nachzuvollziehen.

Ich hatte nie gelernt, zu trauern. Ich glaubte, dazu kein Recht zu haben. Ich wünschte mir so sehr, alles ungeschehen zu machen, natürlich auch, weil ich dann noch eine Zukunft gehabt hätte, die ich anfangs im Gefängnis gar nicht sehen konnte. Ich fühlte mich vor allem schuldig für das, was ich meinen Eltern angetan hatte. Und mir war klar, dass mein bisheriges Leben ein Scherbenhaufen war und keinerlei Perspektiven bot.

Es war nicht meine Absicht, straffällig zu werden. Ich wollte sicherlich kein Gewalttäter werden. Wenn ich nicht selbst zum Opfer von Gewalt geworden wäre, wenn ich nicht gemerkt hätte, dass es niemanden gibt, der mich beschützt, wenn ich nicht gelernt hätte, selbst hart sein zu müssen, um zu überleben, würde nun wohl kein Blut an meinen Händen kleben. Ich bin doch nicht Skinhead geworden, um anderen zu schaden oder um Menschen zu töten! Ich habe einen Freundeskreis gesucht, einen Familienersatz. In meiner Kindheit hatte ich kaum Grund zur Freude. Kein Wunder, dass mich das exzessive Feiern und Trinken in der Szene gelockt hat. Hatte ich denn andere Möglichkeiten?

Jetzt, im Nachhinein, sehe ich einiges anders. Aber damals gab es für mich keine Alternativen. An manchen Dingen in meinem Leben bin ich nicht schuld, aber ausbaden muss ich sie trotzdem.

Solange ich hier im Gefängnis bin, habe ich vieles nicht in der Hand. Ich will ein neues Leben anfangen und aus meinen Fehlern lernen. Aber dazu brauche ich auch die richtigen Rahmenbedingungen. Und ich brauche Menschen, die mich dabei unterstützen. Aber wie soll ich lernen, auf eigenen Füßen zu stehen, wenn ich hier immer nur kontrolliert werde und nichts selbst entscheiden kann? Das verstehe ich in der Sozialtherapie nicht: Diejenigen, die unselbständig sind, die Schutz brauchen und allein nicht klarkommen, werden dafür belohnt, bekommen Vollzugslockerungen und werden vorzeitig entlassen. Als ob sie draußen ohne Unterstützung nicht wieder scheitern würden!

Wenn sie hier lieber mit solchen Insassen arbeiten, dann hätten sie mich doch am Anfang meiner Haftzeit in die Sozialtherapie aufnehmen können – damals, als ich selbst noch verunsichert war. Mittlerweile habe ich meine eigene «Sozialtherapie» in den anderen Abteilungen absolviert. In dieser Zeit bin ich selbstbewusst geworden. Mittlerweile weiß ich, was ich will, und komme hier in der Anstalt gut zurecht. Ich bin mir ziemlich sicher, dass das auch draußen der Fall wäre, weil ich inzwischen weiß, was ich aus meinem Leben machen will, und es bestimmt nicht mehr vermasseln werde. Ich verstehe einfach nicht, warum die Beamten und Psychologen hier davon ausgehen, ich könnte eine Gefahr für die Gesellschaft sein.

Angesichts all der Einschränkungen, die ich erlebe, genieße ich es immer wieder aufs Neue, ab und zu mit ein paar Freunden Alkohol zu trinken, einfach eine gute Zeit zu haben und zusammen zu lachen. Ich hatte dabei nie Streit mit anderen Insassen, bin nicht aggressiv geworden oder habe randaliert.

Doch dann kommt ein Abend, der für mich vieles verändert. Tagsüber ist es ziemlich riskant, Alkohol zu trinken. Die Beamten könnten es mitbekommen oder unsere Alkoholfahne riechen. Also trinken wir meist erst, nachdem unsere Zellen abgeschlossen worden sind. Dann stehen eh immer Leute an den Fenstern, wir können reden und lachen, und in unseren Tassen ist statt Kaffee eben Alkohol. Eigentlich kein Problem. Ich trinke also mehrere Tassen und bin schon relativ betrunken. Ein Insasse aus dem Nachbarhaus sagt etwas zu mir, beleidigt mich. Andere Mithäftlinge meinen zwar, dass ich ihn falsch verstanden hätte, aber ich steigere mich in meine Wut hinein, beschimpfe ihn aufs übelste und drohe ihm für morgen Schläge an. Das geht eine ganze Weile so, aber mehr kann ich zum Glück nicht tun, da ich ja nicht aus meiner Zelle herauskann.

Am nächsten Morgen wache ich mit einem Filmriss auf und weiß nicht mehr genau, was passiert ist. Aus meinen bruchstückhaften Erinnerungen und den Erzählungen der anderen Insassen reime ich mir die Ereignisse zusammen. Ich bin ziemlich schockiert. Mir ist klar: Wenn das Ganze tagsüber passiert wäre, hätte ich den anderen Häftling zusammengeschlagen. Dafür hätte ich eine neue Anzeige bekommen und hätte noch länger im Gefängnis bleiben müssen.

Ich mache mir Gedanken darüber, wie hoch die Wahrscheinlichkeit wohl ist, dass etwas Ähnliches wieder passiert. Es kann hundertmal gutgehen mit dem Trinken. Aber wenn ich auch nur einmal die Kontrolle verliere und zuschlage, die Situation nicht richtig wahrnehme – was dann? Ist es möglich, dass ich wieder jemanden totschlage?

Mein Leben wäre vorbei. Mit 17 ins Gefängnis und nie wieder raus. Und am nächsten Tag könnte ich mich vielleicht wieder nicht erinnern. Das will ich nicht. Das Risiko ist mir den Spaß nicht wert, den ich habe, wenn ich trinke oder andere Rauschmittel konsumiere. Ich nehme mir vor, ganz damit aufzuhören. Ab sofort lebe ich abstinent. Ich brauche das Zeug nicht und bin absolut nicht bereit, dafür meine Zukunft zu riskieren.

Dieses Ereignis hatte für mich den wichtigsten Lerneffekt in der Sozialtherapie – ironischerweise kam es durch einen Regelverstoß von mir und nicht durch Maßnahmen meiner Therapeuten dazu. Und ironischerweise merkten diese davon überhaupt nichts. Wie hätte ich auch mit ihnen darüber reden können? Sie hätten mich aus dem Programm werfen müssen, weil ich Alkohol getrunken hatte.

Mein Rauswurf erfolgt trotzdem kurz darauf. Ich werde zum Hausleiter zitiert. Er sagt: «Mir liegt eine Aussage eines Ihrer Mitinsassen gegen Sie vor. Ich werde Strafanzeige gegen Sie erstatten. Sie werden die Sozialtherapie abbrechen.»
Ich bin erschrocken. Damit hatte ich nicht gerechnet. Ich hatte mit den anderen Häftlingen in der Sozialtherapie keine Auseinandersetzung und weiß nicht, was ich verbrochen haben soll. Meine Überraschung schlägt in Fassungslosigkeit um, als er mir mitteilt, was mir vorgeworfen wird. Sexuelle Nötigung! Ich bin so verstört, dass ich nicht weiß, was ich sagen soll. Sexualstraftäter sind die Leute im Gefängnis, mit denen niemand etwas zu tun haben will. Und jetzt wird mir so etwas vorgeworfen! Ich fasse es nicht. Und dann auch noch gegenüber einem Mithäftling. Ich bin doch nicht schwul! Ich verstehe nicht, wie die Beamten so einen Vorwurf ernst nehmen können. Mag ja sein, dass sie mir nicht glauben, mich von der rechten Szene gelöst zu haben. Mag sein, dass sie

mich für einen Gangster halten, der tief in der Subkultur des Gefängnisses verwurzelt ist. Aber sie müssten doch wissen, dass in beiden Fällen eine solche Tat absolut tabu für mich wäre!

Ich bin bitter enttäuscht, dass sie mir so etwas zutrauen. Wenn die Psychologen so wenig von ihrem Handwerk verstehen, ist es kein Wunder, dass sie mich nicht wirklich erreichen konnten. Und dann auch noch diese Vorgehensweise. Ich soll Konflikte durch Reden klären – aber was machen die Beamten? Rauswurf und Anzeige! Dabei hätte sich die ganze Geschichte in einem Gespräch sicherlich aufklären lassen. Mir kommt es so vor, als hätten die Beamten nur auf eine Möglichkeit gewartet, um mich aus der Therapie zu werfen. Jetzt haben sie einen Grund, auch wenn er einfach nur lächerlich ist. Mir ist allerdings wegen der Art des Vorwurfs und der Strafanzeige gar nicht zum Lachen zumute. Für eine Schlägerei in Haft könnte ein Richter vielleicht Verständnis aufbringen. Aber für eine solche Tat? Und wenn meine Psychologen vor Gericht aussagen, sie trauten mir ein derartiges Delikt zu – warum sollte ein Richter mir dann glauben?

Ich könnte kotzen. Da hatte ich endlich einen Platz in der Sozialtherapie, hoffte, in absehbarer Zeit Vollzugslockerungen zu erhalten und nach meiner Ausbildung entlassen zu werden, und jetzt das. Die Sozialtherapie nicht fortsetzen zu können, ist für mich das kleinste Problem. Ich hatte ohnehin den Eindruck, dass sie mir nicht viel helfen konnte. Aber ohne erfolgreiche Beendigung der Therapie werde ich wohl kaum vorzeitig entlassen. Das ist für mich ein viel größeres Problem – ganz abgesehen davon, dass ich nicht weiß, wie die Verhandlung ausgehen wird. Mein Vertrauen in das Justizsystem ist nach meinen bisherigen Erfahrungen nicht besonders groß.

Ich frage den Hausleiter: «Wie soll es jetzt weitergehen?»

«Sie werden für zwei Wochen in eine Absonderungszelle in Haus 3 kommen. Anschließend bleiben Sie in Haus 3», erwidert er ungerührt.

«Können Sie mich nicht nach Haus 1 verlegen?», frage ich. «In Haus 3 kann ich nur meine Haftzeit absitzen und habe keinerlei Möglichkeit, mich wieder hochzuarbeiten.» In Haus 1 wohnen zwar die nichtkooperativen Insassen, aber eben darum hätte ich dort die Chance, mich zu bewähren und in eine Gruppe für kooperative Insassen zu kommen.

Das wäre für mich die einzige Möglichkeit, nach dem Rauswurf aus der Sozialtherapie nicht bis zum Festabgang meine Strafe absitzen zu müssen. Außerdem sind die meisten meiner Freunde in Haus 1. Ich würde mit den Insassen dort gut klarkommen. Wenn es Probleme mit einem anderen Häftling gäbe, könnte ich das wenigstens von Mann zu Mann klären und müsste nicht befürchten, hinter meinem Rücken bei den Beamten angeschwärzt zu werden.

Der Hausleiter bleibt jedoch hart; mein Wunsch interessiert ihn nicht. «Sie sind in Haus 3 besser aufgehoben», gibt er zurück. «Dort arbeiten Sie wieder mit dem Psychologen zusammen, den Sie schon seit zwei Jahren durch die Gruppe Tötungsdelikte kennen. Es könnte Ihnen helfen, weiterhin mit ihm in Kontakt zu sein.»

Na wunderbar, ich kenne den Psychologen zwar, aber ich komme nicht mit ihm zurecht. Ich werde bestimmt nicht zu ihm gehen, um über meine Probleme zu reden. Weder kann er mich leiden noch richtig einschätzen. Aber es nützt nichts, ich werde gegen meinen Willen nach Haus 3 verlegt.

Die Abwärtsspirale geht weiter

Ich sitze jetzt seit zwei Wochen in meiner Absonderungszelle und kann nicht viel mehr tun als nachzudenken. Diesmal fühle ich mich zwar unschuldig, ich will aber nicht noch einmal in eine solche Situation kommen. Es hat nun zwar weitere drei Jahre gedauert, bis ich es kapiert habe, aber der Alkohol ist jetzt wirklich keine Option mehr für mich. Auch weitere Straftaten kommen auf keinen Fall mehr in Frage, und wenn andere Häftlinge noch so viel Geld mit Drogenhandel oder Ähnlichem verdienen – ich für mein Teil will nur noch meine Strafe absitzen und dann ein neues Leben anfangen. Wenn irgendwelche Halbstarken glauben, dass es doch cool sei, im Knast zu sitzen, dann sollen sie mal ein paar Wochen in einer Isolationszelle verbringen. Auf weitere Erfahrungen dieser Art möchte ich jedenfalls gern verzichten.

Ich halte meinen Wunsch für realistisch. Mit der rechten Szene habe ich nichts mehr zu tun, mit Drogen und Alkohol habe ich abgeschlossen. Bleibt nur noch die Frage nach der Gewalt. Wenn ich angegriffen würde, müsste ich mich verteidigen. Allerdings mache ich mir deswegen keine großen Sorgen. Warum sollte ich hier drin noch Ärger bekommen? Ich habe meine Freunde, mit denen ich die Freistunden verbringen kann, bei der Arbeit komme ich mit allen zurecht, und die übrigen Insassen haben genug Respekt vor mir, um keinen Streit anzufangen. Ich bin recht zuversichtlich, dass ich auch ohne Sozialtherapie auf einem guten Weg bin. Nein, ich will den Beamten keinen Anlass mehr geben, mich zu bestrafen.

Endlich ist die Zeit in der Isolationshaft vorbei. Ich komme in eine normale Gruppe. Sehr begeistert bin ich nicht vom ersten Eindruck, den meine Mitinsassen auf mich machen. Es sind Kleinkriminelle, sie waren draußen keine großen Nummern – und hier drin sind sie es auch nicht. Allerdings bringen sie genug Probleme mit, um nicht als besonders kooperativ zu gelten; oft sind es Drogenprobleme. Hoffentlich geht das gut. Doch die Beamten verhalten sich korrekt mir gegenüber. Es sieht danach aus, als könnte ich mit den normalen Vollzugsbeamten einen ganz entspannten Umgang haben.

Endlich kann ich wieder arbeiten gehen und meine Tage zumindest teilweise sinnvoll nutzen. Dadurch geht die Zeit wieder wesentlich schneller vorbei als während der Wochen in der Absonderungszelle. Außerdem kann ich wieder einkaufen und mir selbst etwas kochen. Das hebt die Lebensqualität beträchtlich. Ganz abgesehen davon, dass ich jetzt wieder jeden Tag duschen kann und frische Klamotten und Deo zur Verfügung habe.

Meine Freunde fragen mich in der Freistunde natürlich, warum ich in der Absonderung war und aus der Sozialtherapie geflogen bin. Ich komme mir irgendwie dumm vor, als ich ihnen gestehe, dass mir ein Sexualdelikt vorgeworfen wird. Zum Glück kennen sie mich und auch die Anstalt gut genug, um zu wissen, wie das einzuschätzen ist.

Ich freue mich, nicht mehr den ganzen Tag allein verbringen zu müssen. Wie lange ein Mensch diese Isolation wohl aushalten kann, ohne verrückt zu werden? Im Jugendvollzug darf man maximal vier Wochen lang so bestraft werden. Ich habe es allerdings noch nie erlebt, dass jemand so lange absitzen musste. Meistens ist es eine Woche, manchmal sind es zwei Wochen, wie bei mir jetzt. Irgendwann hat mir ein Mithäftling mal erzählt, er habe in einem anderen Gefängnis einen Mann kennengelernt, der ein halbes Jahr in Isolationshaft gesessen hätte. Angeblich habe er in dieser Zeit fast das Sprechen verlernt. Ich weiß nicht, ob die Geschichte wahr ist. Aber vollkommen schadlos übersteht man eine so lange Zeit wohl kaum.

Dann bin ich doch lieber mit Häftlingen zusammen untergebracht, die ich zwar nicht sonderlich mag, mit denen ich aber meine Zeit verbringen und Gespräche führen kann. Es ist dennoch keine Gemeinschaft auf Augenhöhe. Die anderen haben wesentlich kürzere Strafzeiten, längst nicht so viel Hafterfahrung und sind meist auch keine Gewalttäter. Auf einmal sehe ich mich in einer Art Chefrolle.

Dabei kollidieren meine Interessen manchmal mit den Interessen der anderen. Ich habe in meiner bisherigen Haftzeit schon so oft Sanktionen erleben müssen, aus eigener Schuld oder durch die Schuld von Mithäftlingen, dass ich keine Lust mehr darauf habe. Ich will keinen Einschluss mehr bekommen, nur weil in meiner Wohngruppe Alkohol, Drogen oder Rauchgeräte gefunden werden. Die anderen dagegen wollen möglichst oft kiffen und finden es natürlich besser, wenn die Rauchutensilien in der Küche oder den Gemeinschaftsräumen gefunden werden und nicht in ihren Zellen. Ich mache meinen Mitgefangenen deutlich, dass sie Ärger mit mir kriegen, wenn ich wegen ihres Fehlverhaltens bestraft werden sollte. Außerdem werde ich ihnen auf die Füße treten, wenn sie ihrer Verpflichtung nicht nachkommen, die Gemeinschaftsräume zu putzen. Das ist ebenfalls ein neuralgischer Punkt: Man nimmt gern allen Insassen die Fernseher weg, wenn die Gruppenräume nicht sauber sind. Mitgefangen, mitgehangen.

Sonderlich beliebt mache ich mich nicht mit meinem Auftreten. Außerdem habe ich manchmal einfach schlechte Laune, mache mich über andere Insassen lustig oder schlage beim Spaßboxen so zu, dass es meinem Gegner richtig weh tut.

Es ist nicht einfach, die Zeit in der Wohngruppe sinnvoll zu gestalten. Duschen, Putzen und Kochen nehmen ein wenig Zeit in Anspruch, aber abgesehen davon ist Langeweile angesagt. Die anderen haben sowohl andere Interessen als auch einen anderen Erfahrungshorizont. Nicht nur aus diesem Grund suche ich in nächster Zeit stärker den Kontakt zu den Anstaltspfarrern. An manchen Nachmittagen darf ich in die Seelsorgeabteilung kommen und dort entweder mit den Pfarrern reden oder mit anderen Insassen, die gerade dort sind. Diese Möglichkeit nutze ich häufiger. Die Pfarrer haben gar nicht so viel Zeit für mich, weil es genug Insassen gibt, die fürsorgebedürftiger sind als ich. Dennoch gehe ich gern hin, denn es gibt noch andere Mithäftlinge, die regelmäßig kommen und mit denen ich ganz gut auskomme. Wir spielen Karten und trinken Kaffee.

Am Wochenende brauchen die Pfarrer immer ein paar von uns, die ihnen bei der Gottesdienstvorbereitung helfen. Der Gottesdienstraum ist ein Multifunktionsraum, deshalb muss er extra bestuhlt werden. Wir müssen auch Tische und Stühle zum Kaffeetrinken in den Flur stellen und Kaffee kochen. Nach dem Gottesdienst muss dann alles wieder aufgeräumt werden.

Mir ist es allemal lieber, dabei mitzuhelfen, als die ganze Zeit in meiner Zelle zu hocken. Außerdem kann ich auf diese Weise mehr Gottesdienste besuchen. Sonst könnte ich nur alle zwei Wochen teilnehmen, so aber habe ich an manchen Wochenenden sogar zwei. Irgendetwas reizt mich an ihnen. Ich lebe jetzt schon so lange im Gefängnis und habe kaum noch Kontakt nach draußen. In den Gottesdiensten wird mir jedoch eine andere Welt vor Augen geführt. Diese Welt ist mir mittlerweile fremd, weit weg von meiner Lebenswirklichkeit, aber ich brauche dieses Wissen, dass der Gefängnisalltag nicht alles ist. Für die Zeit der Gottesdienste geht das Fenster in diese andere Welt auf. Es ist eine Welt, die mir sinnvoller erscheint als die, in der ich lebe.

Sobald ich aber wieder mit den anderen Insassen zusammen bin, schließt sich das Fenster. Ich frage mich, ob Gott im Gefängnis überhaupt Macht hat. Ist hier das Böse nicht so konzentriert, dass das Gute keine Chance hat? Mir kommt es so vor. Selbst die Pfarrer erzählen uns, den Job in der Anstalt nicht zu lange machen zu wollen, weil selbst sie als Geistliche in diesem System verrohen könnten.

Nach wie vor kommen auch Ehrenamtliche ins Gefängnis und gestalten die Gottesdienste mit. Das ist immer eine gute Gelegenheit, mit ganz normalen Menschen zu reden, auch wenn sie ziemlich fromm sind. Sie sind anders als die Menschen, die im Gefängnis leben und arbeiten. Der Kontakt mit ihnen macht mir Hoffnung für die Zeit nach meiner Entlassung. Uns wird im Gefängnis so oft gesagt, dass die «braven Bürger» nichts mit uns Kriminellen zu tun haben wollen, dass wir draußen keine zweite Chance bekommen. Es sei schwer, einen Arbeitsplatz zu ergattern und nicht ein Leben lang als Verbrecher abgestempelt zu werden. Aber wenn nur ein Teil der Bevölkerung so ist wie diese Menschen, dann gibt es Bürger, die uns auch als Menschen sehen, die mit uns reden, die fair zu uns sind.

Außerdem merke ich ihnen an, dass ihr Glaube echt ist. Sie heucheln nicht. Es ist ihnen wirklich wichtig, uns zu vermitteln, was für sie das Leben ausmacht. Es gibt Momente, in denen ich mir das wünsche, was sie haben.

Ab und zu kommt ein Gospelchor in den Gottesdienst. Ich frage mich, wie die Sänger und Sängerinnen es schaffen, so eine Freude auszustrahlen. Wir Häftlinge sitzen alle nur da, keiner singt mit, keiner klatscht, keiner lächelt zurück. Es passt nicht in unser Selbstbild, uns von dieser Begeisterung anstecken zu lassen. Wir wollen abgebrüht und cool wirken und werden damit diesen Menschen nicht gerecht, die doch extra zu uns kommen, um uns eine Freude zu machen. Aber sie ziehen ihr Programm durch, ihre Begeisterung wirkt nicht gespielt, obwohl von uns nichts zurückkommt. Ich weiß, dass ich selbst das nicht könnte. Wenn ich Menschen eine Freude machen wollte und sie sich so undankbar zeigten, wäre ich ziemlich sauer auf sie.

Ich wünsche mir auch eine solche Freude im Leben. Eine Freude, die nicht abhängig ist von den äußeren Umständen. Spaß kann ich haben, ja, das geht selbst hier drin in Maßen. Aber Freude ist etwas anderes als Spaß. Hatte ich überhaupt schon einmal eine solche Freude? Wäre mir nach allem, was in meinem Leben passiert ist, nach all dem Mist, den ich gebaut habe, überhaupt eine solche Freude möglich? Hätte ich sie verdient? Ich wünsche es mir, aber gleichzeitig weiß ich, dass sich dazu einiges in meinem Leben ändern müsste, und nicht nur die äußeren Umstände. Aber viel von dem, was ich mir mühsam erarbeitet habe, möchte ich nicht aufgeben. Ich fühle mich sicher, so wie ich jetzt lebe. Ich will diese Sicherheit nicht aufgeben. Ich bin hart geworden in den letzten Jahren. Diese Härte hat mich beschützt. Auf der anderen Seite merke ich, dass mir mein hartes Herz auch Möglichkeiten nimmt. Diese Christen sind alles andere als hart, dafür kennen sie echte Freude. Beides gleichzeitig ist wohl schwer möglich. Momentan ist mir meine Sicherheit noch zu kostbar, um sie aufzugeben.

Überraschend ergibt sich eine weitere Möglichkeit, gute Gespräche zu führen. Haus 3 bekommt eine neue stellvertretende Abteilungsleiterin, und aus irgendeinem Grund will sie sich mit mir unterhalten. Sie ist jung, vielleicht ein wenig älter als ich selbst, und schon deshalb habe ich nichts dagegen, mit ihr zu reden. Ansonsten habe ich es ja nur mit Männern zu tun oder mit Frauen, die um einiges älter sind als ich. Wir haben einen guten Draht zueinander und treffen uns regelmäßig.

Die Gespräche tun mir gut. Sie spricht zwar auch einige Dinge an, die sie kritisch sieht, aber ich nehme erstmals bei offiziellen Gesprächen im Gefängnis ein echtes Interesse an mir als Person wahr. Ich fühle mich nicht abgestempelt, sondern merke, dass sie mein Verhalten verstehen will. Sie fragt nach und schafft es dabei auch, mich zum Nachdenken zu bringen. Sie spiegelt mir einfach, wie sie mich wahrnimmt, was mir ganz neue Horizonte eröffnet. Ich lebe ja schon seit Jahren in einer reinen Männerwelt. Unter uns Insassen gibt es klare Vorstellungen davon, wie ein richtiger Mann zu sein hat. Es ist interessant für mich zu hören, wie eine junge Frau das sieht, die aus einer ganz anderen Welt kommt und noch nicht so lange im Gefängnis arbeitet, dass sie schon abgestumpft wäre.

Wenn ich während der Freistunde über den Hof gehe, demonstriere ich Coolness und Stärke. Dazu sagt sie: «Mir macht diese Stärke Angst. Ihre Coolness verstärkt dieses Gefühl noch, dadurch werden Sie für andere unberechenbar. Hinzu kommt das Wissen, dass Sie schon jemanden getötet haben und körperlich vielen Menschen deutlich überlegen sind. Sie verstehen es, Ihre Kraft einzusetzen. Außerdem sind Sie klug und verbringen viel Zeit mit einigen der übelsten Häftlinge. Können Sie angesichts dieses Gesamteindrucks nicht nachvollziehen, dass die meisten Beamten und auch die Anstaltsleitung Sie für hochgradig gefährlich halten?»

Sie trifft einige wunde Punkte bei mir. So bin ich zum Beispiel der Meinung, in einigen Situationen das Recht zu haben, Gewalt anzuwenden, um mich oder andere zu schützen.

Sie hält dagegen: «Wie stellen Sie sich das vor? Wenn Sie zum Beispiel draußen eine Freundin haben und mit ihr in die Disco gehen – würden Sie dann jeden schlagen, der Ihre Freundin anfasst oder beleidigt?»

Ich nicke: «Wahrscheinlich.»

«Ich wäre von meinem Freund sehr enttäuscht, wenn er so reagieren würde», erwidert sie überraschenderweise. «Und den meisten meiner Freundinnen würde es ähnlich gehen.»

Ich denke darüber nach. Hier drin darf man sich nichts gefallen lassen. Wenn ich geschlagen werde, muss ich zurückschlagen. Viele Beleidigungen müssen mit Gewalt beantwortet werden. Ansonsten ist die Ehre verletzt, die eigene Position geschwächt, ganz abgesehen davon, dass alle diese Schwäche mitbekommen und man in die Opferrolle gedrängt wird.

Sie fragt weiter: «Wenn Sie zuschlagen würden – würden Sie den anderen ins Gesicht schlagen?»

«Natürlich würde ich das. Da richte ich doch den meisten Schaden an! Jedes Mal, wenn der andere sich dann im Spiegel anschaut, wird er daran erinnert, sich mit dem Falschen angelegt zu haben. Die Narben bleiben ein Leben lang.»

«Aber Sie wissen doch, wie schwer Gesichtsverletzungen sein können», hält sie dagegen. «Außerdem haben Sie schon erlebt, wie schnell ein Mensch durch stumpfe Gewalt sterben kann. Ich habe gesehen, wie Sie in der Freistunde mit Ihren Freunden ringen. Genauso gut könnten Sie, wenn sich eine Auseinandersetzung gar nicht vermeiden lässt, den anderen einfach in den Schwitzkasten nehmen, kampfunfähig machen und warten, bis die Polizei da ist.» Sie sieht mich eindringlich an. «Wenn Sie solche Situationen also auch lösen können, ohne jemanden schwer zu verletzen – warum verhalten Sie sich dann nicht entsprechend?»

Mir geht plötzlich auf, wie selbstverständlich mir Denkweisen geworden sind, die es in der normalen Welt nicht sind, ganz im Gegenteil. Vielleicht wird es nach meiner Entlassung doch nicht so einfach werden, wie ich mir das vorstelle. Die letzten Jahre haben mich enorm geprägt. Es war der Lebensabschnitt, in dem die meisten Menschen eine gewaltige Entwicklung durchlaufen. So war es bei mir auch. Davor war ich ja die meiste Zeit über nur betrunken, aber in den Jahren der Haft habe ich vieles bewusst gelernt. Nur: zu welchem Preis? Funktioniere ich nur noch wie eine Maschine ohne Gefühl?

Meine Gesprächspartnerin benutzt dieses Bild. «Sie sind stark», sagt sie. «Aber Sie sind auch kalt. Je nachdem, welcher Knopf gedrückt wird, spulen Sie ein Programm ab.»

Ich muss ihr recht geben. «Ja, vieles läuft bei mir automatisch ab. Ich sehe allerdings keine andere Möglichkeit, kann das System nicht ändern. Und in diesem System komme ich so, wie ich jetzt bin, am besten klar.» Ich halte kurz inne. «Ich wollte das alles nicht. Ich wäre lieber am Anfang meiner Haftzeit in den offenen Vollzug gegangen und hätte die Schule unter halbwegs normalen Lebensumständen beendet. Dann hätte ich mich auch ganz anders entwickeln können. Aber hier drin? Das Einzige, was man hier wird, ist ein Krimineller. Die Rückfallquoten sind erschreckend hoch, fast keiner schafft es nach der Entlassung, ein normaler Bürger zu werden. Was hat man denn erwartet, als man mich mit siebzehn ins Gefängnis gesteckt hat? Wie soll ich unter diesen Bedingungen resozialisiert werden? Ich war ja schon vor meiner Haftzeit nicht ordentlich sozialisiert.»

Dennoch bin ich froh über die Denkanstöße, die mir die stellvertretende Abteilungsleiterin gibt. Sie weist mich auch immer wieder auf meine Stärken hin: «Setzen Sie sie konstruktiv ein», rät sie mir. «Wenn Ihnen Bodybuilding so wichtig ist und Sie darin ja auch offensichtlich Erfolg haben, dann könnten Sie diese Leidenschaft doch auch nutzen, um andere Menschen zu unterstützen. Sie könnten als Fitnesstrainer arbeiten und übergewichtigen Menschen helfen abzunehmen. Sie könnten Ihr Talent dazu verwenden, um auch anderen Menschen zu einem besseren Körper und mehr Selbstbewusstsein zu verhelfen.»

Es fasziniert mich, dass die Beamtin zwei so unterschiedliche Seiten an mir wahrnimmt. Sie schätzt mich als potenziell gefährlich ein, aber sie sieht genauso, dass ich für andere Menschen da sein und ihnen helfen könnte.

Es ist nicht zum ersten Mal, dass Beamte mir gesagt haben, dass sie mich für gefährlich halten. Für mich war das bis dato immer ausgemachter Blödsinn gewesen und nur die Bestätigung dafür, wie wenig Ahnung sie von mir hatten. Nun, in den Gesprächen mit der jungen Beamtin, geht mir auf: Es gibt einige berechtigte Gründe für diese Einschätzung. Ich werde wohl meine Einstellung zur Gewalt überdenken müssen. Aber letztlich ist das nichts weiter als Trockenschwimmen. Ich habe doch keine Ahnung, wie es nach meiner Entlassung werden wird. Vielleicht kann ich manchem Streit einfach aus dem Weg gehen. Ich muss auch niemanden mehr körperlich angreifen, weil er meine Ehre verletzt hat. Aber wenn ich mit Situationen konfrontiert werde, in denen mich andere einfach nur am Boden sehen wollen? Dann wird es kaum etwas nützen, ihnen vorzuschlagen, noch einmal über alles zu reden.

Der letzte Punkt, den die stellvertretende Anstaltsleiterin angesprochen hat, lässt mich nicht los. Wäre es wirklich möglich, meine Fähigkeiten einzusetzen, um anderen Menschen zu helfen? Was habe ich denn bisher in meinem Leben Gutes getan? Nicht viel. Ich bin mir nicht sicher, ob man schlechte Taten durch gute Taten aufwiegen kann. Wäre das nicht meine Pflicht? Sicherlich keine gesetzliche, aber vielleicht doch eine moralische? Habe ich durch meine Haft für meine Schuld ausreichend gebüßt? Oder macht es mir die Last meiner Schuld leichter, wenn ich anderen helfe, ihre Last zu tragen? Ich merke, dass es mir mehr und mehr zu einem inneren Verlangen wird, mich für etwas einzusetzen, zu dem mich niemand zwingt. Ich helfe den Pastoren nicht nur, damit ich ein paar Stunden länger Aufschluss habe und etwas Abwechslung.

Ist es mein Gewissen, das sich da meldet? Meine Denkweise ändert sich langsam, aber sicher.

In meiner Wohngruppe «kloppen» wir uns ab und zu aus Spaß. Das sind keine Schlägereien, sondern eher kleine Ring- oder Boxkämpfe, bei denen nur auf Schultern und Oberarme geschlagen wird. Diese «Kämpfe» vertreiben die Langeweile und sind eine Möglichkeit, Sport zu machen und Frust abzubauen. Allerdings entsteht dadurch auch immer eine gewisse Hierarchie. Für mich stellen die anderen Häftlinge meiner Gruppe keine Konkurrenz dar. Mit mir wollen sie solche Kämpfe denn auch gar nicht anfangen, weil sie wissen, dass sie keine Chance haben. Ich bringe sie trotzdem hin und wieder dazu, und dabei müssen sie einiges einstecken. Ich passe allerdings auf, niemanden zu verletzen.

Wenn die anderen sich «kloppen», geht es dagegen immer darum, wer der Schwächste ist. Wir haben einen Insassen in der Gruppe, der schnell die Position als Schlusslicht einnimmt. Ich frage mich bei ihm sowieso, warum er nicht in der Schutzhaft gelandet ist. Er hat zwar manchmal eine große Klappe, aber er versteht es überhaupt nicht, sich durchzusetzen, und bringt die anderen durch sein Verhalten immer wieder gegen sich auf. Und er macht einen Fehler, den man im Gefängnis auf keinen Fall machen sollte: Er zeigt Angst. Natürlich nutzen die anderen das aus. Jeder ist froh darüber, nicht selbst der Schwächste zu sein, und sorgt dafür, dass dieser Insasse in der Rangfolge ganz unten bleibt.

Mir tut der Junge leid. Ich weiß auch nicht, woher das plötzlich kommt. Sein Schicksal könnte mir eigentlich egal sein, ist es aber nicht. Ich will ihn nicht beschützen – das würde er nur teuer bezahlen müssen, wenn ich mal nicht da wäre. Aber ich rede ab und zu bei einer Tasse Kaffee mit ihm und erkläre ihm, wie er sich verhalten soll, damit er nicht so gegängelt wird. Ich zeige ihm sogar ein paar Tricks, mit denen er sich effektiv verteidigen kann. Allerdings schafft er es nicht, seine Angst zu überwinden. Einmal gehe ich dann doch dazwischen, als er von zwei anderen zu heftig in die Mangel genommen wird und schon anfängt zu weinen. Ich verstehe nicht, warum er seine Opferrolle einfach annimmt. Er müsste den anderen nur zeigen, dass sie nicht alles mit ihm machen können.

Nach einiger Zeit in Haus 3 sehe ich mich auf einem guten Weg. Ich halte an meinem Vorsatz fest, auf Alkohol und Drogen zu verzichten, ich mache keine verbotenen Geschäfte mehr und prügle mich nicht. Dennoch merke ich, dass es Beamte gibt, die diese Fortschritte nicht sehen wollen. Einmal ringe ich am Rand des kleinen Teichs auf dem Gefängnishof mit einem Freund und werfe ihn ins Wasser. Ich finde das lustig, aber schon kommt ein Beamter herbeigerannt. Er kennt mich aus einer früheren Abteilung und fährt mich wütend an: «Sie haben ihn doch nur deshalb ins Wasser geworfen, weil er Schwarzer ist! Das ist doch wieder mal typisch, Sie Rassist!»

Ich kann es nicht fassen. Ich bin in den Freistunden fast nur mit Ausländern zusammen. Immanu, den ich in den Teich geschubst habe, kenne ich schon seit Jahren und bin gut mit ihm befreundet. Auch er sagt, dass alles nur Spaß war und der Beamte die Situation falsch einschätzt. Dennoch bringt dieser mich ins Haus zurück und trägt den Beamten auf, mich einzuschließen.

Warum wollen es viele Beamte einfach nicht wahrhaben, dass ich mich verändert, aus meinen Fehlern gelernt habe? Ich kann mich verhalten, wie ich will, es ist noch immer nur die Akte, die zählt. Und in die Akte kommen nur Negativmeldungen. Wie aber soll ich dann ein positives Bild von mir vermitteln? Dass ich hier drin mit den Rechten keinen Umgang habe, dass ich mit vielen Ausländern befreundet bin, ist völlig egal –

laut Akte kam ich als Rechtsradikaler hierher, also bin ich immer noch einer.

Irgendwie schafft es mein Freund dann doch, die Beamten davon zu überzeugen, dass ich ihn nicht aus rassistischen Gründen im Teich ertränken wollte. Nach einigen Stunden kann ich meine Zelle wieder verlassen. Eine Entschuldigung bekomme ich allerdings nicht zu hören.

Für mich ist dieses Ereignis ein weiterer Grund, alles dafür zu tun, diese Anstalt möglichst schnell verlassen zu können. Ich bin bereits im dritten Lehrjahr. Eigentlich müsste ich dreieinhalb Jahre absolvieren, allerdings ist es möglich, die Ausbildung zu verkürzen. Ich rede mit meinem Chef darüber, der nichts dagegen hat.

Also werde ich im nächsten Sommer fertig sein – ich kann mich dann für das neue Schuljahr an der Fachoberschule anmelden, um mein Abitur nachzumachen. Dann werde ich vier von fünf Jahren abgesessen haben, also weit mehr als zwei Drittel der Strafe. Eigentlich sollte es für den Richter kein Problem sein, mich vorzeitig zu entlassen, auch wenn ich aus der Sozialtherapie geflogen bin. Meinetwegen können sie mich auch in den offenen Vollzug stecken. Hauptsache, ich komme hier raus und muss die Zeit nach meiner Ausbildung nicht noch völlig sinnlos absitzen, ohne die Möglichkeit, etwas für meine Zukunft zu tun.

Langsam nähert sich wieder Weihnachten. Für mich ist es die vierte Adventszeit hinter Gittern. Irgendwie fast schon Routine. Grund zum Feiern gibt es eher weniger. Über die Feiertage wird es wieder oft Einschluss geben, die Beamten werden auch nicht die beste Laune haben, sie wären lieber zu Hause bei ihren Familien. Auf einige Dinge freue ich mich aber doch – es wird sicherlich wieder mehr Post geben und das Weihnachtspaket mit Kaffee und Süßigkeiten. Meine Kontakte nach draußen sind äußerst spärlich geworden. Ich schreibe kaum noch – was auch? Dass ich immer noch nicht weiß, wann ich endlich entlassen werde? Dass ich mal wieder Einschluss bekommen habe, berechtigter- oder unberechtigterweise? Auch meine Familie versteht nicht, wie es für mich hier drin ist. Sie meinen, ich müsste doch langsam umgedacht haben und dafür mit Vollzugslockerungen belohnt werden. Aber was soll ich tun? Wenn die Anstaltsleitung mir keine Vollzugslockerungen geben will, bekomme ich auch keine. Ein Recht darauf habe ich nicht. Die Anstaltsleitung hält mich für gefährlich. Wenn ich jetzt freigelassen würde, könnte ich schließlich den nächstbesten Passanten ins Krankenhaus prügeln. Also lassen sie mich lieber hier drin, dann sind die Menschen draußen vor mir sicher.

Aber ein Päckchen werde ich von meinen Eltern bekommen. Damit geht es mir besser als zahlreichen anderen Insassen. Auch in meiner Gruppe weiß ich von einigen, deren Familien nichts schicken werden. Für diese Häftlinge sorgt die Kirche. Die Pastoren sammeln Geld- und Sachspenden – und Schuhkartons. Dann kommt irgendwann eine Lieferung ins Gefängnis, und die Insassen, die sonst bei der Gottesdienstvorbereitung assistieren, helfen, die Schuhkartons zu befüllen. Ich bin auch wieder dabei. Gefängnis an sich ist schon schlimm. Weihnachten im Gefängnis ist noch schlimmer, und Weihnachten im Gefängnis zu sein, ohne jemanden draußen zu haben, der ein Paket schickt – das möchte ich mir gar nicht vorstellen. Ich finde es gut, dass die Kirche an diese Häftlinge denkt, und so packe ich gern die Geschenke ein.

Bin ich auf dem Weg, ein besserer Mensch zu werden? Früher jedenfalls wäre ich gar nicht auf den Gedanken gekommen, uneigennützig zu helfen. Außerdem hätte ich nicht gewollt, dass auch Häftlinge Pakete bekommen, denen ich sie eigentlich nicht gönne – Kinderschänder oder Insassen, die andere verpfiffen haben. Nicht, dass ich sie jetzt lieber hätte, aber ich bestimme ja nicht, wer ein Paket bekommt, und den anderen Insassen gönne ich das Paket auf jeden Fall.

Ich bin zufrieden mit mir und habe gute Laune.

Plötzlich kommt der Pastor zu mir: «Ihr Hausleiter hat gerade angerufen. Sie sollen sofort ins Haus kommen.» Er schaut mich dabei sehr ernst an, anders als sonst.

Ich mache mir Sorgen. Was könnte passiert sein? Hier drin wohl eher nichts, das hätte ich mitbekommen. Vielleicht ist etwas mit meinen Eltern. Ich gehe sofort ins Haus. Drei Beamte erwarten mich schon: «Wir müssen Sie in die Absonderungszelle in Haus 1 bringen. Anordnung vom Hausleiter.»

Ich bin total perplex. Damit habe ich nicht gerechnet. Es ist doch nichts vorgefallen, ich bin direkt von der Arbeit zur Kirche gegangen und jetzt hierher. «Was wird mir denn vorgeworfen?», lautet deshalb auch meine Frage an die Beamten.

«Das können wir Ihnen nicht sagen, die Ermittlungen laufen noch, es wird ein Strafverfahren eingeleitet.»

Ich bin fassungslos. Eben dachte ich noch, dass ich Fortschritte in meiner Entwicklung mache, und jetzt werde ich wieder wie eine Bestie behandelt. Es trifft mich aus heiterem Himmel. Ich weiß beim besten Willen nicht, was ich getan haben soll, um schon wieder bestraft zu werden. Und dann auch noch eine Anzeige! Straffällig bin ich nun wirklich nicht geworden. Ist etwa schon wieder jemand zum Hausleiter gegangen und hat ihm irgendwelche Märchen erzählt?

Ich werde wütend: «Ich will auf der Stelle wissen, was mir vorgeworfen wird!

«Ganz ruhig, Kneifel», beschwichtigen die Beamten. «Wenn Sie jetzt ausrasten, machen Sie alles nur noch schlimmer. Der Hausleiter hat vor ein paar Minuten Feierabend gemacht. Sie können erst in den nächsten Tagen wieder mit ihm reden.»

Ich rege mich über den Hausleiter auf. Das hat er doch alles so eingefädelt, um mich zu provozieren! Entweder hätte er mich früher holen lassen können, oder er hätte ein paar Minuten länger bleiben sollen. Und von wegen laufende Ermittlungen – er muss mir sagen, was mir vorgeworfen wird.

Die Beamten können allerdings nichts dafür. Sie machen nur ihren Job. Bisher haben sie sich mir gegenüber immer korrekt verhalten. Außerdem haben sie recht – wenn ich jetzt ausflippe, wird alles nur noch schlimmer. Ich hasse es, so ohnmächtig zu sein und nichts tun zu können.

Resigniert lasse ich mich in die Absonderungszelle bringen. Ich bin sicher, dass das alles nicht passiert wäre, wenn ich gleich aus der Sozialtherapie in Haus 1 gekommen wäre. Wunderbar, jetzt sitze ich kurz vor Weihnachten in dieser Zelle. Eben noch habe ich Pakete für Insassen gepackt, die sich auf nichts freuen können, und jetzt geht es mir selbst so. Ich kann nur hoffen, dass ich bis Weihnachten wieder draußen bin. Die Strafzeit haben sie mir auch noch nicht mitgeteilt.

Ich wollte nie wieder in eine Isolationszelle. «Nie wieder» hat gerade mal drei Monate gedauert. Ich dachte, der Rauswurf aus der Sozialtherapie sei der Tiefpunkt meiner Haft gewesen. Jetzt ist es noch schlimmer gekommen. Wieder eine Anzeige. Von der anderen Sache wegen der angeblichen sexuellen Nötigung habe ich noch nichts gehört. Ich hatte gehofft, dass das Verfahren eingestellt wird; das kann ich jetzt mit Sicherheit vergessen. Es kommen also noch zwei Gerichtsverfahren auf mich zu. Dabei wollte ich in einem halben Jahr draußen sein. Es sieht nicht gut aus.

Zu gefährlich für die Gesellschaft?

Ich laufe in meiner Absonderungszelle immer wieder die wenigen Schritte von der Wand bis zur Tür. Es brodelt in mir, ich bin wütend auf meinen Hausleiter. Er lässt mich einfach in die Isolation stecken, ohne mit mir zu reden, hält es nicht mal für notwendig, mir zu sagen, wofür er mich bestraft, gibt mir keine Gelegenheit, mich zu den Vorwürfen zu äußern. Ich bin für ihn der schlimmste Verbrecher hier drin!

Dabei habe ich mir nichts zuschulden kommen lassen, seitdem ich nach Haus 3 verlegt wurde. Es gab keinen einzigen Vorfall, und jetzt werde ich so behandelt. Weil ich für ihn ein Nazi bin? Ein Mörder, der für seine Tat viel zu milde bestraft wird? Weil meine Akte dicker ist als die Akten der anderen Insassen? Ich wegen einer Straftat aus der Sozialtherapie geflogen bin? Weil sein Freund, der Psychologe, mich für gemeingefährlich hält? Es ist zum Kotzen, dass ich von Leuten beurteilt werde, die sich ihr Bild von mir aus einer Akte machen.

Ich fühle mich ungerecht behandelt und kann nichts dagegen tun. Selbst wenn der Hausleiter mich in den nächsten Tagen zum Gespräch holt, werde ich nett bleiben müssen. Er wartet ja nur darauf, dass ich ausraste. Dann hätte er noch einen Beweis mehr für meine Gefährlichkeit. Wer von uns beiden ist wohl der schlechtere Mensch? Wenn ich mit jemandem ein Problem habe, kläre ich das wenigstens von Mann zu Mann und nicht hintenherum. Er spielt sich auf, gefällt sich in seiner Selbstgerechtigkeit.

Ich sitze vollkommen zu Recht im Gefängnis. Das sehe ich ein. Ich habe schwere Schuld auf mich geladen und büße nun dafür. Das ist in Ordnung, damit kann ich leben. Aber die Schikanen hier halte ich nur schwer aus. Wenn alle Insassen so behandelt würden, wäre das zwar nicht besser, aber dann wäre es eben Usus. Ich habe jedoch noch nie gehört, dass jemand in die Absonderung gesteckt wurde, ohne Mitteilung darüber, was man ihm vorwarf. Erst machen sie mich aggressiv, dann werfen sie mir meine Aggressivität vor. Sie rechtfertigen es damit, dass sie bei mir eben hart durchgreifen müssten, weil ich trotz aller Sanktionen immer noch nichts gelernt hätte. Wie fühlt der Hausleiter sich jetzt wohl? Ist er stolz darauf, es mir gezeigt zu haben? Ob ihm auch nur ansatzweise der Gedanke kommt, dass er mir unrecht tut?

Ich hoffe, dass ich vor Weihnachten wieder aus der Absonderung herauskomme. Das können sie doch nicht mit mir machen, Weihnachten ist schließlich das Fest der Liebe. Sie brauchen mich ja nicht zu mögen, von mir aus müssen sie nicht einmal besonders nett zu mir sein – nur fair, mehr verlange ich gar nicht. Keine Provokationen, keine Demütigungen, keine Vorverurteilungen. Sie tragen doch auch Verantwortung für mich. Sie dürfen mich doch nicht behandeln, wie es ihnen gefällt.

Zum Glück bekommen meine Freunde aus Haus 1 mit, dass ich bei ihnen in der Absonderungszelle sitze. Wenn mir das Essen gebracht wird, steckt mir der Hausarbeiter auch ein paar Bücher zu. So habe ich wenigstens etwas Ablenkung und kann ein paar Stunden am Tag lesen. Sie lassen mich fragen, ob sie sonst noch etwas für mich tun könnten.

«Ja», antworte ich. «Ich brauche einen Rechtsanwalt, weil ich schon wieder angezeigt worden bin.»

Ein Freund von mir empfiehlt mir seinen Anwalt: Er wird

in den nächsten Tagen in die Anstalt kommen, lässt er mir ausrichten.

Ich bin dafür sehr dankbar, anders hätte ich keinen Kontakt zu einem Anwalt aufnehmen können. Zu welchem auch? Zu dem Pflichtverteidiger aus meiner Verhandlung etwa, der mich danach auch hängengelassen und mir nicht geholfen hat? Wenn jetzt allerdings ein Anwalt mit mir reden will, müssen die Beamten ihm das erlauben. Wenn er sich um die Sache kümmert, bin ich vor allzu großer Willkür geschützt, dann müssen sie sich hier auch an die Regeln halten.

Tatsächlich kommt der Anwalt nach ein paar Tagen zu mir. Ich schildere ihm meine Situation – viel weiß ich ja selbst nicht – und erteile ihm das Mandat, mich zu verteidigen. Er rät mir: «Machen Sie bloß keine Aussage, wenn ich nicht dabei bin. Das ist Ihr gutes Recht; dadurch haben Sie auch die Sicherheit, dass die Anhörung fair abläuft.»

Ich bin froh, in dieser Sache jetzt nicht mehr allein und hilflos zu sein.

Dann ruft mein Hausleiter mich endlich zu einem Gespräch: «Ich werde jetzt Ihre Aussage aufnehmen.»

«Ich mache gern eine Aussage», entgegne ich. «Aber mittlerweile habe ich einen Anwalt eingeschaltet. Ich möchte, dass er bei der Anhörung dabei ist.»

Mein Hausleiter hat dafür keinerlei Verständnis. «Ich werde bestimmt nicht darauf warten, bis Ihr Anwalt einen Termin frei hat, um herzukommen», blafft er. «Für mich kommt Ihre Forderung im Prinzip einer Aussageverweigerung gleich. Aber damit kann ich gut leben. Schließlich ist die Sachlage eindeutig. Ihre komplette Wohngruppe hat gegen Sie ausgesagt.»

«So», antworte ich, «und was haben sie ausgesagt? Was werfen Sie mir denn überhaupt vor?»

«Da Ihnen Ihr Anwalt ja so wichtig ist, kann er Akteneinsicht beantragen und Sie dann informieren», bekomme ich zu hören. «Außerdem wissen Sie doch selbst, was Sie getan haben.»

Ich unterdrücke den ersten Impuls, handgreiflich zu werden. Stattdessen frage ich: «Wollen Sie mir dann wenigstens sagen, wie lange ich in der Absonderung bleiben muss?»

«Auf jeden Fall über die Feiertage», lautet die lapidare Antwort. «Maximal können es nur vier Wochen werden, aber das brauche ich Ihnen ja nicht zu erzählen, das wissen Sie selbst. Anschließend bleiben Sie in Haus 1. Und damit haben Sie noch Glück. Leider konnte ich Ihren Ausbilder nicht davon überzeugen, Sie aus der Ausbildung zu werfen. Dann würden Sie bis zu Ihrem 21. Geburtstag bleiben und anschließend in den Erwachsenenvollzug verlegt werden.»

Er lässt nichts unversucht, mich zu provozieren. Ich bleibe äußerlich ruhig. Den Gefallen werde ich ihm nicht tun, ich werde jetzt nicht ausrasten. Aber innerlich koche ich vor Wut. Nicht nur, dass er mich so hart bestraft, wie er kann, er versucht auch noch, mir meine Ausbildung zu nehmen – ein halbes Jahr vor meiner Abschlussprüfung!

Ich werde wieder in meine Zelle gebracht. Jetzt fühle ich mich noch schlechter. Ich hatte doch gehofft, bis Weihnachten wieder aus diesem Loch herauszukommen. Im Betrieb ist eine Weihnachtsfeier geplant. Mein Chef will kochen. Das kann er richtig gut. Darauf habe ich mich so gefreut!

Ich hatte beim letzten Mal schon Probleme, zwei Wochen abzusitzen, und jetzt soll ich vier Wochen in dieser Zelle bleiben! Wofür?

Stimmt es, dass alle gegen mich ausgesagt haben? Dann müssen sie sich abgesprochen haben. Dass die Sache faul ist, muss doch jedem Beamten klar sein. Einzelne Verräter gibt es immer wieder mal, aber normalerweise hören und sehen Häftlinge doch nichts. Warum haben die das getan? Ich war nicht immer nett, aber ich war korrekt zu ihnen. Ging es darum, dass sie Weihnachten in der Gruppe feiern wollten, mit Alkohol und Drogen? Sie kannten meine Einstellung dazu. Wollten sie mich deshalb loswerden? Jetzt können sie feiern, wie sie wollen. Und ich sitze hier und habe nichts. Manche von denen bekommen sogar noch ein Paket von der Kirche, das ich mit gepackt habe. Keiner von ihnen hat es gewagt, mir irgendetwas ins Gesicht zu sagen. Und dann gehen sie zum Hausleiter, wenn ich gerade nicht da bin. Schließlich bin ich so auch aus der Sozialtherapie geflogen. Sie konnten sich sicher sein, dass ich dann verlegt würde und nicht mehr an sie herankomme. Diese Feiglinge! Sie denunzieren mich hinterrücks und verstecken sich hinter den Beamten. Haben sie denn gar keine Ehre im Leib?

Wenigstens bin ich in Zukunft vor solchen Insassen geschützt. In Haus 1 benimmt sich keiner so, hier werden Probleme nicht über die Beamten gelöst. Und hier habe ich Freunde, auf die ich mich verlassen kann. Sie lassen mich selbst jetzt nicht hängen und versuchen, mir immer wieder Lektüre und Süßigkeiten in meine Zelle zu schmuggeln. Und sie sollen schlechter Umgang für mich sein?

Es ist schizophren – die Häftlinge, die nett zu mir sind, die mich unterstützen, verstoßen mit ihrem Verhalten gegen die Regeln und müssen mit Bestrafung rechnen. Und die Häftlinge, die mich erst hierhergebracht haben, gelten als kooperativ und erschmeicheln sich das Wohlwollen der Anstaltsleitung.

Glücklicherweise halten sich meine Freunde nicht an die Regeln. Ich will mir gar nicht vorstellen, wie viel härter die Zeit in der Absonderung wäre, wenn ich nichts zu lesen hätte. Es ist wirklich verrückt – die «bösesten» Jungs hier drin sorgen am besten für mich, sie sind am menschlichsten zu mir. Dafür sind die Leute am unmenschlichsten zu mir, deren Aufgabe es wäre, mich wieder zu einem Glied der Gesellschaft zu machen. Ausgerechnet mit den Menschen komme ich hier drin am besten klar, von denen ich es nicht erwartet hatte. Kriminelle Ausländer waren doch mein Feindbild. Jetzt sind sie diejenigen, die mich akzeptieren, mich, den ehemaligen Skinhead. Für manche Beamte bin ich dagegen immer noch der Neonazi.

Dann gibt es doch noch eine nette Überraschung: Heiligabend kommt ein Pastor mit einer Kanne Kaffee vorbei. Ich weiß das sehr zu schätzen, nicht nur wegen des Kaffees. An Weihnachten hat er viel zu tun, aber er nimmt sich die Zeit, auch mich zu besuchen. Das tut mir gut.
    Trotzdem ist dieses Weihnachten das schlimmste meines Lebens. Selbst in der U-Haft war es besser. Da war ich wenigstens nicht allein und konnte mit den anderen Häftlingen reden, konnte mein Paket in Empfang nehmen und mich darüber freuen. Jetzt sitze ich allein in der Zelle und ertrinke in Selbstmitleid. Ich bin schon zu lange in der Absonderung, um noch wütend zu sein. Dazu reicht meine Kraft nicht mehr.
    Dann höre ich abends einen Schlüssel. Ich wundere mich; mein Abendessen habe ich bereits bekommen. Eigentlich sollten die Beamten erst am Morgen wiederkommen. Die Tür geht auf. Da steht ein Beamter, den ich eigentlich als besonders streng kenne. «Weil heute Weihnachten ist», sagt er und gibt mir eine Tüte. Meine Freunde haben aus ihren Weihnachtspaketen Süßigkeiten genommen, eine Tüte voll gepackt und den Beamten überredet, mir die Sachen zu bringen. In diesem Moment wird es für mich doch noch ein Fest. Auf gewisse Art und Weise fühle ich mich geliebt. Die Jungs haben alle selbst nicht viel, aber sie legen großzügig zusammen, damit ich es mir hier in meiner Zelle wenigstens ein bisschen gutgehen lassen kann.
    Die Weihnachtsfreude verfliegt in den nächsten Tagen

allerdings sehr schnell wieder. Die Zeit in der Zelle wird unerträglich. Ich bekomme wieder Nasenbluten, wie als Teenager. Wie hatte es damals der Mitarbeiter vom Jugendamt ausgedrückt? Das sei ein Zeichen dafür, dass ich die Nase voll hätte von meiner Situation. So fühle ich mich. Ich habe keinen Appetit mehr, rühre das Essen nicht an und verliere einige Kilo Gewicht – vorher undenkbar, war es mir doch so wichtig, meinen Körper zu stählen. Jetzt nehme ich es hin, dass ich abbaue.

Ich habe morgens meine Einzelfreistunde. Ausnahmsweise liegt im Winter mal Schnee. Es interessiert mich nicht.

Einmal geht die stellvertretende Abteilungsleiterin vorbei, als ich Freistunde habe. Seit der neuerlichen Absonderung haben wir keinen Kontakt mehr, obwohl wir doch so ein gutes Gesprächsklima hatten. Ich rufe ihr hinterher, sage ihr, dass ich mich ungerecht behandelt fühle. Sie bleibt stehen und hört sich zwar an, was ich sage, wirkt allerdings teilnahmslos. Wahrscheinlich denkt sie, dass ich sie nur verarscht, meine Veränderungsbereitschaft nur vorgetäuscht und die anderen Insassen weiter gegängelt habe. Jetzt muss sie mir eben zeigen, dass sie sich von mir nicht um den Finger wickeln lässt.

Nach einiger Zeit kommt mein Anwalt wieder; er kann mir endlich sagen, was mir zur Last gelegt wird. Vieles ist recht schwammig. Ich sei der Boss der Gruppe gewesen. Alle anderen hätten Angst vor mir gehabt. Konkret wird mir Körperverletzung vorgeworfen. Es gibt sogar Fotos, die der Anstaltsarzt von den Verletzungen gemacht hat: blaue Flecken auf den Oberarmen. Was ich nun erfahre, überrascht mich total. Bei dem «Opfer» handelt es sich nämlich um den schüchternen Insassen, dem ich helfen wollte. Ich weiß genau, von welchen Mithäftlingen er die blauen Flecken hat – ich ging sogar noch dazwischen, als sie ihn verprügelten. Aus irgendeinem Grund hat er jetzt ausgesagt, ich sei das gewesen. Die ganze Lügengeschichte ist so dreist, dass ich es nicht fassen kann. Ich habe versucht, ihm die Angst vor den übrigen Insassen zu nehmen; das hat zwar nicht geklappt, aber er wurde immerhin mutig genug, um Lügen über mich zu erzählen. Ist das der Dank dafür, dass ich nett zu ihm war?

Ich versichere meinem Anwalt: «Alles ist ganz anders abgelaufen. Ich war das nicht, das Ganze ist eine abgekartetes Spiel!»

Allerdings habe ich nicht den Eindruck, dass er mir glaubt. «Bei der Gerichtsverhandlung werden Sie damit nicht durchkommen, wenn die anderen bei ihren Aussagen bleiben. Dann wird der Richter keine Bereitschaft zur Veränderung bei Ihnen sehen. Und dieser Richter wird auch derjenige sein, der über Ihre vorzeitige Entlassung entscheidet. Aber bis zur Verhandlung ist es ja noch eine Weile hin.»

Nachdem ich erfahren habe, was mir vorgeworfen wird, geht es mir nicht unbedingt besser. Hoffentlich werden bei meiner Gerichtsverhandlung andere Aussagen gemacht, sonst habe ich nicht nur keine Chance mehr auf eine vorzeitige Entlassung, sondern meine Haftzeit würde auch noch erheblich verlängert. All das macht keinen guten Eindruck: Ich kam als Gewalttäter hierher, der jemanden getötet hat, und bin hier offenbar weiter gewaltbereit. Nicht nur, um mich zu verteidigen, sondern scheinbar aus Langeweile und um andere Insassen zu unterdrücken. Dabei sind diese anderen Häftlinge selbst keine Unschuldslämmer. Wenn sie alle Angst vor mir haben, wenn sie sich nicht anders zu helfen wissen, als mich anzuzeigen – welches Urteil soll der Richter denn da fällen? Vor allem, wenn die Anstaltspsychologen auch noch aussagen, dass sie mich für gefährlich halten. Ich gebe die Hoffnung nicht ganz auf, aber ich mache mir ernsthaft Sorgen.

Endlich ist meine Zeit in der Absonderung zu Ende. Die Wochen sind nicht spurlos an mir vorübergegangen. Ich konnte mich nicht rasieren, habe längere Haare und einen Bart und erheblich abgenommen. Entscheidender ist jedoch, dass ich nicht weiß, wie es weitergehen soll. Alles erscheint mir sinnlos. Wird es denn ewig so weitergehen? Ein Tiefschlag nach dem anderen – egal, was ich tue, es wird nicht besser. Sobald Hoffnung aufkeimt, wird alles noch schlimmer. Ich habe vielleicht nicht alles richtig gemacht, aber ich habe mir Mühe gegeben.

Zumindest geht es mir in Haus 1 relativ gut. Ich komme in eine Gruppe, in der ich schon mit einigen befreundet bin. Wir essen zusammen, machen gemeinsam Sport und unterstützen uns gegenseitig. Das geht sogar so weit, dass die Jungs mir Kleidung leihen, wenn ich Besuch bekomme. Ich hatte ja keine Möglichkeit, während meiner Haftzeit einzukaufen. Meine Wäsche ist alt und verschlissen. Damit könnte ich nicht herumlaufen, wenn meine Eltern mich besuchen kommen. Ich genieße diese Freundschaft. Wir machen auch Witze übereinander, verpassen uns den einen oder anderen Hieb, aber das gehört dazu. Wir respektieren uns und begegnen uns auf Augenhöhe.

Nach und nach gehen allerdings die Insassen, mit denen ich schon seit mehreren Jahren befreundet bin. Teilweise werden sie entlassen, öfter noch abgeschoben oder in den Erwachsenenvollzug verlegt. Damit bricht der Kontakt komplett ab.

Wenn Freunde von mir entlassen werden, wünsche ich ihnen alles Gute. Ich hoffe, dass sie es draußen schaffen. Gleichzeitig weiß ich, wie schwer es für sie werden wird, denn eigentlich spricht alles gegen sie: Meist bleibt ihnen nur die Rückkehr in ihr altes Leben, und dort warten die alten Freunde – und die alten Feinde. Neu anfangen können sie nicht. Wie auch? Hier drin konnten sie bestenfalls arbeiten. Aus der

Schule oder Ausbildungsstätte sind sie oft geflogen oder haben gar nicht erst einen Platz bekommen. Sie galten ja als nicht kooperativ. Ihr Verhalten musste bestraft werden. Wenn sie dann aus dem Gefängnis kommen, ohne Abschluss, mit Anfang zwanzig und Lücken im Lebenslauf – wie sollen sie da legal Arbeit bekommen? Ich habe öfter mit Leuten geredet, die zum zweiten oder dritten Mal ins Gefängnis kamen. Sie erzählten, sie seien nicht einmal als Kellner angestellt worden. Sie wollten nicht wieder kriminell werden, aber es blieb für sie die einzige Möglichkeit, Geld zu verdienen und sich etwas leisten zu können.

Viele der Jungs, die hier drin so nett zu mir waren, bekommen keine Chance draußen. Ihr Schicksal scheint vorprogrammiert. Wie sollen sie aus diesem Teufelskreis ausbrechen?

Ob es bei mir anders sein wird? Ich wünsche mir einen Neuanfang, will in eine neue Stadt ziehen, kann auf meiner Ausbildung aufbauen. Aber werden mir auch die Menschen eine zweite Chance geben? Bekomme ich Arbeit, finde ich Freunde? Hier im Gefängnis wird mir kein Vertrauen entgegengebracht – warum soll das draußen anders sein? Mich braucht dort niemand. Es gibt so viele Menschen, die weniger Probleme mitbringen, unkomplizierter sind als ich.

Es wird nicht einfach werden. Die Welt ist eine andere hinter den Mauern. Die Dinge, die ich hier gelernt habe, werden mir draußen nicht unbedingt nützen. Dafür brauche ich draußen Fähigkeiten, die ich hier drin nicht erwerben konnte. Ich arbeite weiter darauf hin, dass ich es draußen schaffe, verbringe viel Zeit in der Gefängniskirche und bereite mich außerdem auf meine Abschlussprüfung vor. Ich habe die Hoffnung noch nicht aufgegeben, doch noch nach der Ausbildung entlassen zu werden.

Um meine Entlassung rechtzeitig zu beantragen, schreibe

ich ans Gericht. Ich berichte von meiner Situation, vom Haftverlauf und davon, wie ich meine Entwicklung beurteile, dass ich gerne mein Fachabitur machen würde und bereits einen Schulplatz habe. Dann schicke ich den Antrag ab.

Einige Tage später ruft mich mein Abteilungsleiter zu einem Gespräch. «Ich wurde vom Amtsgericht darauf angesprochen, dass Sie Ihre Entlassung beantragt haben. Ich soll nun eine Stellungnahme dazu schreiben und bin ehrlich gesagt etwas überrascht über Ihren Antrag. Ihnen muss doch klar sein, dass Ihre Vorstellungen utopisch sind. Ich kann Ihren Antrag auf keinen Fall unterstützen – bei Ihrer Akte! Von Anfang an war doch klar, dass Sie ohne eine erfolgreiche Sozialtherapie weder auf Vollzugslockerungen noch auf eine vorzeitige Entlassung hoffen können. Angesichts Ihres Fehlverhaltens war es schon sehr großzügig, dass Sie überhaupt noch einen Platz in der Sozialtherapie bekommen haben. Aber nein, Sie sind nach einem halben Jahr dort ja rausgeflogen, mit einer negativen Beurteilung Ihrer Psychologin und einer Anzeige wegen einer schweren Straftat. Und die Gruppe Tötungsdelikte haben Sie zwar über zwei Jahre besucht, aber auch nicht erfolgreich abgeschlossen.» Er fixiert mich. «Wissen Sie eigentlich, wie vernichtend das Gutachten des zuständigen Psychologen gewesen ist? Wenn es nach ihm ginge, dürften Sie gar nicht mehr auf die Gesellschaft losgelassen werden, weil er weitere schwere Straftaten nicht ausschließen kann. Ich könnte es ja nicht einmal verantworten, Sie innerhalb der Anstalt in eine andere Abteilung zu verlegen! Die anderen Insassen müssen vor Ihnen geschützt werden. Außerdem stehen noch zwei Gerichtsverhandlungen an, die Ihre Haftstrafe wahrscheinlich erheblich verlängern. Nach Ihrer Ausbildung werden Sie einundzwanzig Jahre alt sein. Ich bin gerade dabei, die Formalitäten zu klären, damit Sie anschließend in den Erwachsenenvollzug verlegt werden können. Es wäre unverantwortlich, Sie vorzeitig zu entlassen. Die Bevölkerung muss vor gefährlichen Straftätern geschützt werden, und nach allem, was ich über Sie weiß, sind Sie ein solcher gefährlicher Straftäter. Dass Sie seit Ihrer Verlegung nach Haus 1 nicht negativ aufgefallen sind, ändert nichts an der Faktenlage.»

In dieser verheerenden Schärfe hatte ich die Einschätzung meines Hausleiters nicht erwartet. Skepsis wäre okay gewesen. Aber die Behauptung, ich sei selbst für die anderen Insassen zu gefährlich, ist zu hart. Auch wenn an den Vorwürfen gegen mich etwas dran wäre, wäre ich nur zwei Mal pro Haftjahr negativ aufgefallen. Zählen die übrigen 363 Tage nicht? Was erwarten die Leute unter diesen Umständen? Das hier ist doch kein Nonnenkloster.

Ich frage ihn: «Wie würde Ihr Urteil denn ausfallen, wenn ich bei den Gerichtsverhandlungen freigesprochen würde?»

«Ich halte das für nicht sehr wahrscheinlich», erklärt er herablassend. «Aber selbst wenn das der Fall wäre, blieben immer noch die gescheiterte Sozialtherapie und die gescheiterte Gruppe Tötungsdelikte. Die Psychologen haben sich ausgiebig mit Ihnen auseinandergesetzt. Sie haben die nötige Kompetenz und haben Sie gut genug kennengelernt, um Sie beurteilen zu können. Und ihre Aussagen sind an Deutlichkeit nicht zu überbieten. Sie sind ins Gefängnis gekommen, weil Sie einen Menschen getötet haben, und hier drin sind Sie noch gefährlicher geworden. Niemand kann es verantworten, Sie zu entlassen. Außerdem müsste eine Entlassung nach so langer Haftzeit gründlich vorbereitet werden. Sie müssten schrittweise an die Freiheit gewöhnt werden. Dazu würden Sie nach und nach Vollzugslockerungen bekommen und dann in den offenen Vollzug kommen. Doch diese Maßnahmen befürwortet zum jetzigen Zeitpunkt kein Verantwortlicher in dieser Anstalt. Ihre Hoffnungen sind absolut realitätsfern. Am besten verabschieden Sie sich gleich davon und fangen an, Ihre Situation realistisch einzuschätzen. Ihr Antrag hat jedenfalls keine Chance. Sie ziehen ihn besser zurück. Damit würden Sie mir auch die Mühe ersparen, eine Stellungnahme zu schreiben. Sie wird ohnehin nicht positiv ausfallen.»

Natürlich ziehe ich meinen Antrag nicht zurück. Ich will ja raus hier, etwas aus meinem Leben machen. Aber ich bin ernüchtert. Auch wenn ich es nicht wahrhaben will: Meine Lage scheint hoffnungslos. Ich bin doch erst zwanzig Jahre alt! Alles, was ich mir wünsche, ist nur in Freiheit möglich. Und diese Freiheit scheint unendlich weit weg zu sein. Ich bereue die Fehler, die ich gemacht habe. Es ist meine Schuld, dass ich im Gefängnis sitze. Ist es jetzt zu spät, mich grundlegend zu ändern? Ich fühle mich so hilflos. Kann ich nichts mehr tun, um diesem System zu entkommen? Meine Intelligenz nützt mir nichts, im Gegenteil, sie wird mir noch vorgeworfen, weil sie meine Gefährlichkeit angeblich verschärft. Meine Kraft nützt mir nichts, mein Körper wird nur als Waffe betrachtet, mit der ich Schaden anrichten kann. Meine Freunde nützen mir nichts, sie werden als Beweis dafür herangezogen, wie sehr ich in der Subkultur verankert bin. Und mit meiner Familie habe ich nicht mehr viel zu tun, außerdem hat sie mir bisher auch nicht helfen können.

Was bleibt mir also? Muss ich mich damit abfinden, keine Chance mehr zu bekommen? Die Weichen scheinen gestellt.

Ein gnädiger Richter

Ich fühle mich unendlich ohnmächtig. Dabei wollte ich doch genau das immer vermeiden. Hatte ich diese Hilflosigkeit nicht schon bei meinen Eltern erlebt? Ich wollte doch anders leben. Ich wollte mich nicht damit abfinden, benachteiligt zu sein, wollte mir aus eigener Kraft und Intelligenz etwas aufbauen, immer stark sein und es allein schaffen. Jetzt bin ich schon wieder gescheitert. Ich merke, dass ich die Dinge nicht mehr in der Hand habe, keinen positiven Einfluss mehr auf mein Schicksal ausüben kann. Egal, was ich jetzt tue, ich würde es nur schlimmer machen. Wenn ich resigniere, kommt alles so, wie es mein Hausleiter gesagt hat. Wenn ich dagegen meinen Frust über diese ungerechte Behandlung auslebe, werde ich nur noch mehr Probleme am Hals haben.

Seltsam an meiner Situation ist, dass ich doch eigentlich im Gefängnis gut zurechtkomme. In meinem Betrieb habe ich keinerlei Schwierigkeiten – mein Chef, die Kollegen und die Berufsschullehrer sind allesamt Menschen, mit denen ich gut zurechtkomme. Mit den Pastoren komme ich auch gut klar, mit den anderen Gefangenen, die regelmäßig in der Kirche sind, ebenfalls. Sie sind zwar keine Freunde, aber ich muss auch nicht mit jedem befreundet sein. Auch mit den Vollzugsbeamten in meinem Haus gibt es keine Reibereien. Nie zuvor habe ich mich in eine Gemeinschaft derart integrieren können wie jetzt.

Aber so gut ich mich in dieser Welt auch eingerichtet habe, ich will hier endlich raus. Doch ich kann nichts machen. Alle

Personen, die über meine Entlassung zu entscheiden haben, sind dagegen – aber es gibt doch auch Menschen, die mich anders wahrnehmen, die mich nicht für eine Bestie halten, die mir schreiben, die mich besuchen kommen – ehemalige Betreuer aus dem Internat, meine Taufpaten und natürlich meine Eltern und Geschwister. Sie fühlen sich doch auch nicht bedroht. Es gibt Menschen, die mich sogar schätzen, die mir meine Schuld nicht ewig vorhalten wollen.

Tage zuvor habe ich in der Kirche ein Gespräch mit einem Ehrenamtlichen geführt. Er meinte: «Wir Menschen sind alle Sünder, egal, ob wir für unsere Taten im Gefängnis sitzen oder nicht. Kein Mensch lebt ganz und gar so, wie es Gott gefällt. Jeder Mensch braucht Vergebung für seine Schuld.»

Vergebung ist ein Wort, mit dem ich nicht allzu viel anfangen kann. Es passt nicht zu den Erfahrungen, die ich hier mache. Und Gott? Ist er bereit, mir zu vergeben, nachdem ich so viele seiner Gebote gebrochen habe, nachdem ich mich doch offenbar bewusst gegen ihn entschieden habe? Und will Gott mir überhaupt helfen? Warum hat Gott Peter Deutschmanns Tod nicht verhindern wollen? Wie konnte Er dieses Opfer wollen? Meine Eltern haben ihr ganzes Leben lang gebetet, ohne dass es ihnen je besserging; alles wurde immer nur schlimmer. Wie kann ich jetzt diesem Gott vertrauen? Auf wen kann ich überhaupt noch vertrauen?

Ich bin jetzt vielleicht weiter von meiner Entlassung entfernt als am ersten Tag meiner Haft. Ich habe hier im Gefängnis mehr Menschen verprügelt als draußen. Vor meiner Inhaftierung war ich ein trunksüchtiger Jugendlicher, der unter Alkoholeinfluss die Kontrolle verlor. Mittlerweile bin ich ein junger Mann, den Fachleute für gemeingefährlich halten. So kann es nicht weitergehen. Ich sehe keinen Ausweg mehr. Alles ist so verdammt festgefahren!

Ich weiß nicht, wie lange ich mit diesem Frust noch leben kann, irgendwann werde ich es nicht mehr aushalten, das spüre ich. Noch klammere ich mich an meine letzte Hoffnung. Noch hoffe ich, dass die Gerichtsverhandlungen gut für mich ausgehen. Aber ich befürchte, mir nur etwas vorzumachen. Was passiert, wenn die Häftlinge, die mich denunziert haben, im Gerichtssaal bei ihren Aussagen bleiben? Teilweise haben sie bereits Vollzugslockerungen oder sind schon entlassen. Sie werden ihre zurückgewonnenen Freiheiten kaum riskieren und zugeben, dass sie Falschaussagen gemacht haben. Soll ich das dann kampflos hinnehmen? Bis die Beamten mich überwältigen könnten, hätte ich ein paar Sekunden, um mich an ihnen zu rächen. Wenn ich schon eingesperrt bleiben muss, dann will ich wenigstens wissen, wofür.

Dabei will ich das alles längst gar nicht mehr. Ich will nicht, dass das mein Leben lang so weitergeht. Aber ich kann mir auch nicht alles gefallen lassen; daran würde ich zerbrechen, das weiß ich. Ich sehe keine anderen Möglichkeiten. Mir wird doch auch Gewalt angetan. Es sind zwar keine körperlichen Schläge, aber sie treffen mich viel härter, als Fäuste das könnten.

Ich stand damals permanent unter Stress. Ich konnte mir selbst keine Pause gönnen, trieb mich rund um die Uhr an und kam nicht runter von meinem Gedankenkarussell. Ich glaubte immer noch, ich sei der Einzige, der mich retten könne.

Ich muss mir eingestehen, dass ich am Ende bin, nicht mehr weiß, wie ich mit dem Druck umgehen soll. So lange habe ich gekämpft, und jetzt merke ich, dass ich diesen Kampf endgültig verliere. Selbst wenn mir jetzt nichts Weiteres anzulasten wäre, würde das an dem Bild, das die Verantwortlichen von mir haben, nichts mehr ändern.

Vielleicht haben die Psychologen doch recht mit ihrer Einschätzung: Es gibt nach wie vor Situationen, in denen ich wieder gewalttätig werden könnte. Und natürlich bin ich hier körperlich stärker geworden – ich weiß genau, wie ich anderen Schaden zufügen kann. Ist es vor diesem Hintergrund sogar richtig, mich wegzusperren? Wenn ich je wieder in eine Situation geraten sollte, in der ich nichts mehr zu verlieren habe, werde ich dann nicht vielleicht wieder jemanden töten? Aber ich wollte doch niemals töten!

Ich behalte meine dunklen Seiten, auch wenn es mir schwerfällt, das zuzugeben.

Meine Schattenseiten waren mir durchaus bewusst, auch wenn ich keine Ahnung hatte, woher ich je Licht in dieses Dunkel bekommen sollte. Bis heute bemühe ich mich darum, mehr von mir selbst zu verstehen, und weiß, dass mir das nur in der Auseinandersetzung mit anderen gelingen kann.

Niemand kann mir sagen, wie ich aus der ganzen Geschichte heil herauskommen soll; und auch ich selbst weiß mir keinen Rat mehr.

Egal, wie sehr ich mich gegen diesen Gedanken sträube, ich sehe eigentlich nur noch eine Möglichkeit: Wenn ich mir selbst nicht mehr helfen kann, wenn es auch keine anderen Menschen gibt, die mir helfen können – dann bleibt nur noch Gott übrig.

Aber welchen Preis würde er von mir fordern? Ich habe die Bibel gelesen und kenne die Forderungen, die Gott an mich stellt. Diese Forderungen schrecken mich ab. Mir fehlt das Vertrauen in Gott. Wenn er wirklich das Beste für mich will – dann hätte er mir doch schon von Geburt an ein besseres Leben ermöglichen können. Dann hätte ich doch nicht so viel durchmachen müssen und hätte mich auch selbst anders verhalten können.

Andererseits merke ich den Christen, mit denen ich zu tun habe, an, wie viel ihnen ihr Glaube an Gott gibt. Sie sagen, dass sie ihr Glück gerade darin gefunden haben, nicht nach ihrem eigenen Vorteil zu suchen, sondern zu versuchen, so zu leben, wie es Gott gefällt.

Wie immer gehe ich am Sonntag in den Gottesdienst. Heute predigt der Pastor, dessen Worte mich normalerweise am wenigsten ansprechen. Diesmal ist alles anders. Es sind zwar seine Worte, die ich höre, aber ich spüre, dass jemand anders durch diese Worte zu mir spricht. Der Pastor erwähnt in einem Nebensatz, man solle wichtige Entscheidungen nicht aufschieben. Diese Worte treffen mich mit voller Wucht. Ich erkenne, dass es Gott ist, der zu mir spricht. Er spricht mich auf die Entscheidung an, die mir keine Ruhe lässt: Ob ich weiter ohne ihn leben will – oder ob ich mich ihm jetzt mit all meinen Zweifeln anvertraue und bereit bin, ihn in mein Leben zu lassen.

Nach dem Gottesdienst muss ich wieder zurück in den Einschluss, habe also den restlichen Tag über Zeit zum Nachdenken.

Ich blicke auf mein bisheriges Leben. Mir sind immer Gründe eingefallen, mit denen ich mein Verhalten mir selbst gegenüber rechtfertigen konnte. Aber ich merke: Diese Gründe zählen nicht für Gott. Vor ihm bleibt mir nur das Eingeständnis, dass ich schwere Schuld auf mich geladen habe. Es ist nicht nur mein Tötungsdelikt. Mir fallen so viele Situationen ein, in denen ich anderen Menschen etwas angetan, mich mit ihnen geprügelt oder sie ganz gezielt provoziert und beleidigt habe. Und mir fallen die Begebenheiten ein, bei denen ich mich entschieden gegen Gott gewendet habe. All die Schuld, die ich in meinem Leben angesammelt habe, sehe ich jetzt deutlich vor mir und höre gleichzeitig das Angebot Gottes, mich mit dieser Schuld an Jesus zu wenden. Plötzlich habe ich die Gewissheit: Nur Jesus ist bereit, mir diese furchtbare Last abzunehmen, wenn ich ihn nur endlich darum bitte.

All das Leid und meine eigenen fehlerhaften Bemühungen, ein besserer Mensch zu werden, stehen mir jetzt ganz bewusst vor Augen. All meine Versuche, es allein und ohne Gott zu schaffen, waren völlig vergeblich. Immer wieder habe ich selbst meine Situation verschlimmert. Immer wieder mussten Menschen durch mich neues Leid erfahren, nicht nur diejenigen, die ich geschädigt habe, nicht nur diejenigen, die Angst vor mir gehabt haben. Mir wird klar, wie oft ich gerade die Menschen enttäuscht habe, die mein Bestes wollten. Ich denke an meine Familie, Milena, die Betreuer, die sich im Internat für mich eingesetzt haben, meine Lehrer.

Mein Leben kommt mir vor wie Treibsand. Und mein verzweifelter, einsamer Kampf hat mich nur immer tiefer hineingezogen. Mir wird bewusst, dass ich nun an dem entscheidenden Punkt meines Lebens angekommen bin: Ich muss endlich einsehen, dass ich es allein niemals schaffe. Und ich muss Gott darum bitten, mich nicht mehr allein zu lassen.

In diesem Moment erfahre ich Gnade. Es war mir bisher vollkommen unmöglich, mir selbst meine tiefe Schuld einzugestehen. Es schien immer leichter, anderen die Schuld zu geben und Ausreden für mein Verhalten zu finden. Jetzt erst kann ich mir selbst und vor Gott alles eingestehen, was ich getan habe. Und erst, indem ich das tue, kann ich wirkliche Reue empfinden. Ich spüre, wie schuldig ich geworden bin und wie sehr diese Schuld auf mir lastet.

Ich habe versucht, mich an meinem Stolz festzuhalten. So stolz bin ich dabei geworden, dass ich keinerlei Autorität über mir dulden konnte; nie wäre ich jemals vor einem Menschen auf die Knie gegangen.

Vor Gott gehe ich jetzt freiwillig auf die Knie, knie mich auf den Zellenboden. Vor ihm breite ich mein Leben und meine ganze Schuld aus. Ich brauche die Vergebung meiner Schuld, und so bitte ich ihn darum. Ich knie vor dem Kreuz Jesu, das ich ganz deutlich vor meinem inneren Auge sehe, vor diesem uralten christlichen Symbol, mit dem ich lange nichts anfangen konnte, und in diesem Augenblick erfahre ich ganz persönlich die biblische Wahrheit, dass Jesu Blut die Sünden abwäscht. Ich weiß es jetzt, und ich spüre es mit meinem ganzen Körper, wie mir etwas unglaublich Schweres, Belastendes abgenommen wird. Wie sehr ich unter meiner Schuld gelitten habe, erkenne ich erst jetzt, weil ich spüre, wie befreiend es ist, diese Schuld endlich abgeben zu können.

Es geht mir aber nicht nur um die Vergebung meiner Schuld, nicht nur darum, mit meiner dunklen Vergangenheit aufzuräumen. Ich sage Gott, dass ich nicht wie bisher weiterleben will. Ich bitte ihn, dass er ab sofort mein Leben in seine Hände nimmt. Ich bitte ihn, dass er für eine wirkliche Wende sorgt.

Und auf einmal spüre ich, wie ich mit tiefer Freude und tiefem Frieden erfüllt werde, Empfindungen, die ich mir immer gewünscht habe, wenn ich sie bei anderen Menschen sah, und die sich mit keinem Rauschzustand vergleichen lassen. Nichts von dem, was ich bisher erlebt habe, hat sich so intensiv und so gut angefühlt. Gott ist in mein Leben gekommen, und ich fühle mich auf einmal wie ein neuer Mensch – ruhig und gelassen, ohne diese ständige Unzufriedenheit und die permanente Grundaggressivität, die mich bisher begleitet haben.

Ich hatte keine Vision, ich habe weder Gott gesehen noch eine Stimme vom Himmel gehört. Trotzdem bin ich in diesem Moment ganz sicher, dass Gott existiert und er mein Leben nun von an begleiten wird.

Als ich mich vom Boden erhebe, befinde ich mich noch

immer in derselben Zelle. Ich weiß, dass in meiner Akte noch immer dieselben Einträge stehen und dass dieselben Probleme vor mir liegen. Aber ich weiß nun: Ich muss diese Schwierigkeiten nicht mehr allein bewältigen. Gott wird sich meiner annehmen.

Die Erfahrung, die ich mit Gott gemacht habe, verändert mich unmittelbar, so unglaublich das klingen mag. Sie verändert mich so sehr, dass es alle um mich herum wahrnehmen. Ich kann meine Fröhlichkeit nicht verbergen und gehe in den nächsten Tagen mit einem permanenten Lächeln im Gesicht durch die Anstalt. Das ist für alle ungewohnt. Sie kannten mich als jemanden, der Härte ausstrahlte. Jetzt bin ich schon morgens auf dem Weg zur Arbeit gut gelaunt, und einer, mit dem ich den Weg zur Arbeit gehe, verpasst mir den Spitznamen «Grinsepeter». Vor ein paar Tagen hätte ich das noch respektlos gefunden und ihm vermutlich eine geknallt. Jetzt erzähle ich dem Mithäftling einfach, warum ich mich so freue. Er nimmt es zur Kenntnis, geht allerdings davon aus, dass ich bald wieder von meinem religiösen Trip herunterkommen und wieder der Alte sein werde.

In den kommenden Wochen geschehen ständig Dinge, die mich darin bestärken, die richtige Entscheidung getroffen zu haben. Das erste Ereignis ist meine vorgezogene Abschlussprüfung. Sie findet in meinem Ausbildungsbetrieb im Gefängnis statt. Ich habe mich gut vorbereitet, weiß allerdings, dass bei einer Prüfung auch eine Menge schiefgehen kann, und bin nervös. Als einziger Absolvent habe ich die volle Aufmerksamkeit des Prüfers. Ich fülle die Bögen für den Theorieteil aus und fertige die Stücke für den Praxisteil. Der Prüfer muss nun meine Arbeiten kontrollieren und tut das gleich vor Ort. Dann teilt er mir die Ergebnisse mit: Ich habe in allen Bereichen mit

«Sehr gut» bestanden! Ich kann es kaum fassen, freue mich riesig und nehme diese Ergebnisse als Geschenk Gottes wahr. Ich spüre, dass sein Segen jetzt über meinem Leben liegt.

Ich möchte Gott besser kennenlernen und nutze die freie Zeit, die ich im Gefängnis ja reichlich habe, um die Bibel zu lesen und zu beten. Jetzt entdecke ich viele Bibelstellen, die mir vorher überhaupt nichts gesagt haben, als ganz persönliche Texte. Ich lese im Lukasevangelium die Worte Jesu, dass er gekommen sei, um den Gefangenen die Freiheit zu bringen. Dieser Vers wird mir zu einer persönlichen Zusage Gottes. Egal, wie es gerade aussieht, ich werde bald wieder in Freiheit sein.

Mir wird es mit der Zeit immer wichtiger, meinen Glauben zu festigen. Ich merke allerdings, dass das nicht ganz leicht ist; zu sehr habe ich mich an den festen Tagesablauf im Gefängnis gewöhnt. Es fällt mir nach vier Jahren schwer, meinen Rhythmus zu ändern. Sobald meine Zellentür verschlossen wird, setze ich mich vor den Fernseher, bis ich schlafen gehe. Ich habe Schwierigkeiten damit, auf die eine oder andere Sendung zu verzichten, um stattdessen in der Bibel zu lesen und zu beten. Außerdem werde ich im Fernsehen überwiegend mit Werten und Verhaltensweisen konfrontiert, von denen ich mich nicht mehr prägen lassen will. Ich treffe eine Entscheidung: Meine tägliche Zeit mit Gott soll wichtiger sein als mein Fernseher.

Da ich weiß, dass es viele Insassen gibt, die keinen Fernseher haben, gehe ich zu einem Gefängnispastor. «Ich möchte meinen Fernseher spenden», teile ich ihm mit. «Bitte geben Sie ihn einem Häftling, der ihn gebrauchen kann.»

Der Pastor hält meine Entscheidung für voreilig: «Überlegen Sie es sich noch einmal», rät er mir. «In einigen Tagen vermissen Sie den Fernseher vielleicht, und dann wird Ihnen schrecklich langweilig sein.»

Ich bleibe trotzdem bei meinem Entschluss und bin überzeugt, dass mein Fernsehverzicht mir guttun wird.

Das tägliche Gebet ist mir schon deshalb wichtig, weil ich weiß, dass große Entscheidungen anstehen, auf die ich kaum Einfluss nehmen kann – die erste Gerichtsverhandlung zum Beispiel. Es geht um die Vorwürfe, um deretwillen ich aus der Sozialtherapie geflogen bin. Die Anklage ist mir äußerst unangenehm. Ich könnte besser damit leben, wenn es um Körperverletzung ginge und nicht um sexuelle Nötigung.

Mein Anwalt empfiehlt mir, zu kooperieren: «Sie müssen den Richter davon überzeugen, dass Sie sich geändert haben. Das wird nicht funktionieren, wenn Sie die Vorwürfe abstreiten.»

Ich stecke in einer Zwickmühle. Ich bin unschuldig, weiß aber auch, dass mir wohl niemand Glauben schenken wird, wenn der Belastungszeuge bei seiner Aussage bleibt. Schon die Situation im Gerichtssaal spricht gegen mich. Ich werde von zwei Bediensteten begleitet und bin wieder mit Handschellen und Fußfesseln gesichert. Dagegen kommt der vermeintlich Geschädigte direkt aus der Sozialtherapie, ohne Beamte oder andere Sicherungsmaßnahmen.

Die Anklage wird verlesen. Ich spüre die Blicke der Anwesenden auf mir und kann mir leicht ausmalen, was sie von mir denken. Der angeblich Geschädigte wird als Zeuge aufgerufen und darüber belehrt, dass er die Wahrheit sagen müsse. Seine Aussage fällt relativ kurz und ziemlich überraschend aus, zumindest für den Richter und die Staatsanwaltschaft, aber wohl auch für meinen Verteidiger. Er gesteht nämlich, dass er sich die Geschichte nur ausgedacht habe, um sich die Zuwendung der Beamten in der Sozialtherapie zu sichern.

Ich bin unendlich erleichtert. Endlich ist dieser Vorwurf vom Tisch. Fast ein Jahr hat es gedauert, bis es zur Verhandlung kam. Diese lange Zeit über musste ich mit der Anschuldigung leben. Alle Verantwortlichen im Gefängnis gingen währenddessen wie selbstverständlich von meiner Schuld aus. Nun ist die Sache geklärt! Unter diesen Umständen muss ich keine Aussage mehr machen. Ich werde freigesprochen.

Diese Verhandlung macht mir Mut und Hoffnung, auch alle weiteren Schwierigkeiten aus dem Weg räumen zu können. Die Entscheidungsträger innerhalb der Anstalt müssen doch ihr Bild von mir jetzt revidieren, oder? Eigentlich müssten sich die Beamten aus der Sozialtherapie bei mir entschuldigen, schließlich bin ich ja wegen der Anzeige aus der Therapie geflogen und in die Absonderungszelle gesteckt worden. Dem Mithäftling trage ich die Sache nicht mehr nach. Ich rechne es ihm sogar hoch an, dass er jetzt den Mut hatte, seine Aussagen zurückzunehmen. Das könnte wohl nicht jeder. Die Folgen, die sie für mich haben würden, sind ihm wohl gar nicht bewusst gewesen. Diesen Mut hätte ich mir auch von den Psychologen gewünscht: zuzugeben, dass sie einen Fehler gemacht haben.

Trotz der ausbleibenden Entschuldigung überwiegt in mir die Freude über den Freispruch. Er ist für mich der Beweis: Gott kümmert sich jetzt um meinen Fall. Das sage ich auch immer wieder zu meinen Mithäftlingen. Sie bleiben allerdings skeptisch: «Du hast doch noch über ein Jahr Haft bis zu deinem Festabgang», sagen sie. «Vorzeitige Entlassung kannst du vergessen. Die bekommt niemand, der in Haus 1 einsitzt.»

Ich lasse mich nicht beirren und gehe davon aus, spätestens im Herbst, zu Beginn des neuen Schuljahres, in Freiheit zu sein.

In der Zwischenzeit führe ich mit anderen Häftlingen immer wieder Gespräche über Religion. Das haben wir auch vorher schon gemacht, schließlich gehen viele von uns zu den Gottesdiensten und zum Freitagsgebet. Wir stellen uns die Frage nach Gott und dem Sinn des Lebens. Bei den meisten ist es dann aber doch so, wie es auch bei mir lange Zeit war: Sie betrachten «ernsthaft ausgeübte» Religion als etwas Edles und Gutes. Aber sie glauben gleichzeitig, dass sie Religion nur bedingt in ihr Leben integrieren und den ethischen Anforderungen, die sie damit verbinden, bei Weitem nicht gerecht werden können.

Vor allem aus den Gesprächen mit meinen muslimischen Freunden lerne ich viel. Einmal frage ich Osama: «Hast du eigentlich vor, nach Mekka zu pilgern, wie es jedem Moslem vorgeschrieben ist?»

Seine Antwort überrascht mich: «Das darf ich gar nicht, weil ich tätowiert bin.»

Ich wusste nichts von der Existenz solcher Einschränkungen. Umso dankbarer bin ich, dass ich so zu Jesus kommen durfte, wie ich war.

Als ich Osama erzähle, welche Erfahrungen ich jüngst mit Gott gemacht habe und ich von nun an wirklich als Christ leben will, erwidert er skeptisch: «Aber wie soll das gehen? Es ist doch jetzt zu spät für dich, fromm zu werden! Du hast doch schon zu viele Sünden begangen – als Mörder kannst du überhaupt nicht mehr in den Himmel kommen!»

Erst in diesem Gespräch wird mir die Tragweite meiner Entscheidung wirklich bewusst. Ich höre, was mein Freund sagt, aber im gleichen Moment weiß ich, dass er unrecht hat. Ich sage ihm, was in der Bibel steht: «Jesus vergibt mir meine Schuld. Deshalb werde ich auch die Ewigkeit bei Gott verbringen.»

«So einfach geht das im Christentum?», fragt Osama erstaunt. «Als Moslem ist mir, wenn ich solche Taten begehe, die Ewigkeit verwehrt.»

In diesem Moment fällt mir ein Ereignis ein, das schon einige Monate zurückliegt. Ich hatte mir damals eine Hantel gebastelt und damit trainiert. Bei einer Übung löste sich ein Gewicht und fiel mir aufs Gesicht. Ich hatte Glück, es war nichts gebrochen, aber eine kleine Platzwunde trug ich doch davon, von der heute noch eine kleine Narbe übrig geblieben ist. Sie sieht aus wie ein Kreuz. Im Rückblick erscheint es mir so, als hätte Gott mir damit sagen wollen, dass das Kreuz seines Sohnes mein Leben prägen solle.

Gott wirkt in mir, und er wirkt auch in der Welt, in der ich lebe. Ich bin froh über diese Veränderungen. Noch vor wenigen Wochen habe ich darunter gelitten, wie festgefahren alles war. Jetzt merke ich, dass sich plötzlich neue Perspektiven eröffnen.

Ein Beispiel dafür ist meine Hausleitung: Obwohl meinem Hausleiter und der stellvertretenden Hausleiterin immer noch dieselbe Akte von mir vorliegt, verändert sich ihr Umgang mit mir. Sie behandeln mich nicht mehr wie einen unverbesserlichen Delinquenten. In Gesprächen hören sie sich nun auch an, was ich zu sagen habe. Es ist keine Rede mehr von einer sofortigen Verlegung in den Erwachsenenvollzug, und ich spüre zwar noch nicht unbedingt Vertrauen, aber doch nachlassendes Misstrauen. Das erstaunt mich.

Und auch im Umgang mit den anderen Häftlingen merke ich, dass Gott auf mich aufpasst. Ich hatte immer befürchtet, in Situationen zu geraten, in denen ich angegriffen würde und dann vor der Entscheidung stünde, zurückschlagen zu müssen oder es einfach hinzunehmen. Ich hatte Angst davor, schwach zu sein, wenn ich nicht mehr auf meine eigene Stärke vertrauen dürfte, sondern auf Gott. Jetzt sehe ich aber, dass ich weiterhin sicher bin. Ich komme gar nicht erst in Situationen, in denen ich mich bedroht fühle oder tatsächlich angegriffen werde. Darüber bin ich froh, denn ich weiß nicht, ob ich schon so weit wäre, ohne Gewalt zu reagieren.

Eines Tages lese ich ein Gleichnis, das Jesus erzählt hat. Es handelt von einem Mann, der mehrere Bäume besitzt; einer von diesen Bäumen trägt drei Jahre lang keine Früchte. Der Besitzer befiehlt seinem Gärtner, den Baum zu fällen, weil er nutzlos geworden sei. Der Gärtner bittet um ein weiteres Jahr, in dem er sich um diesen Baum besonders kümmern wolle. Wenn der Baum auch in diesem vierten Jahr noch keine Frucht trage, wolle er ihn fällen.

Ich erschrecke, als ich das lese. Ist das nicht das Gleichnis meiner Haftzeit? Drei Jahre lang trat ich auf der Stelle, ohne mich weiterzuentwickeln. Und ist nicht jetzt, in diesem vierten Jahr, besonders viel passiert, das mich schließlich zum Umdenken brachte? Alles stand auf der Kippe. Um ein Haar hätte ich sämtliche Chancen verspielt. Ich hätte mich fast selbst gefällt.

Ein neues Leben mit alten Problemen

Meine intensiven Erlebnisse mit Gott wecken in mir die Erwartungshaltung, alles ginge nahtlos so weiter und meine Probleme würden sich in Luft auflösen. Ich gehe tatsächlich davon aus, dass es jetzt nur noch wenige Wochen dauern wird, bis ich vorzeitig entlassen werde. Die zweite Gerichtsverhandlung steht an, und ich hoffe darauf, dass auch sie so gut ausgeht wie die erste. Die Zeit wird allmählich knapp, nach der Verhandlung sind es nur noch wenige Tage bis zum Beginn des neuen Schuljahrs.

Die Anklage lautet auf Körperverletzung in zwei Fällen. Von all den schwammigen und pauschalen Aussagen sind nur noch zwei konkrete Vorwürfe übrig, und es ist auch nur der Geschädigte als Zeuge geladen. Er wurde mittlerweile entlassen, und ich hoffe nun darauf, dass er die Wahrheit sagen wird – in Freiheit können ihn die anderen Häftlinge nicht mehr drangsalieren. Ich habe ihn schließlich besser als all die anderen Insassen behandelt, ihm sogar Schutz geboten. Ich finde, er ist es mir schuldig, das in der Verhandlung zu bestätigen.

Mein Anwalt hat erneut wenig Hoffnung: «Ich rate Ihnen – zeigen Sie um Himmels Willen Einsicht! Der Richter muss sehen, dass Sie sich Ihrer Fehler bewusst sind und sich ändern wollen.»

Wieder merke ich, wie schwer es ist, mich von meiner Vergangenheit zu lösen. Ja, ich war gewalttätig, selbst in der Haft noch. Aber es scheint den meisten Menschen nicht in den

Sinn zu kommen, dass ich trotzdem unschuldig sein könnte, zu leicht ist es, in mir den brutalen Schläger zu sehen. Dabei müssten die Beamten doch genauestens über den ganz alltäglichen Machtkampf unter den Gefangenen Bescheid wissen.

«Wenn Sie gestehen», sagt mein Anwalt, «haben Sie gute Aussichten auf eine Bewährungsstrafe. Dann ist eine vorzeitige Entlassung immer noch möglich.»

Aber ich kann doch nicht etwas zugeben, das ich nicht getan habe? Ich will nicht mehr lügen!

Die Verhandlung beginnt. Der Zeuge ist nicht da. Ich werde nervös. Wenn das Verfahren jetzt vertagt werden muss, wird es Monate dauern, bis ein neuer Termin angesetzt wird. Dann kann ich meine Pläne vergessen, dann wird es mit der Entlassung vor dem neuen Schuljahr auf keinen Fall mehr klappen. Warum ist er nicht da? Er ist doch frei und wohnt hier in der Stadt. Wagt er es nicht, hierherzukommen und zuzugeben, dass er mich zu Unrecht beschuldigt hat? Oder hofft er, dass das Verfahren eingestellt wird, wenn er nicht erscheint? Meine Verzweiflung wächst. Was soll ich tun, wenn er nicht kommt?

Die Anklage wird verlesen. Ein Beamter sieht noch einmal auf dem Flur nach. Der Zeuge ist noch immer nicht da. Das darf einfach nicht wahr sein! Ich hatte so sehr auf seine Aussage gehofft. Niemand wird mir meine Unschuld glauben, wenn er sie nicht bestätigt.

Der Richter fragt mich schließlich: «Könnte es denn so gewesen sein, wie es in der Anklage steht?»

In Sekundenbruchteilen rasen mir die Gedanken durch den Kopf. Wenn ich bis zum Schuljahresbeginn entlassen werden soll, muss die ganze Sache heute über die Bühne gehen. Eine Vertagung kann ich mir einfach nicht leisten, denn dann hätte ich keinerlei Chance mehr auf eine schnelle Entlassung. Wenn das Schuljahr erst begonnen hat, können die Verantwortlichen in der Anstalt ihre Argumente ins Feld führen:

Ich sei doch bereits als Jugendlicher ins Gefängnis gekommen, seit über vier Jahren in Haft und müsse erst behutsam auf die Entlassung vorbereitet werden, all das brauche viel Zeit. Als ob sie diese Zeit nicht lange genug gehabt hätten, ohne irgendetwas zu tun!

Nein, meine einzige Hoffnung ist, dass der Richter es gut mit mir meint. Es muss jetzt schnell gehen. Mein Anwalt hat mir doch in Aussicht gestellt, dass ich eine Chance auf Bewährung und vorzeitige Entlassung habe, wenn ich mich nur einsichtig zeige. Es gibt Absprachen zwischen Anwälten und Richtern. Und wäre es tatsächlich eine Lüge, wenn ich die Frage des Richters mit Ja beantworte? Er hat mich schließlich gefragt, ob es so gewesen sein *könnte*. Dahinter steckt doch sicher eine Absicht. Vielleicht kann ich doch halbwegs unbeschadet aus dieser Sache herauskommen? Ja, natürlich hätte es damals so gewesen sein können. Ich habe andere Häftlinge geschlagen. Es gab Insassen, die blaue Flecken von mir davontrugen. Und auch wenn das dem normalen Umgang untereinander entsprach, auch wenn ich selbst geschlagen wurde – vor dem Gesetz sind das nun mal Straftaten. In diesem Sinne habe ich mich tatsächlich mehrfach strafbar gemacht Auch wenn ich es in diesem Fall wirklich nicht war: Es hätte so gewesen sein können. Ich fühle mich dabei nicht gut, aber ich sehe keine andere Möglichkeit, als ihm jetzt entschieden zu antworten: «Ja, so hätte es gewesen sein können.»

Dem Richter reicht diese Aussage. Er fragt gar nicht weiter nach.

Als es dann zur Urteilsverkündigung kommt, geht es für mich wirklich so aus, wie es mir mein Anwalt angekündigt hat: Der Richter bleibt bei der Mindeststrafe. Ich bekomme zweimal zwei Monate Haft. Diese werden zusammengezogen auf eine dreimonatige Strafe, die zur Bewährung ausgesetzt wird. Drei Monate Haft auf drei Jahre Bewährungszeit – damit muss ich unter diesen Umständen wohl zufrieden sein. Ich hatte zwar auf einen Freispruch gehofft, aber wenigstens ist so weiterhin meine vorzeitige Entlassung möglich, und ich bleibe ohne Vorstrafe. Jugendstrafen zählen generell nicht als Vorstrafen, und diese Erwachsenenstrafe bleibt gerade noch unterhalb der Grenze zur Vorstrafe.

Meine Stimmung schwankt. Ich ärgere mich darüber, für etwas verurteilt zu werden, was ich nicht getan habe, und bin gleichzeitig froh, immer noch auf eine vorzeitige Entlassung hoffen zu können.

Ich werde ins Gefängnis zurückgebracht und habe kurz darauf ein weiteres Gespräch mit meinem Hausleiter. Er ist überrascht, dass die Verhandlung mit einer so geringen Bestrafung ausgegangen ist, und muss jetzt tatsächlich seine Vorstellung, eine vorzeitige Entlassung sei ausgeschlossen, revidieren. Die Tür in die Freiheit ist einen Spalt weit geöffnet. Dennoch lässt mich der Hausleiter wissen, dass er meinen Zeitplan weiterhin für utopisch hält. Und er bemerkt: «Selbst bei einem Freispruch wäre keine sofortige Entlassung möglich gewesen. Ich bin jetzt verantwortlich dafür, Sie auf Ihre Entlassung vorzubereiten und nach der langen Haftzeit behutsam an das normale Leben heranzuführen.»

Er meint es sicherlich nicht böse, rede ich mir ein. Trotzdem klingen seine Worte wie Hohn in meinen Ohren. Warum hat er daran nicht eher gedacht? Warum kommt er mir erst jetzt mit seiner Fürsorgepflicht? Und wie soll diese Vorbereitung auf die Freiheit überhaupt aussehen? Wenn ich ein paarmal unter der Aufsicht von Beamten die Anstalt verlassen darf, lerne ich dadurch noch nicht, selbständig zu leben und mit Problemen klarzukommen, ohne rückfällig zu werden.

Ich hoffe also weiter darauf, dass der Richter sich traut, mich ohne Vorbereitung zu entlassen.

Vor allem von Seiten der Anstaltsleitung schlägt mir weiterhin pures Misstrauen entgegen. Auch wenn sich Lehrer und Ausbilder für mich einsetzen, auch wenn die Pastoren mich unterstützen und mittlerweile selbst meine Hausleitung moderatere Töne anschlägt: Für die Anstaltsleitung zählt scheinbar vor allem, was die Psychologen von mir denken.

Ein paar Tage nach der Verhandlung bekomme ich eine Einladung von der Industrie- und Handelskammer; ich soll für meine überragende Abschlussprüfung geehrt werden. Mein Ergebnis war das beste, das ein Absolvent meiner Fachrichtung weit über die Region hinaus in diesem Sommer erzielt hat. Dafür soll ich gemeinsam mit anderen Auszubildenden geehrt werden. Ich freue mich über diese Einladung und beantrage, an der Feierlichkeit teilnehmen zu dürfen. Zwar habe ich noch keine Vollzugslockerungen, störe mich aber auch nicht an dem Gedanken, dass mich Beamte begleiten.

Die Anstaltsleitung lehnt meinen Antrag ab. Ich kann es nicht fassen! Es bestünde Fluchtgefahr, heißt es in der Begründung. Was für eine bittere Enttäuschung! Wie war das mit der Vorbereitung auf das Leben nach der Haft? Meine Ausbildung war doch alles, was ich während meiner Haftzeit tun konnte, um mich auf das Leben danach vorzubereiten. Wenn ich nicht die Unterstützung meines Chefs gehabt hätte, wäre mir auch diese Möglichkeit genommen worden. Jetzt wollen mir unvoreingenommene Menschen draußen zeigen, dass sie meine Leistung wertschätzen – aber die Anstaltsleitung bleibt stur bei ihrem Nein.

Es kostet mich noch einmal außerordentliche Mühe, nicht in alte Verhaltensmuster zurückzufallen. Aber anstatt wie früher aggressiv zu reagieren, klage ich jetzt Gott dieses Unrecht. Ich bete, er möge es nicht zulassen, dass ich weiterhin immer nur nach meiner Vergangenheit beurteilt werde.

Doch es bleibt dabei: Ich darf die Anstalt nicht verlassen, um an der Ehrung teilzunehmen. Aber dann meldet sich die Industrie- und Handelskammer bei der Anstaltsleitung. Wenn ich nicht nach draußen kann, wollen sie in die Anstalt kommen und dort die Auszeichnung vornehmen. Dagegen kann die Anstaltsleitung nichts mehr einwenden.

Schließlich findet der Festakt im Klassenraum meines Betriebs statt. Die Vertreter der Industrie- und Handelskammer, mein Ausbilder und meine Lehrer behandeln mich unbeeindruckt von meiner kriminellen Vergangenheit und würdigen einfach die Leistung, die ich als Zerspanungsmechaniker erbracht habe. Das tut mir gut.

Die Zeit vergeht, doch ich bekomme keine Antwort auf meinen Entlassungsantrag. Der erste Schultag verstreicht, und ich bin immer noch in Haft. Ich gebe die Hoffnung trotzdem nicht auf. Ein paar versäumte Unterrichtstage könnte ich bestimmt aufholen. Einer der Gefängnispastoren fährt in die Schule und spricht mit den Lehrern. Ein Schüler aus der Klasse, in der ich schon einen Platz reserviert bekommen habe, erklärt sich bereit, mir regelmäßig seine Unterlagen zu kopieren, damit ich vom Gefängnis aus mitlernen kann.

Eine Woche vergeht, zwei Wochen, drei Wochen, aber nichts passiert. Der Pastor sagt mir zerknirscht: «Ich mache mich lächerlich, wenn ich weiterhin den Kontakt zur Schule halte. Sie müssen sich wohl oder übel damit abfinden, dass Sie in dieses Schuljahr nicht mehr einsteigen können.»

Auch wenn ich es lange nicht wahrhaben will – er hat recht. Mein Traum ist geplatzt. Ich habe alles versucht, aber es sollte nicht sein. Also melde ich mich von der Schule ab.

Mein Chef sagt mir immerhin zu, dass ich bis zu meiner Entlassung weiter im Betrieb arbeiten darf. Aber es fällt mir schwer, mich zu motivieren. Ich frage mich, warum Gott es mir nicht ermöglicht hat, schnell entlassen zu werden. Vielleicht hat er einen besseren Plan für mich, als meinen Wunsch in Erfüllung gehen zu lassen. Es fällt mir nicht leicht, darauf zu vertrauen, aber ich versuche es. Wie könnte ich mich auch jetzt wieder von Gott abwenden? Nein, ich gebe ganz sicher nicht auf.

Ich überlege, wozu ich die restliche Haftzeit nutzen könnte. Muss ich in Haus 1 bleiben? Es gibt zwar noch ein paar Leute hier, mit denen ich mich gut verstehe, aber meine besten Freunde sind weg. Ich stelle also einen Antrag auf Wiederaufnahme in die Sozialtherapie. Schließlich sind die Vorwürfe ausgeräumt, die damals zu meinem Rauswurf geführt hatten. Mittlerweile sehe ich viele Dinge aus meiner Vergangenheit selbstkritischer und habe kein Problem damit, mit den Psychologen darüber zu reden. Und wenn ich tatsächlich noch Vollzugslockerungen bekommen sollte, wäre dort die Personaldecke dichter und ich bekäme öfter die Möglichkeit, in Begleitung eines Beamten die Anstalt zu verlassen.

Mein Antrag wird allerdings abgelehnt. Die Verantwortlichen aus der Sozialtherapie sehen keine Veranlassung, noch einmal mit mir zu arbeiten. Zwar hätte ich einen Freispruch in der Sache erhalten, die zu meinem Rauswurf geführt hatte, doch auch ohne diesen Vorfall sei die Therapie wenig erfolgreich verlaufen; die Anzeige sei nur der letzte Tropfen gewesen, der das Fass zum Überlaufen gebracht habe.

Ich bleibe also in Haus 1. Einen Großteil meiner Freizeit verbringe ich nach wie vor in der Kirche. Ich wähne mich bereits am Ende einer langen Entwicklung und halte mich für so stabil, nicht mehr die alten Fehler zu begehen.

Eines Tages muss ich jedoch schmerzhaft lernen, wie sehr ich mich offenbar überschätzt habe. Ich bin mit einigen anderen Insassen dabei, nach einem Gottesdienst Tische und Stühle wegzuräumen. Wegen einer Kleinigkeit gerate ich in Streit mit einem anderen Häftling. Er steht vor mir und beleidigt meine Mutter. Das ist eine Form der Beleidigung, die kein Häftling auf sich sitzen lassen darf. Ich bin für einen kurzen Moment gar nicht bei mir und verpasse ihm reflexartig eine schallende Ohrfeige.

Buchstäblich mit diesem Schlag, von dem er benommen zurücktaumelt, wird mir bewusst, was ich gerade getan habe. Ich ärgere mich wahnsinnig über meine Reaktion. Warum habe ich mich so provozieren lassen? Ich weiß doch, was jetzt kommt: eine neue Anzeige, wieder in die Absonderungszelle, und meine vorzeitige Entlassung kann ich auch vergessen. Wer soll mir nun noch glauben, dass ich mich verändert habe? Die Psychologen können triumphieren, mich doch richtig eingeschätzt zu haben. Und haben sie damit nicht auch recht?

Ich entschuldige mich bei dem Häftling, sage ihm, dass es mir leidtut. Seine Lippe ist leicht aufgeplatzt, er verschwindet im Waschraum. Ich erzähle dem Pastor, was passiert ist. Er sagt, er müsse meine Hausleitung informieren. Ich kehre ins Haus zurück; dort nimmt ein Beamter meine Aussage zu Protokoll. Wahrscheinlich werde ich gleich in die Absonderungszelle gebracht – aber nichts passiert. Im Gegenteil, man glaubt mir, dass ich aus einem Reflex heraus gehandelt habe und mein Verhalten tatsächlich bedaure. Zum ersten Mal in meiner Haftzeit werden mir Rückschläge in einem Entwicklungsprozess zugestanden. Zum ersten Mal mache ich die Erfahrung, zu meinen Fehlern stehen zu können, ohne dafür bestraft zu werden.

Gleichzeitig bin ich ziemlich ernüchtert, was meine Selbsteinschätzung betrifft. Ich dachte naiverweise, wenn ich Gott in mein Leben ließe, könnte mir so etwas nicht mehr passieren, ich sei von einem Tag auf den anderen gewappnet gegen alle Gefahren. Aber ich stehe wohl erst am Anfang eines langen Weges. Auch wenn ich nicht in böser Absicht gehandelt habe und meine Tat diesmal keine katastrophalen Folgen hatte – weder für das Opfer noch für mich –, wird mir klar, dass ich nach wie vor Dinge tue, die ich eigentlich nicht mehr tun will. Wie kann ich diesen Verhaltensmustern entkommen?

Dann erreicht mich endlich eine Nachricht von meinem Richter. Er könne über meine Entlassung nicht entscheiden, ohne zuvor ein psychologisches Gutachten eingeholt zu haben. Ich gerate in Panik. Nicht schon wieder Kontakt mit einem Psychologen! Psychologen und ich passen einfach nicht zusammen. Warum haben diese Menschen einen solchen Einfluss in der Justiz?

Doch mein Anwalt beschwichtigt mich: «Das ist ein gutes Zeichen. Die Gutachten der Anstaltspsychologen über Sie sind so eindeutig negativ, normalerweise würde kein Richter ein weiteres Gutachten in Auftrag geben. Der Richter muss Ihnen sehr wohlgesinnt sein. Schließlich kostet ein psychologisches Gutachten auch eine Menge Geld. Diese Kosten wären nicht zu rechtfertigen, wenn der Richter Ihnen nicht eine faire Chance geben wollte.»

Was er sagt, beruhigt mich ein wenig, aber ich bleibe trotz allem skeptisch.

Dann bekomme ich Besuch: Es ist eine Psychologin, die offenbar nicht viel mit der Justiz zu tun hat, sie lehrt an einer Hochschule. Zu meiner großen Überraschung ist sie mir von Anfang an sympathisch, weil sie mir freundlich und respektvoll begegnet. Ich habe nicht den Eindruck, dass sie mir Böses will. Sie scheint mir meine positive Entwicklung wirklich abzunehmen und verdächtigt mich nicht, ihr Lügen aufzutischen, um schneller entlassen zu werden. Die Begegnung versöhnt mich tatsächlich etwas mit ihrem Berufsstand. Wenn ihr Urteil ähnlich ausfallen sollte wie der Gesprächsverlauf, dann kann ich weiter auf meine vorzeitige Entlassung hoffen.

Es dauert dann auch gar nicht lange, bis mich die Nachricht erreicht, dass die Psychologin mir wirklich eine günstige Sozialprognose bescheinigt hat.

Irgendwann ruft mich mein Hausleiter wieder zu sich: «Sie dürfen nun in Begleitung die Anstalt verlassen. Dafür müssen Sie allerdings immer einen Beamten finden, der Zeit hat. Außerdem muss jeder Ausgang genehmigt werden.»

Es ist gar nicht einfach, jemanden zu finden, selbst die Pastoren haben nur selten Zeit, mit mir einen Ausgang zu machen. Aber es klappt dann doch endlich. Ich bekomme einen ersten Vorgeschmack auf die Freiheit. Man händigt mir etwas von meinem Geld aus. In der Anstalt lief der Zahlungsverkehr ja stets elektronisch; nun stecken erstmals Euroscheine in meiner Hosentasche – die D-Mark gibt es mittlerweile nicht mehr. Ich kann die Anstalt ohne Handschellen verlassen; der Beamte an meiner Seite trägt Zivilkleidung. In einem neutralen Pkw fahren wir in die Stadt und spazieren durch die Fußgängerzone. Ich könnte leicht fliehen – aber warum sollte ich das tun? Stattdessen genieße ich meine Freiheit, auch wenn sie bislang noch begrenzt bleiben muss. Viereinhalb Jahre habe ich auf diesen Moment gewartet! In wenigen Stunden werde ich wieder in der Anstalt sein. Aber jetzt, in diesem Augenblick, fühle ich mich frei. Nichts unterscheidet mich hier von den Menschen um mich herum. Keiner sieht mir an, woher ich komme. Ich fühle mich zum ersten Mal wie ein ganz normaler Bürger.

Allerdings kann ich die Dinge, die für andere so selbstverständlich sind, ganz sicher viel mehr genießen. Ich kann plötzlich wieder über mein Geld verfügen, ich kann mir einfach einen Kaffee kaufen. Und dieser Kaffee schmeckt hier tausendmal besser als der tägliche Instantkaffee in der Anstalt. Ich sitze im Café, plaudere mit dem Beamten und freue mich darüber, nach so langer Zeit auch wieder junge Frauen zu sehen. Habe ich früher je so viele hübsche Frauen wahrgenommen, oder liegt das daran, dass ich jahrelang fast nur von Männern umgeben war?

Nach dem Kaffee suchen wir ein Bekleidungsgeschäft auf, ich möchte mir noch ein paar Anziehsachen kaufen, die ich dringend brauche. Dann fahren wir wieder zurück ins Gefängnis.

Meine vorzeitige Entlassung kann erst erfolgen, wenn ich einen Arbeitsplatz vorweisen kann. Als Zerspanungsmechaniker mit meinem Abschluss müsste ich eigentlich gute Chancen auf eine Anstellung haben. Mein Chef sucht mir ein Stellenangebot heraus, auf das ich mich bewerbe.

Zu meiner Überraschung werde ich auch tatsächlich zu einem Bewerbungsgespräch eingeladen. Mit einem Beamten fahre ich zum Vorstellungstermin in der Firma. Er bleibt im Auto und lässt mich allein hineingehen. Das Gespräch mit den zwei Angestellten der Firma läuft gut, sie stellen mir den Betrieb und ihre Leistungsanforderungen vor. Mir gefällt, was ich sehe. Dann kommen sie auf meine Bewerbung zu sprechen und gratulieren mir zu meinem hervorragenden Abschluss: «Mit Ihren Leistungen stechen Sie Ihre Mitbewerber ja alle aus. Allerdings haben wir noch nie etwas von Ihrem Ausbildungsbetrieb gehört. Eigentlich kennt in der Branche doch jeder jeden – um was für eine Firma handelt es sich denn?»

Diese Frage trifft mich unvorbereitet. Natürlich informieren sich potenzielle Arbeitgeber darüber, woher die Bewerber kommen. Mein Betrieb gehört zum Gefängnis, deshalb kennen sie ihn nicht. Was soll ich jetzt tun? Ich will den Job unbedingt, aber jetzt zu lügen, wäre kein guter Start.

Wahrheitsgemäß antworte ich also: «Ich sitze derzeit noch im Gefängnis eine Haftstrafe ab und habe dort auch meine Ausbildung gemacht.»

«Wann könnten Sie denn anfangen zu arbeiten?», fragt man mich scheinbar unbeeindruckt.

«Zunächst brauche ich die Zusage, dass ich einen Arbeitsplatz habe», erkläre ich ihnen. «Dann könnte es ganz schnell gehen mit der Entlassung; einen festen Termin kann ich Ihnen allerdings nicht versprechen.»

Sie bedanken sich für meine Offenheit und sagen, sie würden sich bei mir melden.

Zurück in der Anstalt, hoffe ich sehr, dass es klappen wird, bezweifle aber bald, dass meine Leistungen und meine Offenheit ausgereicht haben, um die Stelle tatsächlich zu bekommen. Ich brauche einen Job, um entlassen zu werden, aber ich kann der Firma nicht sagen, ab wann ich zur Arbeit erscheinen kann, weil ich noch gar nicht entlassen bin. Da beißt sich die Katze in den Schwanz.

Der Betrieb meldet sich nach einigen Tagen tatsächlich bei mir. Man bittet mich noch einmal zu einem Gespräch. Damit habe ich fast nicht mehr gerechnet – was kann das bedeuten, außer, dass sie mir den Job geben wollen? Oder ich zumindest in der engeren Wahl bin? Voller Vorfreude fahre ich erneut hin. Der Beamte wartet wieder im Auto, man empfängt mich. Es sind die gleichen Gesprächspartner wie beim ersten Mal.

«Wir müssen zugeben, dass die Bewerbung eines Häftlings eine neue Situation für uns war», eröffnen sie die Unterhaltung. «Deshalb mussten wir bei Ihnen länger überlegen als bei anderen Bewerbern. Ihre Zeugnisse haben aber für Sie gesprochen. Außerdem wollten wir Ihnen nicht absagen, nur weil Sie im Gefängnis sitzen. Deshalb haben wir weitere Informationen über Sie eingeholt.» Sie drucksen ein bisschen herum. «Aufgrund dieser Informationen sehen wir uns allerdings nicht in der Lage, Sie hier zu beschäftigen. Wir wollten es Ihnen persönlich sagen, denn diese Fairness haben Sie sich unserer Meinung nach verdient. Aber nachdem wir erfahren hatten, dass Sie ein rechtsextremistisch motiviertes Tötungsdelikt begangen haben, mussten wir uns gegen Sie entscheiden.»

Ich bin schockiert. Woher wissen sie das? Das kann doch nicht sein! Andererseits: Jeder hier in der Gegend kennt jemanden, der im Gefängnis arbeitet. Da ist es sicher nicht schwer herauszufinden, warum ich in Haft bin. Das ist bitter. Da habe ich meine Ausbildung beendet, den besten Abschluss, den ich mir wünschen kann, und bekomme doch keine Chance, weil meine Vergangenheit mich immer wieder einholt.

Verstört verlasse ich das Gebäude und fahre frustriert ins Gefängnis zurück.

Nach dieser Erfahrung bin ich mir nicht mehr sicher, ob ich je einen Job finden kann, den ich doch so unbedingt brauche, um vorzeitig entlassen zu werden. Außerdem geht es ja sowieso nur noch um wenige Monate, bis das neue Schuljahr anfängt. Ich will meinen Gesprächspartnern keine Lügen auftischen – ich brauche doch nur einen Job für die Übergangszeit. Ich frage meinen Chef und meine Lehrer, ob sie mir vielleicht irgendwo ein Praktikum vermitteln könnten.

Mit Erfolg, denn einer meiner Lehrer spricht mich kurz darauf an: «Ich habe eine Firma gefunden, die Sie nehmen würde. Der Personalchef weiß über Ihre Situation Bescheid. Er stellt Sie als Praktikanten an, kann Ihnen allerdings kein Gehalt zahlen. Aber in dieser Zeit würden Sie vom Arbeitsamt Geld bekommen. Das ist bei solchen Praktika möglich.»

Wenn mein Weg in die Freiheit so aussehen soll, dann werde ich ihn eben so gehen, beschließe ich. Eine Beschäftigung habe ich also schon mal. Nun brauche ich nur noch eine Wohnung.

In Hameln gibt es einen Verein, der als ambulante sozialpädagogische Einrichtung Entlassenen bei der Wiedereingliederung hilft. Ich wende mich dorthin, weil ich weiß, dass er auch Wohnungen vermittelt. Der Verein arrangiert für mich ein Gespräch mit einer Vermieterin. Ich beantrage einen begleiteten Ausgang für den betreffenden Nachmittag.

Nach der Arbeit gehe ich duschen, ziehe mich um und warte darauf, dass ich abgeholt werde. Die Zeit wird langsam knapp. Ich werde nervös, gehe zur Sprechanlage und frage nach. Alle Beamten seien beschäftigt, teilt man mir mit.

Das kann doch nicht wahr sein! Ich habe den Ausgang vor Tagen beantragt. Man muss mir doch ermöglichen, mich um die für meine Entlassung notwendigen Dinge zu kümmern! Auch eine erneute Nachfrage bringt nichts. Ich bin wütend und schreibe eine Beschwerde. Mein Hausleiter ruft mich daraufhin zum Gespräch und erklärt mir, dass wirklich niemand Zeit gehabt habe und auch meine Beschwerde daran nichts ändern könne. Er fordert mich auf, sie zurückzuziehen. Ich weigere mich. Damit mache ich mir keine Freunde, aber ich kann es auch nicht hinnehmen, so behandelt zu werden.

Die einzige Folge meiner Beschwerde ist natürlich, dass nun erst recht kein Beamter mehr Lust hat, Ausgänge mit mir zu machen. Das ist mir aber mittlerweile egal. Ob ich nun noch dreimal mit einem Beamten einen Kaffee trinken gehe oder nicht, ist unerheblich.

Ich bringe schließlich in Erfahrung, dass der Verein auch über eigenen Wohnraum verfügt. Dann miete ich mich eben dort ein, beschließe ich. Um das in die Wege zu leiten, brauche ich auch keinen Ausgang.

Endlich habe ich alles geklärt. Ich kann dem Richter einen Job nachweisen und eine Wohnung. Mein Bewährungshelfer hat mich auch schon besucht. Endlich steht meiner vorzeitigen Entlassung nichts mehr im Wege. Ich bekomme ein Schreiben vom Amtsgericht: Von meinen sechzig Monaten Jugendstrafe bekomme ich nur sechzig Tage zur Bewährung ausgesetzt.

Trotzdem freue ich mich. Vor einem Jahr hat man mir noch gesagt, dass ich die nächsten Jahre in Haft verbringen müsse und nicht einmal innerhalb der Anstalt verlegt werden könne. Und jetzt habe ich es geschafft. Da steht es schwarz auf weiß: Ich werde vorzeitig entlassen. Ich bin überglücklich.

Bald darauf steht der Termin fest, und ich gehe davon aus, sogar ein paar Tage früher herauskommen zu können. Vor einiger Zeit gab es eine Gesetzesänderung, um Kosten einzusparen. Durch regelmäßiges Arbeiten im Gefängnis konnte ich mir einige Tage verdienen, die ich entweder als bezahlten Urlaub nehmen oder mir von meinem Entlassungstermin abziehen lassen darf. Bezahlter Urlaub interessiert mich nicht. Warum sollte ich noch einen Tag länger als nötig in meiner Zelle herumsitzen wollen? Ich will jede Stunde in Freiheit nutzen.

Die Hausleitung lehnt ab, weil ich dadurch vor einem langen Wochenende entlassen werden würde, was man nicht verantworten könne. Obwohl sie das eigentlich nicht dürfen, behalten sie mich also übers Wochenende in Haft. Es ist nicht zu ändern.

Die paar Tage machen mir nach fast fünf Jahren Haft jetzt auch nicht mehr viel aus.

Das letzte Jahr war alles andere als einfach, ich musste viele Enttäuschungen wegstecken. Aber ich habe durchgehalten. Gegen alle Erwartungen habe ich es tatsächlich geschafft.

Ich weiß allerdings auch, dass das nicht allein mein Verdienst ist. Wenn Gott nicht an meiner Seite gewesen wäre und ich mich nicht durch ihn auf einen anderen Weg begeben hätte, wären mir die Türen, die sich jetzt öffnen, weiter verschlossen geblieben.

Freiheit

Mein letzter Tag im Gefängnis! Vor lauter Vorfreude habe ich in dieser Nacht kaum geschlafen und bin früh aufgestanden. Ich ziehe meine neuen Kleidungsstücke an und warte auf den Beamten, der mir zum letzten Mal die Zelle aufschließen wird. Meine Sachen habe ich schon am Vorabend gepackt; jetzt muss ich nur noch das Bett abziehen.

Als ich am Fenster stehe und meinen Kaffee trinke, steigt die Sonne gerade über die Gefängnismauer. Dieses Bild gefällt mir: die grauen Steine mit dem Stacheldraht darauf, und der Sonne ist das egal. Sie scheint hell und warm.

Der Beamte kommt und entriegelt die Türschlösser. Ich weiß, dass ich noch ein paar Stunden warten muss, bis ich entlassen werde, aber ich verabschiede mich schon einmal von meinen Mithäftlingen. Ein letztes Mal plaudere ich mit ihnen, die so lange meine Wegbegleiter waren. Ich bin mit Abstand der «dienstälteste» Häftling hier im Haus. Alle gönnen mir die Entlassung, auch wenn sie neidisch sind; das Gefühl kenne ich selbst sehr gut. Hunderte Entlassungen habe ich erlebt; jetzt bin endlich ich an der Reihe. Die anderen wissen, wie ernst ich es meine mit einem Neuanfang und wünschen mir dafür alles Gute. «Vergiss uns nicht!», geben sie mir noch mit.

Ich darf noch einmal in meinen Betrieb gehen, um auch dort Abschied zu nehmen. Beim letzten Einkauf habe ich eine Torte und frisch gemahlenen Kaffee für die Kollegen gekauft. Zu den meisten von ihnen hatte ich ein gutes Verhältnis, und besonders meinem Chef verdanke ich viel – der Ausbildungsabschluss ist schließlich das Einzige, was mir nach fünf Jahren Haft helfen wird, ein neues Leben aufzubauen. Es ist mir wichtig, meine Dankbarkeit zu zeigen und mit den Kollegen meinen Abschied zu feiern. Sie sollen auch einen Grund haben, sich zu freuen, obwohl sie selbst noch auf ihre Entlassung warten müssen. Wir essen und trinken, reden noch einmal über die Höhen und Tiefen, die wir gemeinsam erlebt haben, und verabschieden uns dann, wünschen uns gegenseitig alles Gute. Mein Chef bringt mich zurück in mein Haus.

Ich hole meine Sachen aus der Zelle, fege noch einmal durch, ein Beamter kontrolliert, ob tatsächlich alles sauber ist. Dann sage ich den diensthabenden Beamten «Tschüs».

Einer ruft: «Auf Wiedersehen.»

«Nein», erwidere ich, «jedenfalls nicht hier.»

«Ich traue es Ihnen zu, dass Sie es draußen schaffen», meint er. «Nutzen Sie Ihre Chance!»

Das werde ich bestimmt tun. Mir reicht es, meine komplette Jugend im Gefängnis verbracht zu haben. Den Rest meines Lebens will ich frei sein.

Ein anderer Beamter begleitet mich zur Kleiderkammer. Ich gebe meine Bettwäsche, die Handtücher und sämtliche anderen Kleidungsstücke ab, die ich von der Anstalt bekommen habe. Jetzt besitze ich nur noch zwei große Tüten mit privater Kleidung, ein paar Bücher und ein Kassettenradio – zwei Hände voll, das ist alles, was ich mitnehme. Ich bekomme meinen Personalausweis; er ist noch relativ neu, ich habe ihn bei einem begleiteten Ausgang abgeholt. Und endlich bekomme ich mein Geld ausgezahlt. Ein wenig konnte ich von meinem Häftlingslohn zusammensparen, aber wenn ich daran denke, was ich in den nächsten Monaten werde anschaffen müssen, dann weiß ich: Ich werde sparsam leben müssen. Als Letztes erhalte ich meinen Entlassungsschein. Den soll ich in den ersten Wochen immer bei mir tragen, heißt es.

Endlich öffnet sich die Tür in die Freiheit für mich! So lange habe ich diesen Moment herbeigesehnt. Überwältigende Euphorie stellt sich trotzdem nicht ein, ich habe gar keine Zeit, meine neu gewonnene Freiheit ausgiebig zu feiern. Es gibt eine Menge Dinge, die ich erledigen muss. Schließlich bin ich jetzt für mich selbst verantwortlich, während ich mich im Gefängnis um nichts kümmern musste. Genau genommen trage ich jetzt zum ersten Mal selbst die Verantwortung für mein Leben. Als Jugendlicher hatte ich ja außer der Schule nicht viele Verpflichtungen. Zum Glück stehe ich nicht ganz allein vor den neuen Aufgaben, der sozialpädagogische Verein, der sich hier in Hameln um Ex-Häftlinge kümmert, wird auch mich unterstützen.

Ich kann mich nicht mehr daran erinnern, inwieweit meine Familie über meine Entlassung informiert war – jedenfalls holt mich keiner von ihnen ab. Wieder zu Hause zu wohnen, ist für mich aber ohnehin keine Option. Ich will ein neues Leben beginnen, und das würde mir in Eschede nicht gelingen.

Damit ich von dem Verein eine Wohnung bekommen konnte, musste ich mich bereiterklären, mich von Mitarbeitern dieser Einrichtung begleiten zu lassen. Das schränkt mich zwar etwas ein, und an Einschränkungen hatte ich in den letzten Jahren viel zu viele. Dennoch bin ich froh, jetzt nicht ganz allein dazustehen. Karl-Heinz holt mich vom Gefängnis ab, ich lade meine Habseligkeiten in den Kofferraum seines Autos, und wir fahren los.

Unter uns Häftlingen hieß es immer, man dürfe sich nicht umdrehen, wenn man entlassen werde. Wer zurückschaue, käme wieder ins Gefängnis zurück – ganz wie in der Erzählung von Lot und seiner Frau im Alten Testament. Ich überlege kurz, ob ich mich an diese Regel halten soll. Es ist doch nur Aberglaube. Ich bin fest davon überzeugt, dass mir dieser

Aberglaube nicht zum Verhängnis werden wird. Ich drehe mich also um und schaue zurück. Die Anstalt erscheint mir immer noch genauso hässlich wie bei meiner Inhaftierung. Wie froh bin ich, sie jetzt endlich hinter mir zu lassen! Da drin erlebte ich die schlimmsten Jahre meines Lebens, diese Zeit hat mich geprägt. Aber ich habe dort eine entscheidende Entwicklung durchgemacht.

Die Anstalt wird im Rückspiegel immer kleiner. Die bisher unüberwindlichen Mauern verlieren ihren Schrecken. Ich wende meinen Blick nach vorn, schaue durch die Windschutzscheibe auf ganz andere Dinge. Mir gefällt die Welt, die ich entdecke: Wald und Felder, blauer Himmel, eine Weite, die nur noch vom Horizont begrenzt wird – weder Mauern noch Stacheldraht.

Mit Karl-Heinz bespreche ich die nächsten Schritte: Zunächst muss ich die notwendigen Ämtergänge hinter mich bringen. Schön ist das nicht – lange Wartezeiten, ein Weg durch die Bürokratie. Ich bin froh, dass mein Betreuer sich mit all diesen Verfahren auskennt. Allein hätte ich dafür deutlich länger gebraucht. Ganz abgesehen davon, dass ich all die Gebäude erst hätte finden müssen. Zu Fuß wäre das sicher auch kein Spaß gewesen; mit dem Auto geht es natürlich schneller. Zuerst muss ich mich ummelden, was im Bürgerbüro noch relativ einfach geht. Beim Arbeitsamt wird es dann schon komplizierter. Bei all den Anträgen und den verschiedenen Stationen, die ich abklappern muss, hätte ich allein schnell die Orientierung verloren.

Außerdem muss ich eine Krankenversicherung abschließen, denn als Häftling war ich nicht krankenversichert. Für mein Praktikum brauche ich schließlich noch einen Sozialversicherungsausweis. Davon habe ich noch nie etwas gehört. Die Beantragung erweist sich als kompliziert. Ich habe die letzten fünf Jahre gearbeitet, allerdings ohne rentenversichert zu sein oder Rentenansprüche zu erwerben, und auch die Unterlagen, die ich vom Gefängnis erhalten habe, um meine Arbeitszeit nachzuweisen, stellen die Sachbearbeiterin vor einige Probleme.

Die notwendigen Behördengänge haben einige Stunden in Anspruch genommen, Karl-Heinz möchte langsam Feierabend machen. Er spricht nur noch kurz die weiteren Termine mit mir ab und bringt mich dann in meine Wohnung. Darin stehen eine Einbauküche und ein Bett, das ist schon alles. Um die Wohnungseinrichtung habe ich mir noch gar keine Gedanken gemacht. Ich werde mir einiges anschaffen müssen.

Karl-Heinz übergibt mir die Schlüssel und verabschiedet sich. Es ist seltsam, die Schlüssel zu meiner eigenen Wohnung in Händen zu halten. Ich kann meine Tür jetzt einfach aufmachen, wenn ich will, und bräuchte nicht einmal abzuschließen, denn etwas Wertvolles, das mir gestohlen werden könnte, besitze ich nicht. Es ist mir relativ egal, ob ein Fremder mein neues Zuhause betreten kann. Für mich ist entscheidend, dass ich jederzeit hinausgehen kann.

Das tue ich auch gleich und gehe zur nächsten Telefonzelle. Ari, einer der externen Auszubildenden aus dem Anstaltsbetrieb, hat mir seine Handynummer gegeben. Ich solle ihn anrufen, sobald ich Zeit hätte. Er weiß, dass ich denkbar schlecht ausgerüstet bin, deshalb hat er sich schon Gedanken gemacht, wo wir hinfahren können, um die nötigen Dinge einzukaufen.

Er holt mich ab, und ich bin so froh, jemanden an meiner Seite zu haben, der sich um mich kümmert. Wenn ich mir überlege, dass ich all die Geschäfte erst einmal ausfindig machen müsste – mich würde das überfordern.

Als Erstes kaufe ich mir ein Handy. Ari sagt, ein einfaches Prepaid-Handy würde völlig ausreichen. Ich muss mir sämtliche Funktionen erklären lassen, denn vor meiner Inhaftierung waren Handys noch kaum verbreitet, im Gefängnis waren sie komplett verboten, und jetzt komme ich mir vor wie ein Rentner, der mit den technologischen Entwicklungen der letzten Jahre nicht mehr mitkommt.

Dann besorgen wir all die anderen Dinge, die ich für den Haushalt brauche. Ich versuche mich auf das absolut Notwendige zu beschränken: Töpfe, eine Pfanne, Kleinkram, Handtücher und Reinigungsmittel, dazu noch Lebensmittel und Toilettenartikel für die nächsten Tage. An der Kasse merke ich, dass man nicht nur im Gefängnis aufpassen muss, nicht betrogen zu werden – das Topfset ist viel teurer als ausgeschildert. Der Verkäufer erklärt mir, es gebe verschiedene Angebote, und dieses sei eben teurer. Ich bin mir zwar sicher, dass der Karton unter dem günstigeren Preisschild stand, bezahle aber trotzdem den höheren Preis. Beim nächsten Mal werde ich besser aufpassen.

Ari fährt mich nach dem Einkaufen wieder nach Hause und sagt, ich solle mich melden, wenn mir die Decke auf den Kopf fiele. Ich bin froh, ein paar Leute zu kennen und nicht ganz allein anfangen zu müssen. Manche Dinge sind doch schwieriger, als ich mir vorgestellt habe, schon die Überbrückung der Distanzen stellt ein Problem dar. Wie gut ist es, Leute zu kennen, die mich fahren können. Diese Welt hier draußen ist eine ganz andere als die, die ich gewohnt bin. Ich muss vieles erst lernen und werde wohl etwas brauchen, um mich allein zurechtfinden zu können.

Nach dem Abendessen mache ich einen Spaziergang; darauf habe ich mich schon lange gefreut. Endlich habe ich wieder die Freiheit, so weit zu gehen, wie ich möchte! Im Gefängnis konnte ich immer nur wenige Schritte machen, bis ich wieder vor einer verschlossenen Tür stand. Wenn mir dann niemand aufschloss, kam ich nicht weiter. Jetzt genieße ich meinen Freiraum.

Ich habe Zeit und will die Stadt kennenlernen. Stundenlang laufe ich durch die Straßen. Während der Haft hatte ich manchmal befürchtet, meinen Orientierungssinn eingebüßt zu haben, aber ich finde mich überraschend gut zurecht, merke mir wichtige Wege und entdecke Geschäfte, die ich in den nächsten Tagen aufsuchen will. Schließlich stoße ich ganz in der Nähe meiner Wohnung auf eine Kirche. Ich sehe mir den Schaukasten an, merke mir die Gottesdienstzeiten und nehme mir vor, am Sonntag dorthin zu gehen. Es ist eine Freikirche, eine Baptistengemeinde. Einige der Ehrenamtlichen, die ich im Gefängnis kennengelernt habe und die mich sehr beeindruckt haben, kamen aus Freikirchen. Ich bin gespannt, wie mir der Gottesdienst gefallen wird. Im Gefängnis habe ich die Gottesdienste immer gern besucht, aber sie waren auch speziell auf uns Häftlinge zugeschnitten.

Mein erster Tag in Freiheit geht zu Ende. Besonders spektakulär kommt er mir im Rückblick nicht vor. Aber eigentlich ist es ja genau das, was ich will: ein ganz normales Leben. Vom Ausnahmezustand habe ich genug. So wie es ist, bin ich zufrieden.

Am nächsten Tag geht es zur Arbeit. Die Firma liegt in einem Nachbarort; ich kaufe mir ein Monatsticket und fahre mit dem Zug hin. Mein Chef meint: «Ich habe Sie schon gestern erwartet. Ich habe in der Anstalt angerufen, aber dort konnte man mir nicht sagen, warum Sie nicht zur Arbeit gekommen sind.»

«Das tut mir leid», entschuldige ich mich. «Ich wurde erst im Laufe des Vormittags entlassen und musste mich um meine Papiere kümmern.»

Damit ist die Sache zwar geklärt, aber dieser Start ist mir unangenehm. Wahrscheinlich lassen sich solche oder ähnliche Situationen nach einer Haftzeit nicht gänzlich vermeiden, aber ich möchte auf keinen Fall als unzuverlässig gelten.

Meine neue Arbeit unterscheidet sich sehr von der in meinem Ausbildungsbetrieb. Ich bin nicht mehr für komplette Fertigungsverfahren zuständig, sondern nur noch für die Bedienung der Dreh- und Fräsmaschinen. Die übrigen Arbeitsschritte erledigen andere. Dafür muss ich nun mehrere Maschinen gleichzeitig bedienen. Aber ich bin gut ausgebildet und gewöhne mich schnell an die neue Arbeitsweise.

Woran ich mich weniger schnell gewöhne, ist das Betriebsklima. Ich habe jetzt deutlich mehr Kollegen, aber es wird viel weniger geredet. Im Gefängnis waren wir ständig miteinander im Gespräch. Hier wird nur das Allernötigste gesagt, ansonsten geht jeder seiner Arbeit nach. Ich erschrecke, als ich merke, dass es in den Pausen noch schlimmer wird: Jeder holt seine Brotdose und Thermoskanne heraus, manche lesen Zeitung – aber niemand unterhält sich. Das irritiert mich, und ich fühle mich unwohl.

Schließlich gewöhne ich mich auch daran, bin allerdings dankbar, dass ich hier nur wenige Wochen werde arbeiten müssen. Das könnte ich mir auf Jahre hinaus nicht vorstellen. Die Arbeit wäre okay, aber dieses Schweigen ist nichts mehr für mich – ganz im Gegensatz zu früher. Es macht doch viel mehr Spaß, wenn man sich austauschen kann und ab und zu auch gemeinsam lacht.

Nach der Arbeit fahre ich nach Hause. Ich will duschen und stelle fest, dass der Boiler nicht funktioniert – es gibt nur kaltes Wasser. Ich rufe Ari an, schildere ihm mein Problem, und er bietet mir an, ich könne zu ihm kommen. Er holt mich ab, und ich werde anschließend sogar noch zum Essen eingeladen, was ich wirklich nett von ihm und seiner Familie finde. Es tut mir gut, mich so willkommen zu fühlen.

Zu zweit gehen wir später noch in die Stadt. Zum ersten Mal seit langer Zeit sitze ich wieder in einer Kneipe. Es ist ungewohnt, keinen Alkohol zu bestellen, aber es fällt mir nicht schwer. Ich muss daran denken, dass ich früher oft derjenige war, der am meisten von allen getrunken hat. Diese Zeiten scheinen mir eine Ewigkeit zurückzuliegen.

Am nächsten Tag berichte ich nach der Arbeit Karl-Heinz von dem defekten Boiler in meiner Wohnung.
«Das tut mir leid», entgegnet er. «Leider kann der Boiler erst in einigen Tagen repariert werden. Aber Sie müssen nicht in der Wohnung bleiben, wenn Sie nicht möchten. In unserem Vereinshaus gibt es möblierte Apartments; eines davon ist zurzeit frei, Sie könnten sofort einziehen.»
Mir gefällt die Vorstellung zwar nicht, dorthin zu ziehen. Ich will mir ja endlich ein wenig Selbständigkeit aufbauen. Aber der Wohnungswechsel bedeutet auch, dass ich dort die Waschmaschine mitbenutzen kann und mir zunächst keine Möbel anschaffen muss. Ich stimme also zu und beziehe das Apartment.
Ich melde mich bei meinem Bewährungshelfer. Er ist froh, mich von dem Verein so gut betreut zu wissen, denn er muss sich um so viele Ex-Häftlinge kümmern, dass er sich kaum genug Zeit für mich hätte nehmen können. Wie er mir wohl helfen will, wenn ich ernsthafte Probleme bekäme, mit denen ich nicht allein fertigwürde?

Die erste Woche ist vorbei, und ich bin bereits zum zweiten Mal umgezogen. Die neue Wohnung liegt zwar in einem ganz anderen Stadtviertel, aber ich habe mir trotzdem vorgenommen, in der Gemeinde zum Gottesdienst zu gehen, die ich bei meinem ersten Spaziergang in Freiheit entdeckt habe. Am Sonntagmorgen ist schönes Wetter, und ich mache mich zu Fuß auf den Weg. Das Hemd, das ich trage, ist etwas verknittert, weil ich noch kein Bügeleisen habe. Aber das wird schon nicht so schlimm sein, denke ich.

Ein paar Minuten vor Gottesdienstbeginn treffe ich ein und suche mir einen freien Platz. Der Raum macht einen gemütlichen Eindruck, er ist mit Teppich ausgelegt, die Stühle sind gepolstert. Ich kenne zwar die meisten Lieder nicht, die während des Gottesdienstes gesungen werden, aber ich fühle mich aufgehoben, auch die Predigt gefällt mir.

Nach dem Gottesdienst sehe ich mich ein wenig um. Im Vorraum liegen verschiedene Informationsblätter und Hefte aus, und als ich sie mir anschaue, kommt eine Frau mittleren Alters auf mich zu.

Sie begrüßt mich freundlich: «Guten Tag. Verzeihen Sie die Frage, aber ich sehe Sie heute zum ersten Mal hier. Sind Sie neu in der Stadt?»

«Ja, das bin ich», nicke ich. «Ich wohne erst seit einer Woche hier und bin bei einem Spaziergang auf Ihre Gemeinde gestoßen.»

«Wie hat Ihnen denn unser Gottesdienst gefallen?»

«Danke, gut, ich habe mich bei Ihnen sehr wohlgefühlt.»

«Wenn Sie neu in der Stadt sind, wäre es doch vielleicht ganz schön, Anschluss an Gleichaltrige zu bekommen. Einige Mitglieder der Jugendgruppe sind etwa in Ihrem Alter.»

Sie winkt den Leiter der Jugendgruppe heran, und wir kommen miteinander ins Gespräch. Ich finde ihn sympathisch, und eigentlich ist eine solche Gruppe genau das, was ich jetzt brauche. Er zeigt mir die Räume, in denen sich die Jugendlichen treffen, und nennt mir den nächsten Termin. Wir stehen jetzt etwas abseits von den anderen Gottesdienstbesuchern.

«Woher kommen Sie denn?», fragt er mich.

Bisher hat die Gemeinde einen sehr offenen und herzlichen Eindruck auf mich gemacht, und auch mein Gesprächspartner vermittelt mir das. Also werde ich wohl ruhig sagen können, wo ich die letzten Jahre verbracht habe. Wenn ich mich tatsächlich dieser Gemeinde anschließen will, dann muss ich es sowieso irgendwann erzählen. Und wenn ich es jetzt nicht tue, wird es im Nachhinein sicher immer schwieriger. Ich antworte also: «Ich wurde gerade aus dem Gefängnis entlassen. Ich habe während der Haft zum Glauben gefunden und suche nun eine Gemeinde.»

Er weicht keinen Schritt zurück, verzieht nicht einmal das Gesicht, sondern lächelt mich einfach weiter an. «Ich freue mich, dass Sie diesen Weg für sich entdeckt haben. Sie sind in unserer Gemeinde und auch in unserer Jugendgruppe herzlich willkommen. Es wäre schön, wenn Sie beim nächsten Treffen dabei wären. Und wenn Sie Probleme haben oder Ihnen langweilig ist, können Sie sich jederzeit bei mir melden.»

Wir tauschen unsere Telefonnummern aus, und ich gehe wieder nach Hause.

Auf dem Weg nach Hause bin ich ganz beschwingt: Da gehe ich einmal zum Gottesdienst und werde gleich derart freundlich aufgenommen – richtig schön. Wenn ich jetzt noch Anschluss an die Jugendgruppe bekomme, habe ich schon viel erreicht, denn ich werde Menschen um mich herum brauchen. Wenn es dann auch noch Menschen sind, die meinen Glauben teilen, umso besser! Ich bin gespannt auf die anderen, denn ich hege durchaus ein paar Vorurteile gegenüber christlichen Jugendlichen. Sie haben mir bisher immer einen etwas weltfremden Eindruck gemacht – aber ich komme im Grunde genommen ja auch aus einer ganz anderen Welt, vielleicht passt das ganz gut.

Langsam werde ich mobiler. Bisher musste ich alle Strecken zu Fuß bewältigen, wenn mich niemand fahren konnte, entsprechend klein war mein Bewegungsradius. Nun bekomme ich mein Fahrrad zurück; ich hatte es, als ich noch in Haft war, bei einem Pastor untergebracht. Jetzt kann ich nachmittags nach der Arbeit kleine Touren ins Umland machen. Das Weserbergland ist wirklich schön; es tut mir gut, in der freien Natur zu sein. Weit und breit kein Beton, kein Stacheldraht, keine Gitter und keine Kameras. Einfach nur die Schöpfung und ich. Ich genieße diese einsamen Ausflüge, habe das Gefühl, mich ab und zu zurückziehen zu müssen, um all die neuen Eindrücke sortieren zu können.

Im Gefängnis habe ich mir immer vorgestellt, wie schön es wäre, so frei durch die Landschaft fahren zu können. Dort war ich nur von Grau und Enge umgeben. Ich bin dankbar, mein Leben jetzt so gestalten zu können.

Am nächsten Freitagabend mache ich mich auf den Weg zur Jugendgruppe; ich bin sehr gespannt auf die Teilnehmer. Gleich auf den ersten Blick stelle ich fest: Es sind eher junge Erwachsene, die zu dieser Gruppe gehen, also passe ich altersmäßig ganz gut hierher. Von Anfang an sind die jungen Männer und Frauen alle sehr aufgeschlossen mir gegenüber und geben mir das Gefühl, willkommen zu sein. Als ich in der Vorstellungsrunde kurz von meiner Haft erzähle, interessieren sie sich sehr dafür, wie ich im Gefängnis zu Gott gefunden habe – für mich eine angenehme Überraschung, dass hier meine positive Entwicklung im letzten Jahr viel stärker im Vordergrund steht als die weniger schönen Dinge, die mein Leben bis dahin geprägt haben.

Ich hatte befürchtet, es würde lange dauern, bis man mir wirklich vertrauen könnte, hatte man im Gefängnis doch immer wieder betont, dass die Menschen draußen uns keine neue Chance geben würden. Einmal Verbrecher, immer Verbrecher – so einfach sei das für die meisten. Aber jetzt spüre ich sofort eine Verbindung zu den anderen, trotz unserer unterschiedlichen Lebensläufe: Wir glauben alle an denselben Gott.

Ganz klischeefrei geht der Nachmittag dann aber doch nicht vorbei: Es wird Tee ausgeschenkt, und wir singen Lieder zur Gitarre. Darüber muss ich etwas schmunzeln – aber es gefällt mir.

Nach einer Andacht und einem gemeinsam Gebet endet die Runde. Die anderen erzählen mir, dass sie im Anschluss oft noch etwas Zeit gemeinsam verbringen. Ob ich Lust hätte, mitzukommen? Sie wollen gleich noch einen Burger essen gehen. Die Vorstellung, mit anderen jungen Leuten etwas zu unternehmen, bei dem die Gemeinschaft im Vordergrund steht und nicht der Alkohol- oder Drogenkonsum, klingt verlockend, also sage ich zu.

Auch in den nächsten Wochen besuche ich am Sonntag den Gottesdienst und gehe am Freitag zur Jugendstunde. Durch eine beifällige Bemerkung haben die anderen Jugendlichen mitbekommen, dass mein Geburtstag ansteht, und fragen mich, ob ich mit ihnen feiern wolle. Ich müsse mich auch um nichts kümmern. Sie wollen mir die Feier schenken, weil sie mich mögen. Einfach so.

So viel Aufmerksamkeit und Zuwendung bin ich gar nicht gewöhnt – ich war doch immer derjenige, der Probleme machte und Regeln brach! Und jetzt lerne ich hier auf einmal Menschen kennen, die sich die größte Mühe geben, mir das Einleben zu erleichtern. Sie tun das ohne Hintergedanken, ohne es mir in irgendeiner Form schuldig zu sein.

Ich habe an einem Dienstag Geburtstag, und obwohl die anderen auch arbeiten oder zur Schule gehen, kommt die ganze Gruppe abends zur Feier. Wir unterhalten uns, jemand holt die Gitarre raus, wir singen gemeinsam. Ich kann mich nicht daran erinnern, jemals einen so schönen Geburtstag gehabt zu haben.

Kurz nach meinem Geburtstag organisiert die Jugendgruppe eine besondere Aktion. Alle leben eine Woche lang in den Gemeinderäumen, jeder geht weiter seinen Verpflichtungen nach, aber die gesamte Freizeit verbringt man gemeinsam dort. Ihrer Meinung nach ist das die perfekte Gelegenheit für mich, die anderen noch besser kennenzulernen und richtig in die Gruppe hineinzufinden. Ich bin zunächst etwas unsicher, aber nachdem bisher alle so nett zu mir waren, fasse ich Vertrauen und mache mit – trotz meiner Angst, mich dort als Fremdkörper zu fühlen.

Gott sei Dank gestalten sich diese Tage dann auch ganz anders als das Familienleben, das ich bislang gekannt habe, oder das erzwungene Miteinander im Gefängnis. Ich muss zwar morgens relativ früh zur Arbeit, aber es gibt noch ein paar andere, denen es genauso geht, also frühstücken wir gemeinsam, tauschen uns dabei aus – ein guter Start in den Tag. Ich fühle mich angenommen in dieser Großfamilie auf Zeit.

Wenn ich nachmittags zurückkomme, sind immer ein paar Leute da. Wir spielen zusammen, machen Sport, unterhalten uns oder schauen Filme. Natürlich muss jeder mithelfen, vor allem beim Zubereiten der Mahlzeiten, dem anschließenden Abwaschen usw., aber gemeinsam ist das weniger Aufwand, als wenn ich es für mich allein machen müsste.

Ich finde dadurch tatsächlich einen viel intensiveren Anschluss an die Gruppe und fühle mich in dieser Woche sehr wohl. Außerdem mache ich hier eine weitere kostbare Erfahrung: In den Schlafräumen hat jeder die Tasche mit seinen Klamotten neben die Luftmatratze gestellt, auf der er schläft. Als ich eines Nachmittags lesend auf meiner Matratze liege, gehen zwei andere hinaus, um Tischtennis zu spielen. Ich registriere, dass sie ihre Portemonnaies und Handys einfach auf ihren Schlafsäcken liegen lassen. Das finde ich unglaublich! Ich saß zwar nicht wegen Diebstahl im Gefängnis, aber mit so viel Vertrauen mir gegenüber hätte ich nicht gerechnet. Im Gefängnis wurde immer das Schlimmste von mir erwartet – hier gibt es offensichtlich überhaupt keine Bedenken, dass ich irgendwas anstellen könnte. Ich bin unglaublich dankbar für diese Gemeinde und diese Jugendgruppe, zumal ich nicht einmal suchen musste, um auf sie zu stoßen. Wahrscheinlich musste ich deshalb zunächst in die Wohnung mit dem defekten Boiler ziehen, damit ich auf diese Gemeinschaft treffe. Im Nachhinein sehe ich darin eine Fügung Gottes.

Als ob das alles nicht schon genug Positives wäre, spricht mich eines Tages jemand aus der Gemeinde darauf an, ob ich auf Wohnungssuche sei. Ja, das bin ich nach wie vor. Wenn ich etwas Besseres finde, will ich aus dem Apartment des Vereins ausziehen. Die Gemeinde vermietet ein komplett möbliertes Apartment; es sei gerade frei geworden, ich könne es mir gleich anschauen.

Das tue ich gerne, und es gefällt mir wirklich gut, die Einrichtung ist zwar nicht modern, aber sehr gemütlich. Ich hätte dort alles, was ich brauche, könnte auch die Waschmaschine und den Kühlschrank der Gemeinde mitbenutzen und bekäme sogar einen Garagenplatz für mein Fahrrad. Das Angebot ist perfekt, bessere Konditionen bekomme ich nirgendwo anders, deshalb nehme ich es dankbar an.

Ich rede mit Karl-Heinz und den anderen Mitarbeitern vom Verein und kann zum nächsten Monat umziehen. Das passt gut. Für die Anfangszeit war es schön, den Verein als Anker zu haben, aber jetzt will ich mich ganz neu orientieren.

Die Vereinsmitglieder helfen mir netterweise noch beim Umzug, es sind ja mittlerweile noch ein paar Dinge zu meinem überschaubaren Besitz dazugekommen – und dann beziehe ich auch schon mein neues Domizil.

Mit diesem Schritt sehe ich mich endlich angekommen in meinem neuen Leben: Ich habe Anschluss an eine Gemeinde gefunden, in der ich meinen Glauben leben kann, wohne bei einem Vermieter, der nicht in einem Betreuungsverhältnis zu mir steht – und es sind nur noch wenige Tage bis zu meiner «Einschulung».

Die Chance zur Bewährung

Ich wollte unbedingt vorzeitig entlassen werden; dass damit eine Bewährungszeit verbunden ist, konnte ich im Gefängnis noch relativ positiv sehen: Dadurch hätte ich immer die drohende Inhaftierung vor Augen, wenn ich in Versuchung kommen sollte, erneut straffällig zu werden.

Mit den Bewährungsauflagen kann ich mich jetzt allerdings weniger gut anfreunden: Jeden Wohnungswechsel muss ich sofort dem Gericht melden, was zusätzlichen Aufwand bedeutet. Außerdem verstehe ich nicht, inwiefern mir all diese bürokratischen Vorgänge dabei helfen sollen, ein gesetzestreuer Bürger zu werden. Ich melde mich doch schon beim Bürgeramt um, warum tauschen die Behörden ihre Daten nicht untereinander aus? Nichtsdestotrotz komme ich brav meiner Pflicht nach, schließlich möchte ich mich jetzt vorbildlich verhalten.

Dennoch habe ich den Eindruck, dass meine Auflagen mich eher daran hindern, in mein neues Leben zu finden. Wenn meine neu gewonnenen Freunde mich fragen, ob ich mich an einer Aktivität beteiligen will, und ich erst später dazustoßen kann, weil ich noch zu meinem Bewährungshelfer muss, komme ich mir ziemlich dumm vor. Ich gehe sowieso nur zu dem Termin, um zu sagen, dass alles in Ordnung ist. Eine Hilfe sind diese Treffen nicht für mich.

Ein «normaler» Bürger zu werden, lerne ich weniger durch Bewährungsauflagen als vielmehr durch Alltagssituationen. Eines Morgens sehe ich auf dem Weg zur Arbeit eine alte Frau, die mit ihrem Rollator auf der Bundesstraße unterwegs ist. Sie macht einen verwirrten und orientierungslosen Eindruck. Ich mache mir Sorgen um sie, habe allerdings keine Zeit, mich um sie zu kümmern, ich bin spät dran. Also rufe ich die Polizei und bitte die Beamten, sich der Frau anzunehmen. Kaum habe ich den Telefonanruf beendet, wird mir bewusst, welche Veränderung ich vollzogen habe: Niemals wäre es mir früher in den Sinn gekommen, freiwillig die Polizei zu rufen. Jetzt erscheint es mir selbstverständlich, und ich vertraue darauf, dass die Beamten wissen, wie sie der Frau am besten helfen können.

Nichtsdestotrotz merke ich in vielen Alltagssituationen, welches besondere Lebensumfeld das Gefängnis dargestellt hat, dass es eine in sich geschlossene Gesellschaft (im wahrsten Sinne des Wortes) war. Ich bin 22 Jahre alt, habe eine Ausbildung in einem technischen Beruf, bin intelligent, kenne mich aber mit vielen Dingen nicht aus, die für Menschen in meinem Alter eigentlich alltäglich sind – sei es, wenn es um Alltagserfahrungen wie die Fahrschule oder den Umgang mit neuen Technologien wie Handy oder E-Mail geht. Und auch manche sozialen Entwicklungsschritte konnte ich nicht vollziehen, beispielsweise mich im Umgang mit jungen Frauen auszuprobieren.

Nach und nach will ich all diese Dinge angehen, als Erstes nehme ich mir vor, nun endlich den Führerschein zu machen.

Schon bald stoße ich auf die Anzeige einer Fahrschule, die einen Schnellkurs in den Sommerferien anbietet, und melde mich an. Mit der Theorie habe ich keine Probleme, aber ich merke, wie schwer mir das eigentliche Fahren fällt – vielleicht liegt es daran, dass ich mich im Gefängnis sehr an das Leben in einer «Fußgängerzone» gewöhnt habe. Abgesehen davon macht es mich nervös, weckt unschöne Erinnerungen an meine Haft in mir, wenn der Fahrlehrer neben mir sitzt, mir auf die Finger guckt und sagt, was ich zu tun und zu lassen habe.

Meine Führerscheinprüfung möchte ich unbedingt gemacht haben, bevor das Schuljahr anfängt, deshalb setze ich mich ziemlich unter Druck und bin bei der Fahrprüfung entsprechend nervös. Zwar mache ich keinen gravierenden Fehler, aber auf den Prüfer wirke ich unsicher, wie er mir später sagt. Als ich mich dann noch verschalte, bricht er schließlich die Prüfung ab.

Wieso ist der Prüfer so ungeduldig? Das kann doch mal passieren in einer solchen Situation! Die Theorie habe ich einwandfrei bestanden! Jetzt habe ich das ganze Geld aus dem Fenster geschmissen! Ich fühle mich ungerecht behandelt und steige wütend aus dem Auto.

Als ich aber später in Ruhe noch einmal darüber nachdenke, muss ich dem Prüfer recht geben. Der Mann hat schließlich auch Verantwortung für die anderen Verkehrsteilnehmer. Wenn er meinen Fahrstil als unsicher einschätzt, muss ich eben noch ein paar Fahrstunden mehr nehmen. Meine Reaktion zeigt mir jedoch, wie leicht ich immer noch in die alten Denkschemata verfalle und mich selbst bemitleide, der festen Überzeugung bin, von allen und mit Absicht benachteiligt zu werden. Selbst wenn es so wäre, dass der Prüfer mich persönlich nicht mochte und mich deshalb hat durchfallen lassen, müsste ich damit leben. Es bringt nichts, sich darüber aufzuregen. Es wird immer Menschen geben, die mich nicht leiden können – so wie ich selbst ja auch nicht jeden mag.

Oft bin ich mir mit meinem eigenen Anspruch an mich im Weg, gestehe mir keine Fehler zu, will alles perfekt machen. Dabei ist es doch in Ordnung, wenn ich für manche Dinge mehr Zeit als andere brauche. Kein Mensch ist perfekt, und dass es ein paar Anlaufschwierigkeiten geben würde, war zu erwarten. Immer wieder versuche ich, mich daran zu erinnern. Und die Prüfung? Natürlich muss ich nun mehr Geld für den Führerschein ausgeben, das tut mir schon weh, andererseits geht es mir finanziell doch deutlich besser, als ich es aus meiner Kindheit gewöhnt bin. Ich habe Geld, um mir die Dinge zu kaufen, die ich brauche.

Mit etwas mehr Gelassenheit mache ich die Prüfung einige Wochen später zum zweiten Mal – und bestehe sie. Ein eigenes Auto kann ich mir zwar momentan noch nicht leisten, aber ein Autohaus in der Stadt macht Fahranfängern ein günstiges Angebot, einige Wochen einen Kleinwagen zu mieten.

Als ich das erste Mal allein hinter dem Steuer sitze, merke ich, welchen Unterschied es macht, ob ein Fahrlehrer neben mir sitzt oder nicht – alte Einstellungen kommen auch hier wieder hoch: Warum soll ich nachts in der Stadt nur Tempo 50 fahren, wenn die zweispurige Straße doch völlig frei ist? Warum soll ich an einer roten Ampel halten, wenn nirgendwo ein anderes Fahrzeug zu sehen ist? Ich habe mich früher immer nur an die Regeln gehalten, die ich selbst für sinnvoll erachtete, und muss mir immer wieder bewusst machen, dass ich mich jetzt an die allgemeinen Regeln der Gesellschaft halten will – selbst wenn sie mir nicht ganz einleuchten.

Allerdings spielt nicht nur die Einsicht in den Sinn oder Unsinn von Straßenverkehrsregeln eine Rolle bei meinem Fahrverhalten. Ich merke auch, wie sehr mir das Risiko immer noch Spaß macht, wie sehr ich den Nervenkitzel beim Schnellfahren genieße.

Vor dem Hintergrund ist es vielleicht sogar besser, dass ich das Auto nur wenige Wochen habe. In einigen Lebensbereichen brauche ich wohl doch noch Zeit, um reifer zu werden.

Eine weitere Bewährungsprobe steht mir auf der Schule bevor. Vor meiner Inhaftierung war der Unterricht für mich ein notwendiges Übel, im Gefängnis habe ich ihn dann vermisst. Ich freue mich darauf, meinen Kopf nun endlich wieder gebrauchen zu dürfen und meine beruflichen Möglichkeiten zu verbessern. Die ersten Schultage verstärken meine positive Einstellung noch. Es macht mir Spaß, wieder zu lernen und geistig gefordert zu sein, und ich stelle erfreut fest, dass ich trotz der letzten fünf Jahre noch allerhand weiß.

Mit meinen Mitschülern komme ich gut klar. Sie alle sind in meinem Alter, haben auch eine Ausbildung hinter sich und teilweise schon ein paar Jahre gearbeitet; wir alle sind motiviert und wollen dieses eine Jahr so gut es nur geht absolvieren – die besten Voraussetzungen für ein gutes Unterrichtsklima und ein schnelles Lerntempo.

Auch zu den Lehrern ist das Verhältnis ganz anders, als ich es aus meinen bisherigen Schulen kenne. Das liegt vor allem daran, dass sie fast alle schon in einem anderen Beruf gearbeitet haben, also die Praxis kennen, aus der wir Schüler kommen. Vielleicht ist der gegenseitige Respekt auch deshalb größer: weil wir auf eine gewisse Art Kollegen sind. Diese Rahmenbedingungen machen es mir leicht, meine Motivation aufrechtzuerhalten und gute Leistungen zu bringen.

Wenn ich in meiner Freizeit durch die Stadt laufe, treffe ich ab und zu Beamte aus der Jugendanstalt. Noch vor einiger Zeit hätte ich mir nicht vorstellen können, mich nett mit ihnen zu unterhalten. Jetzt ist es fast so, als würde ich alte Bekannte treffen. Ich bin froh, erzählen zu können, dass ich gut zurechtkomme. Und es interessiert mich, was es in der Anstalt Neues gibt und wie es befreundeten Insassen geht. Einmal treffe ich auf einer Beach-Party eine Gruppe von Gefängnisangestellten, die schon etwas getrunken haben.

Einer von ihnen macht mir eine erstaunliche Eröffnung: «Wissen Sie, mir sind einige Seiten meines Jobs unangenehm.

Wenn es nach mir gegangen wäre, hätte ich manches von dem, was Sie sicher als demütigend erlebt haben, nicht getan.»

Ich finde es stark, dass er sich entschuldigt, und sage ihm das auch. Die Seite der Beamten habe ich bis jetzt nie gesehen, wollte mich auch nicht damit beschäftigen. Doch für sie ist der Gefängnisalltag offenbar auch schwierig. Er geht selbst an ihnen nicht spurlos vorüber.

«Bei Entlassungen wetten die Angestellten manchmal, ob die Häftlinge wiederkommen», erzählt der Angestellte weiter. «Bei Ihnen haben die meisten dagegen gewettet. Wir trauen Ihnen zu, dass Sie es draußen schaffen.»

Ein anderes Mal treffe ich die stellvertretende Hausleiterin von Haus 1. Ich hole gerade Pizza bei einem italienischen Restaurant und stehe an der Theke, als sie mich anspricht. Es macht mich stolz, ihr sagen zu können, dass ich schon Freunde gefunden habe, mit denen ich gleich einen Film anschauen werde.

Sie freut sich: «Nach so langer Haft, die auch noch denkbar ungünstig verlaufen ist, ist das alles andere als selbstverständlich.»

Allerdings bleiben einige von mir erhoffte Begegnungen aus. Ich hätte mir sehr gewünscht, den einen oder anderen Verantwortlichen zu treffen, mit dem es nicht so gut gelaufen ist, hätte gern ein paar Dinge geklärt, die ich im Gefängnis nicht ansprechen konnte. Aber auch in Freiheit kommt es nicht mehr zu diesen Gesprächen. Das finde ich schade, doch auch diese Lektion muss ich lernen. Mit den anderen Häftlingen konnte man fast alles regeln, man konnte sich im Gefängnis schließlich nicht aus dem Weg gehen. Das war allerdings eine Ausnahmesituation; im realen Leben werden wohl viele Konflikte ungelöst bleiben, über manches wird ein Gespräch nicht mehr möglich sein. Ich muss wohl versuchen, loszulassen und meinen Frieden mit den alten Geschichten zu machen. Ändern kann ich ja doch nichts mehr. Mein neues Leben bietet ohnehin genug Herausforderungen und Überraschungen.

In der Jugendgruppe der Baptistengemeinde ist auch ein Behinderter. Ausgerechnet mit mir kommt er gut klar. Das ist eine seltsame Erfahrung für mich: Mit Behinderten wollte ich früher nie etwas zu tun haben, die negativen Erfahrungen mit meinen kranken Eltern saßen zu tief. Jetzt ist es für mich selbstverständlich, in ihnen gleichwertige Mitmenschen zu sehen, mir kommt es fast seltsam vor, das explizit zu betonen. Der Junge hat seine Probleme, aber die hat jeder Gesunde auch. Ich bin froh, dass ich in vielen Lebensbereichen eine ganz andere Einstellung entwickle als in früheren Zeiten; und ich schäme mich, wenn ich daran denke, dass ich früher das Euthanasieprogramm der Nazis für behinderte Menschen befürwortet habe, nur weil ich als Sohn behinderter Eltern mein eigenes Leben irgendwann nur noch als unerträglich empfand. Ich weiß, wie verquer meine Gedankengänge von damals wirken, aber ich habe mit der Zeit lernen können, ganz anders zu denken. Gott bringt mich in Situationen, in denen ich die Wahl habe: Tue ich das, was ich früher getan hätte, oder entscheide ich mich dafür, es jetzt besser zu machen?

Nach und nach bekomme ich in den verschiedensten Lebensbereichen die Möglichkeit, diese Entscheidung zu treffen. Ab und zu verabrede ich mich mit Ari und anderen Auszubildenden aus dem Gefängnis sowie deren Freunden. Nachdem ich nun einen Führerschein habe, fragen sie mich, ob ich mit ihnen in die Disco kommen möchte, dann könnten sie alle etwas trinken und würden im Gegenzug dafür, dass ich sie fahre, meine Softdrinks bezahlen. Ich sage zu, und so treffen wir uns an einem Freitagabend.

Als Jugendlicher war ich kaum je in einer Disco. Ich konnte es mir nicht leisten, und die wenigen Male, die ich mit meinen damaligen Kameraden mitgegangen bin, gab es nur Ärger. Jetzt verläuft der Discobesuch vollkommen friedlich. Schon durch meinen unauffälligen Kleidungsstil und die neue Frisur ecke ich nicht mehr ständig an. Es macht mir nach wie vor nichts aus, unter Menschen zu sein, die viel trinken – ich selbst habe absolut kein Bedürfnis mehr nach Alkohol. Die Menge, die ich als Jugendlicher konsumiert habe, war mehr als genug für ein ganzes Leben.

Irgendwann in den frühen Morgenstunden sind meine Begleiter dann reichlich angetrunken und vernünftige Gespräche nicht mehr möglich. Wenn ich ihnen jetzt zuhöre, bin ich froh, dass ich so oft einen Filmriss hatte und mich nicht mehr an all den Blödsinn erinnern kann, den ich selbst in einem solchen Zustand von mir gegeben habe – das erspart mir manch peinliche Erinnerung.

Schließlich brechen wir wieder auf. Die Straße ist zunächst zweispurig. Ich überhole ein anderes Auto; als wir auf einer Höhe sind, zeigt einer der Betrunkenen auf der Rückbank den Insassen des anderen Wagens den Mittelfinger. Die fühlen sich provoziert und verfolgen uns. Als wir anhalten, bleibt auch das andere Auto hinter uns stehen. Alle steigen aus; in dem Auto sitzen ebenfalls lauter junge Männer. Aggression liegt in der Luft. Die Leute aus dem anderen Auto sehen nicht so aus, als wollten sie die Sache auf sich beruhen lassen.

Auf was habe ich mich da nur wieder eingelassen? Bin ich nicht gerade erst auf Bewährung aus dem Gefängnis gekommen? Ich will mit der ganzen Sache nichts zu tun haben und werde mich bestimmt nicht wieder für Freunde prügeln, die zu viel getrunken und gepöbelt haben. Sollen sie doch selbst zusehen, wie sie die Sache lösen.

Andererseits bin ich mir nicht sicher, ob ich mich tatsächlich heraushalten kann. Wenn die andern plötzlich auf mich losgehen, werde ich das nicht einfach hinnehmen können. Mir fällt nichts ein, wie ich die Situation entschärfen könnte. Leichte Panik steigt in mir hoch. Aber mittlerweile vertraue ich auf Gott. Ich bete zu ihm, er möge verhindern, dass die Lage eskaliert. Es ist nur ein kurzes Stoßgebet, doch im gleichen Moment entspannt sich die Lage merklich. Die Worte zwischen beiden Gruppen werden versöhnlicher. Der Verursacher entschuldigt sich, und die Fremden akzeptieren die Entschuldigung. Wir gehen friedlich auseinander, und ich bringe meine Freunde nach Hause.

In meiner Wohnung lasse ich den Abend Revue passieren. Ich bin überzeugt: Gott hat mein Gebet erhört und eingegriffen. Anders kann ich mir den plötzlichen Stimmungsumschwung nicht erklären.

Der neue Alltag stellt mich immer wieder auf die Probe, zwingt mich, alte Denk- und Handlungsmuster zu hinterfragen. So ist es ist für mich nach wie vor alles andere als selbstverständlich, um Hilfe zu bitten, habe ich doch als Kind immer wieder die Erfahrung gemacht, dass mir andere nur selten helfen.

Da es aber viele Dinge gibt, die ich ohne die Unterstützung von anderen nicht oder nur schwer bewältigen kann, muss ich lernen, um etwas zu bitten und darauf hoffen, nicht enttäuscht zu werden. Glücklicherweise mache ich in dieser Hinsicht viele positive Erfahrungen: Als ich für die Schule einen PC anschaffen muss, nimmt sich ein Mitschüler die Zeit, mir alles zu erklären, denn meine Kenntnisse in diesem Bereich sind rudimentär. Während meiner Ausbildung konnte ich zwar an Rechnern arbeiten, aber das Internet war für uns tabu. Es ist für mich nicht nachvollziehbar, dass ich im Gefängnis aus sogenannten Sicherheitsgründen vieles nicht lernen durfte, was draußen als selbstverständlich vorausgesetzt und erwartet wird. Mit E-Mails kenne ich mich überhaupt nicht aus, und wie ich die nötigen Programme installiere und konfiguriere, weiß ich auch nicht. Es hätte mich nicht gewundert, wenn ich dafür ausgelacht worden wäre, und ich will mir gar nicht vorstellen, wie es anderen ergeht, die nach ihrer Entlassung vor ähnlichen Problemen stehen und dabei statt Unterstützung Spott und Ablehnung erfahren.

Mit meinem neu erworbenen Computer und der Entdeckung des Internets stoße ich schnell auf neue Schwierigkeiten. Ich habe mich in den letzten Jahren daran gewöhnt, jede Ablenkung zu nutzen, um mir die Zeit zu vertreiben. Diese Passivität ist mir ins Blut übergegangen – wie sehr, merke ich erst jetzt. Stundenlang sitze ich allein in meinem Zimmer und beschäftige mich mit Computer und Internet.

Mittlerweile habe ich zwar alle Freiheiten, meinen Tag zu gestalten, doch diese Freiheiten strengen mich auch an. Es ist einfach zu verlockend, einfach so weiterzuleben wie im Gefängnis. Die Gestaltung meines Lebens mit anderen in die eigenen Hände zu nehmen, um nicht mehr wie ein Gefangener zu leben und zu denken, wird zum täglichen Kampf.

Doch zum Glück bin ich kein Gefangener mehr, Gott sei Dank bin ich nicht mehr allein. Vor allem in meiner neuen Gemeinde lassen mich viele Menschen an ihrem Leben teilhaben. Ich habe immer ein extremes Leben abseits des Mainstreams geführt, es bisweilen sogar bewusst gesucht, doch jetzt lerne ich viele Dinge zu schätzen, die mir früher schrecklich langweilig erschienen sind: Gemeinsame Spiele- oder Videoabende, Frühstückstreffen oder Spaziergänge bereichern nun mein Leben. Außerdem genieße ich es, meinen Glauben mit den anderen in Gemeinschaft leben zu können. Gottesdienste, Jugendstunden, Hauskreise und Gebetstreffen tun mir gut und helfen mir, meinen Glauben zu vertiefen.

Die Menschen, mit denen ich meine Zeit verbringe, beeinflussen mich sehr. Früher stand ich oft unter schlechtem Einfluss, jetzt bekomme ich viel Positives mit. Aber auch während meiner Inhaftierung gab es Kontakte zu Menschen, die mich nicht aufgaben und immer wieder Menschlichkeit in mein Leben brachten. Ich bin ihnen dankbar, kann ihnen zwar nichts zurückgeben, aber einige zumindest wissen lassen, dass ihre Hilfe und Zuwendung nicht vergeblich waren. Ich besuche jetzt manche oder treffe mich in Hameln mit ihnen. Früher habe ich gar nicht wahrgenommen, wie sehr ich ihnen am Herzen lag – und jetzt genieße ich, wie sehr sie sich darüber freuen, dass ich es geschafft habe, ein neues Leben anzufangen.

Was ich für mich ganz neu klären muss, ist das Verhältnis zu meinen Eltern und der Umgang mit ihnen. Das fällt mir nicht leicht; eigentlich hatte ich schon als Jugendlicher mit meiner Familie abgeschlossen und dachte, spätestens mit meiner Volljährigkeit all das hinter mir lassen zu können. Meine Familie konnte mir doch ohnehin nicht das geben, was ich brauchte: Gedankenaustausch, Zuwendung oder Nähe. Außer dem gemeinsamen Nachnamen sah ich keine Verbindung mehr. Ich war wirklich der Meinung, ich könnte den Kontakt einfach abbrechen. Mittlerweile weiß ich, dass das nicht geht. Auch wenn ich es lange Zeit anders gesehen habe, verdanke ich meiner Familie doch einiges. Meine Eltern, meine Schwester und mein Bruder kümmerten sich während meiner Haftzeit so gut sie konnten um mich. Sie haben nie aufgehört, mich als Teil der Familie zu betrachten, auch wenn ich mich selbst nicht so sehen wollte. Ich kann nicht mehr so tun, als gäbe es keine Verbindung zwischen uns, außerdem versuche ich, nach Gottes Geboten zu leben, und dazu gehört auch das Gebot, Vater und Mutter zu ehren.

Wie soll ich die Beziehung zu meiner Familie gestalten? Allein durch die räumliche Entfernung ist schon kein intensiver Kontakt möglich, aber ich versuche, meinen Teil dazu beizutragen, dass wir in Verbindung bleiben. Es wird mir zunehmend wichtig, meine Angehörigen an meinem Leben teilhaben zu lassen und mich auch für ihre Situation zu interessieren – leicht ist es dennoch nicht für mich, gerade die Besuche bei meinen Eltern belasten mich. Es ist hart, ihre alltäglichen Probleme zu sehen und nicht wirklich helfen zu können, aber als Erwachsener bin ich dieser schwierigen Situation jetzt nicht mehr so hilflos ausgesetzt wie als Kind.

Die Erinnerung an jene harte Zeit kommt immer wieder in mir hoch. Dazu kommt, dass die Krankheit meiner Mutter weiter fortschreitet; während es früher noch relativ einfach war, sie im Rollstuhl mitzunehmen, geht auch das mittlerweile nicht mehr ohne weiteres. Ich muss versuchen, damit klarzukommen, Teil dieser Familie zu sein, in der so viel Leid vorherrscht, und ich muss lernen, dieses Leid nicht lindern zu können.

Während meiner Haft ist meine Familie gewachsen. Meine Schwester hat inzwischen zwei Söhne und lädt mich zur Taufe meines jüngsten Neffen ein. Ich freue mich über die Einladung, schließlich habe ich die Jungs noch gar nicht richtig kennengelernt, doch dann meldet sich meine Schwester nach einigen Tagen erneut. Ihre Schwiegereltern haben gedroht, der Feier fernzubleiben, wenn ich käme. Sie wollen mit jemandem wie mir nichts zu tun haben. Das ist hart – früher oder später musste ich wohl mit solchen Reaktionen rechnen, aber von dieser Seite schmerzen sie mich besonders. Auch wenn ich es bedaure, entscheide ich mich, nicht zu der Taufe zu gehen. Wegen mir soll es nicht zu einer Eskalation kommen.

Wenn ich zu Fuß oder mit dem Fahrrad in der Stadt unterwegs bin, treffe ich gelegentlich auf ehemalige Mithäftlinge. Einige sind mir durchaus sympathisch, außerdem teile ich mit ihnen Erinnerungen, die mich mit niemandem sonst verbinden, aber oft hängen diese Leute auch nur herum und haben Langeweile. Ich weiß, die Gefahr besteht, dass wir uns gegenseitig negativ beeinflussen, deshalb muss ich mich vor allem mit Menschen umgeben, die mich positiv prägen. Also versuche ich es bei kurzen Gesprächen zu belassen und verzichte auf weitere Verabredungen oder Partys mit ihnen, was mir aber nicht schwerfällt. Die Welt, in der wir befreundet waren, ist eine andere als die, in der ich jetzt lebe.

Es gibt noch weitere Gelegenheiten, bei denen ich alte Bekannte sehe. Mein Bruder ist Mitorganisator einer größeren Feier und fragt mich, ob ich beim Getränkeausschank mithelfen könnte. Die Feier ist gut besucht, und ich sehe einige Leute wieder, die ich noch von früher kenne. Manche haben sich sehr verändert, andere kaum. Zu Letzteren gehören auch ein paar junge Männer, die ihre Haare immer noch sehr kurz tragen. Erinnerungen kommen in mir hoch – und es sind keine guten. Egal, das ist endgültig Vergangenheit. Ich habe damit abgeschlossen. Ich ignoriere sie, auch wenn ich mich manchmal von ihnen beobachtet fühle.

Glücklicherweise reißen die guten Erfahrungen nicht ab. In der Baptistengemeinde werde ich gefragt, ob ich im Kindergottesdienst mitarbeiten möchte. Ich weiß nicht, ob ich dazu qualifiziert bin, hatte ich doch seit meiner eigenen Kindheit nie etwas mit Kindern zu tun. Dennoch will ich es zumindest ausprobieren, denn ich freue mich über das Vertrauen, das mir entgegengebracht wird. Noch vor wenigen Jahren hätten die meisten Eltern alles getan, um ihre Kinder vor mir zu schützen – jetzt vertrauen sie mir ihre Kinder an, das Wertvollste, was sie haben. Und nun scheinen sie zu glauben, ich könne ihnen etwas beibringen, sei ein guter Umgang für sie. Dieses Vertrauen macht mich glücklich.

Die Arbeit mit den Kindern macht mir viel Spaß, wir haben einen guten Draht zueinander, und ich mache meine Arbeit, glaube ich, gar nicht schlecht, obwohl ich Anfänger bin.

Als Jugendlicher war ich immer der Meinung, dass es ganz schön dumm sei, ohne Bezahlung zu arbeiten. Jetzt bin ich selbst Ehrenamtlicher und komme mir dabei alles andere als dumm vor: Im Gegenteil, ich finde meine Tätigkeit sinnvoll.

Dennoch gibt es auch Rückschläge. Zuweilen bin ich regelrecht erschrocken darüber, wie mein Verhalten auf andere Menschen zu wirken scheint. Dinge, die ich mir angewöhnt habe, die mir in Fleisch und Blut übergegangen sind und mir in den letzten Jahren beim Überleben geholfen haben, werden mir nun zum Handicap. Das Schlimme: Oft bemerke ich diese Verhaltensweisen nur, wenn mich jemand darauf anspricht. Offensichtlich wird das, als einer unserer Lehrer bei einer Prüfung Stoff abfragt, den wir im Unterricht nicht behandelt haben. Die ganze Klasse ärgert sich darüber, und in der nächsten Unterrichtsstunde mit dem Lehrer kommt es zu großen Diskussionen. Ich mache meinem Ärger ebenfalls lautstark Luft.

Später spricht mich ein Klassenkamerad auf die Szene an: «Meine Güte, ich hatte schon Angst, dass du gleich aufspringst und auf den Lehrer losgehst, so aggressiv hast du auf mich gewirkt», meint er.

Mich überrascht diese Einschätzung, denn ich habe mich gar nicht als besonders wütend empfunden. Als ich abends länger darüber nachdenke, komme ich zu dem Schluss, dass ich mir wohl in Konfliktsituationen ein Verhalten angeeignet habe, mit dem ich Stärke ausdrücken, dem anderen Respekt einflößen will, um mich schützen zu können; Körpersprache, Gesichtsausdruck und Stimmlage sollen meinem Gegenüber vermitteln: Ich kann mich wehren. Im Gefängnis mag das hilfreich gewesen sein, hier ist es jedoch eher schädlich. Mit ist nicht klar, wie ich mich in Situationen, in denen ich verärgert bin, stattdessen verhalten soll – und kann nur hoffen, dass es darüber zum Gespräch kommt und ich mich den anderen erklären kann. Meine Mitmenschen sollen nicht fürchten müssen, ich könnte durchdrehen.

Dennoch kommt es trotz meiner guten Vorsätze in ähnlichen Situationen immer wieder zu Konflikten und Missverständnissen: Im Gefängnis habe ich mich öfter mit meinen Freunden zum Spaß gekloppt; dabei konnte man sich richtig verausgaben und einen kleinen Wettkampf simulieren. Wie ich schnell feststelle, sind solche Spaßkämpfe draußen ebenfalls üblich; sogar in meiner Gemeinde machen das einige der jungen Männer ab und zu. Mit mir suchen sie das körperliche Kräftemessen nicht, damit kann ich aber ganz gut leben.

Im Laufe der Zeit lerne ich allerdings auch Jugendliche aus anderen Jugendgruppen kennen, die nichts von meinem Hintergrund wissen. Einmal greift mich einer von ihnen aus Spaß an. Ich freue mich über diese Abwechslung, sehe das Ganze als nette Herausforderung und reagiere reflexartig so, wie ich das bei meinen Freunden im Gefängnis auch getan hätte. Dabei denke ich gar nicht darüber nach, dass mein Gegenüber einen ganz anderen Hintergrund hat. Er ist kein kampferprobter Schläger, hat kaum Muskelmasse – er ist ein ganz normaler Jugendlicher, der behütet aufgewachsen ist. Innerhalb von Sekundenbruchteilen liegt mein «Angreifer» wehrlos auf dem Boden. Panik blitzt in seinen Augen auf.

Die Umstehenden reagieren entsetzt, machen mir Vorwürfe: «Sag mal, geht's noch? Du kannst ihn doch nicht so hart angehen! Er wollte doch nur Spaß machen! Er hatte doch gar keine Chance gegen dich!»

Ich bin nun selbst schockiert und versuche, mich zu erklären. Auf keinen Fall wollte ich jemandem Angst machen, schon gar nicht brutal sein – hätte ich den Angriff ernst genommen, wäre der kurze Kampf ganz anders ausgegangen. Offensichtlich habe ich meine Kraft falsch eingeschätzt, sie nicht richtig dosieren können. Wenn sie bei anderen derartige Gefühle auslöst, werde ich in Zukunft auf Spiele dieser Art ganz verzichten müssen. Kein Mensch soll Angst vor mir haben.

Generell merke ich, dass ich Situationen aus dem Weg gehen muss, in denen es auch ohne mein Zutun zu Gewalt kommen könnte – ich möchte einfach nicht wieder in derlei prekäre Situationen geraten wie damals bei der Discofahrt nach Hause.
Und dennoch sollte es genau ein solcher Discobesuch sein, der mich wieder Aggressionen und Gewalt aussetzte.
An Weihnachten gehe ich mit meinem Bruder in die Disco, ein festes Feiertagsritual bei den jungen Erwachsenen aus der Gegend. Ich unterhalte mich mit einigen Leuten und bemerke nach einer Weile, dass mein Bruder inzwischen sturzbetrunken ist. Warum trinkt er so viel? Mein Beispiel sollte doch eigentlich abschreckend genug sein. Scheinbar hat er sich bei mir nicht nur das Trinkverhalten abgeschaut, denn kurz darauf legt er sich mit den Türstehern an, bepöbelt sie aufs übelste und fliegt schließlich aus dem Laden. Natürlich fühlt er sich in seinem Zustand ungerecht behandelt, geht nicht weg, sondern will sich mit einem der Türsteher prügeln. Ich kann es nicht fassen! Schon wieder bin ich in eine heikle Situation geraten. Meine Anspannung ist groß, während ich den Wortwechsel zwischen den beiden verfolge. Zum Glück ist der Türsteher so professionell, sich nicht provozieren zu lassen.
Auf weitere derartige Ausflüge kann ich gern verzichten; ich habe keine Lust darauf, wegen betrunkener Begleiter in Streitigkeiten verwickelt zu werden oder selbst mit einem Betrunkenen aneinanderzugeraten, der nicht mehr weiß, was er tut. Ich nehme mir vor, in Zukunft solche Feiern zu meiden,

bei denen es primär ums Trinken geht. Der Alkohol widert mich nur noch an; Gespräche kann ich ohnehin besser woanders, mit nüchternen Menschen, führen. Was soll ich also noch in Discos oder auf ähnlichen Veranstaltungen?

Natürlich könnte ich dort Frauen kennenlernen, ich sehne mich durchaus nach einer Beziehung, wünsche mir eine Frau, mit der ich eine ernsthafte Beziehung führen und eine Familie gründen kann. Allerdings merke ich schnell, dass sich die Partnersuche schwieriger gestaltet, als ich gedacht habe. Ich wurde in den letzten Jahren von einer Umwelt geprägt, in der kaum Frauen vertreten waren und ein verzerrtes Bild von Männlichkeit vorherrschte. Ich muss erst wieder lernen, auf Frauen zu- und mit ihnen umzugehen.

Je länger ich in Freiheit bin, desto klarer wird mir, dass ich einige Probleme mitbringe, die für mich schwerer zu bewältigen sind als meine offiziellen Bewährungsauflagen. Diese Dinge werde ich selbst lernen müssen; aber ich will diesen Weg weitergehen – auch wenn er steinig und lang ist.

Überraschungen

Schulisch läuft es bei mir hervorragend, im Unterricht ist meine Vergangenheit kein Thema, von Lehrern und Mitschülern werde ich behandelt wie jeder andere auch. Das macht mir Hoffnung für die Zukunft. Vom Gefängnis aus war es schwer, eine Arbeitsstelle zu bekommen, trotz meines guten Abschlusses, aber ich gehe davon aus, dass diese Schwierigkeiten hinter mir liegen. Nach meinem Fachabitur werde ich mit einem guten Schulabschluss kein Problem haben, einen Studienplatz an einer Fachhochschule zu bekommen. Ein Lehrer hat mir gesagt, ich hätte mit meinen Noten sehr gute Chancen, ein Stipendium zu bekommen; das wäre genial, dann müsste ich mir um die Studienfinanzierung keine Gedanken mehr machen.

Nach dem Studium wird mir als Maschinenbauingenieur die Welt offenstehen, daran glaube ich ganz fest. Ingenieure werden überall gesucht. Wenn ich dann nur einen halbwegs ordentlichen Abschluss habe, wird niemand mehr danach fragen, was ich als Jugendlicher verbockt habe. Ich bin froh, meine Zukunft wieder größtenteils selbst in der Hand zu haben. Was ich beruflich mache, wo ich studieren werde – das ist jetzt allein meine Entscheidung. Ich muss den zuständigen Richter zwar noch darüber informieren, das ist Teil der Bewährungsauflage, aber es gibt niemanden mehr, der mir irgendwas verbieten kann.

Es ist ein wunderbares Gefühl, in meiner Entwicklung nicht mehr behindert, sondern sogar gefördert zu werden, was ich besonders in meiner Gemeinde erfahre. Ich arbeite nach wie vor im Kindergottesdienst mit, und die Verantwortlichen machen mir Mut, mich in diesem Bereich weiterzubilden. Ich melde mich zu einer Schulung an, die von der Gemeinde bezahlt wird und mich sehr begeistert; ich bin begierig darauf, zu lernen und mich weiterzuentwickeln.

Dann kommt auch die Jugendleitung auf mich zu. Man fragt mich, ob ich nicht gelegentlich bei der Gestaltung der Jugendstunden mithelfen und ab und zu eine Andacht übernehmen wolle. So kommt es, dass ich bald darauf meine erste Andacht halte und anfange, mich in der Jugendarbeit zu engagieren. Eine kleine Aufgabe habe ich schon sehr früh übernommen: Seitdem ich in der Gemeinde wohne, sorge ich dafür, dass pünktlich zu Beginn der Jugendstunde der Tee gekocht ist. Das tue ich ganz gern, denn es erinnert mich daran, wie mein kirchliches Engagement begonnen hat: mit dem Kochen von Kaffee für die Gefängnisgottesdienste.

Schon kurz nach meiner Entlassung habe ich mich einem ökumenischen Hauskreis angeschlossen. Einer der Ehrenamtlichen, die ich im Gefängnis kennengelernt habe, hatte den Kontakt hergestellt. Wir sind eine Gruppe mit völlig unterschiedlichem Hintergrund, aus drei Generationen und den verschiedensten Kirchen, die sich wöchentlich trifft, um über unseren Glauben und unser Leben zu reden, gemeinsam zu singen und zu beten. Auch in dieser Gruppe fragt mich der Hauskreisleiter irgendwann, ob ich nicht ab und zu den thematischen Teil des Abends gestalten könnte, und so sammle ich Erfahrungen damit, Inhalte zu vermitteln.

In dieser Zeit setze ich mich intensiv mit der Bibel und dem Leben als Christ auseinander und komme dabei zu wichtigen Erkenntnissen; besonders deutlich wird mir das bei der Taufe. Meine Eltern haben mich schon als kleines Kind taufen lassen, doch bisher habe ich der Taufe keine große Bedeutung beigemessen. Für mich war es viel wichtiger, mich bewusst für ein Leben mit Gott entschieden und die Erfahrung gemacht zu haben, dass er tatsächlich in mein Leben gekommen ist und es grundlegend verändert hat.

Jetzt wächst in mir allerdings der Wunsch, den Beginn meines neuen Lebens auch mit dem Ritual zu begehen, das im Neuen Testament dafür vorgesehen ist. Die Taufe wird darin als der Schritt beschrieben, mit dem die Menschen ausdrücken, dass sie ihr altes Leben beenden und fortan mit Gott leben wollen. Paulus beschreibt sehr schön, wie der alte Mensch mit all seiner Schuld ins Wasser getaucht, quasi ins Grab gelegt wird. Dann wird er wieder aus dem Wasser gezogen, also aus dem Grab geholt und steht gemeinsam mit Christus von den Toten auf.

Ich empfinde meine Situation genauso: Der Mensch, der ich früher war, ist tot, und ich lebe jetzt durch Gottes Gnade als ein neuer Mensch. Und das möchte ich auch mit meiner Taufe zum Ausdruck bringen, zumal ich mich an meine Taufe als Kleinkind nicht erinnern kann und danach lange Zeit gottlos gelebt habe. Außerdem bin ich jetzt Teil einer Gemeinde, die die Taufe so praktiziert, dass man mit dem ganzen Körper im Wasser untergetaucht wird. Genau das will ich. Dieses Ritual ist für mich ein wichtiger Schritt in meinem Glaubensleben. Als ich mit meinem Pastor darüber rede, erfahre ich jedoch, dass sich das doch etwas schwieriger und langwieriger gestaltet, als von mir gedacht. «Zuerst müssen Sie einen Taufkurs besuchen. Sie haben zwar schon einiges richtig erkannt, aber die Taufe bedeutet weit mehr, und darüber sollten Sie gut informiert sein, bevor Sie diesen Schritt tun. Außerdem hat Taufe auch immer mit der Mitgliedschaft in der Gemeinde zu tun, und das hat einige Konsequenzen, von denen Sie wissen sollten.»

Alles klar – ich werde also zuerst den Taufkurs absolvieren. Es gibt noch jemand anderen, der sich ebenfalls zur Taufe angemeldet hat. Da es gar nicht so einfach ist, gemeinsame Termine zu finden, wird der Taufkurs erst in einigen Monaten stattfinden und die Taufe dann zu Ostern sein. Ich hätte zwar nicht gedacht, dass es so lange dauern würde, aber den Termin finde ich passend. Schließlich ist Jesus an Ostern aus dem Grab gestiegen, und das werde ich dann symbolisch ebenso tun.

In den ersten Monaten nach meiner Entlassung habe ich Gefallen daran gefunden, meine Zeit mit Menschen zu verbringen, die auch gläubig sind oder sich zumindest für den Glauben interessieren. Ich merke, wie gut mir diese Gemeinschaft tut und wie viel es mir persönlich bringt, mich mit Glaubensthemen zu beschäftigen. Deshalb freue ich mich, als eine Teilnehmerin der Jugendgruppe vorschlägt, als Gruppe gemeinsam über Silvester zu einer überregionalen Jugendfreizeit zu fahren. Wir sind eine relativ große Gruppe, haben gemeinsame Programmpunkte und sind in kleinere «Familiengruppen» unterteilt, in denen persönlichere Treffen möglich sind. Die Atmosphäre ist gut, die Organisatoren sind super, es gibt eine Band, die bei den Veranstaltungen tolle Musik macht, und ich lerne einige Menschen in meinem Alter kennen, mit denen ich mich gut verstehe. So etwas habe ich nie zuvor erlebt.

Während der Freizeit habe ich eine ganz besondere Begegnung: Weil wir so viele sind, tragen wir alle Namensschilder, und plötzlich kommt ein Mitarbeiter auf mich zu, schaut auf mein Namensschild und schaut mich überrascht an. «Bist du etwa der Johannes Kneifel aus Eschede?»

Ich nicke.

«Das ist ja riesig, dich hier zu sehen. Ich kenne deine Familie und habe mitbekommen, was damals gelaufen ist. Ich habe sogar eine Zeitlang für dich und deine Familie gebetet. Dann bin ich allerdings weggezogen, und der Kontakt zu deinen Eltern ist abgebrochen. Das Letzte, was ich von dir weiß, ist, dass du im Gefängnis warst. Danach habe ich nichts mehr gehört. Aber jetzt freue ich mich, dich hier zu sehen.» Er hält kurz inne, ohne den Blick von mir abzuwenden. «Das ist echt eine der schönsten Gebetserhörungen in meinem ganzen Leben, dass du aus dem ganzen Mist rausgekommen bist.»

Was für ein schöner Abschluss eines ereignisreichen Jahres – wir feiern alle gemeinsam in fröhlicher Stimmung und ohne Alkohol in das neue Jahr hinein. Anschließend findet noch ein Konzert statt; zum Schlafen bleibt nur noch wenig Zeit, denn vormittags wird schon der Abschlussgottesdienst gefeiert, und wir fahren alle müde, aber glücklich, nach Hause.

Am nächsten Tag beginnen wir gleich mit der ersten Jugendstunde im neuen Jahr – ein ganz besonderes Treffen. Wir wollen uns zum Jahresanfang ganz bewusst darauf einstimmen, dieses Jahr mit Gott zu leben. Daher nehmen gemeinsame Lieder und Gebetzeiten den größten Teil in Anspruch. Außerdem schreiben wir unsere Ziele und Wünsche für das kommende Jahr auf Zettel und stecken diese Zettel in Briefumschläge. Wir beten, dann werden die Umschläge eingesammelt. Am Ende des Jahres werden wir sie zurückbekommen, um zu sehen, was daraus geworden ist. Ich bin gespannt, denn für mich stehen wichtige Dinge an: mein Schulabschluss und vor allem auch die Wahl der richtigen Fachhochschule und eines neuen Wohnortes.

Beim Singen spricht mich einer der Liedtexte ganz besonders an. Ich kenne das Lied bereits und habe es schon einige Male gesungen, aber diesmal ist es anders. Der Text lässt mich den ganzen Abend nicht mehr los. Das Lied heißt «Ein Leben gegeben für den Herrn der Welt». Es handelt davon, sein Leben Gott zur Verfügung zu stellen, sich von Gott führen zu lassen. Ganz bewusst habe ich das Lied mitgesungen. Für mich ist klar, dass ich mit Gott leben und mich nach seinem Willen entwickeln will. Diese Entscheidung habe ich schon vor eineinhalb Jahren getroffen; seitdem hat sich immer mehr bestätigt, dass es die beste war, die ich hätte treffen können. In diesem Sinne habe ich das Lied auch immer verstanden: ganz allgemein als Ausdruck meiner Einstellung.

Jetzt habe ich allerdings das Gefühl, dass Gott mir etwas ganz Bestimmtes durch das Lied sagen möchte. Ich weiß nicht genau, worum es geht, aber die Gedanken daran lassen mich nicht mehr los. Der Text bleibt mir den ganzen Abend über im Kopf, auch als ich später wieder allein bin. Ich sitze in meinem Apartment, denke darüber nach und fange schließlich an zu beten. Wenn Gott mir durch das Lied etwas sagen wollte, dann werde ich nur von ihm erfahren können, um was es sich genau handelt. Ich sage Gott, dass ich es ernst gemeint habe, als ich das Lied gesungen habe. Ich bin so dankbar für mein neues Leben. Wenn er etwas Besonderes mit mir vorhat, bin ich bereit dazu.

Während ich bete, greife ich instinktiv zu dem Jahresprogramm der Jugendorganisation der Baptisten in Deutschland, das neben mir auf dem Tisch liegt, und schlage es auf. Ich verstehe nicht genau, wie mir das Heft dabei helfen soll herauszufinden, was Gott mir sagen möchte, aber ich kann mir auch keinen anderen Grund denken, warum ich jetzt auf einmal das Verlangen habe, dieses Programmheft zur Hand zu nehmen. Direkt auf der ersten Seite befinden sich Werbeanzeigen. Mein Blick fällt sofort auf eine, die für das Theologische Seminar Elstal wirbt, eine Fachhochschule, an der man Theologie studieren kann, um Pastor zu werden. In diesem Moment weiß ich ganz sicher, dass ich mir genau diese Anzeige anschauen sollte. Die Freizeit, das Jahresprogramm, die Jugendstunde – all das sollte mich in diese Situation bringen. Und es passt so gut: Es ist eine Fachhochschule, und ich mache gerade mein

Fachabitur. Auch wenn ich es im Metallbereich mache, kann ich damit an jede beliebige Fachhochschule gehen.

Mir fallen Gespräche ein, die ich im Gefängnis geführt habe. Damals wurde mir von einigen Mithäftlingen immer wieder gesagt, ich könne doch auch Pastor werden. Ich konnte mir das nicht wirklich vorstellen, aber das ist nun anders. Jedenfalls bin ich überzeugt davon, dass Gott genau das von mir möchte, und die Erfahrungen, die ich in den letzten Wochen gemacht habe, sprechen ebenfalls dafür. Ich beschäftige mich gern mit Glaubensthemen und mit der Bibel, und es macht mir Freude, anderen diese Dinge zu vermitteln. Das, was ich heute erlebt habe, kann kein Zufall sein. Wenn ich in den nächsten Tagen das Heft aufgeschlagen hätte, wäre ich wahrscheinlich nie auf die Idee gekommen, die Anzeige könne mich betreffen; meine berufliche Zukunft war mir doch schon vollkommen klar – die Frage war nur noch, wo ich Maschinenbau studieren würde. Doch jetzt bin ich mir sicher, dass Gott einen anderen Plan für mich hat.

Am nächsten Tag wache ich auf und bin mir nicht mehr ganz so sicher. Ich bekomme Zweifel. Habe ich mir das vielleicht doch nur alles eingebildet? Ist meine Phantasie mit mir durchgegangen? Das waren doch nur Gedanken und Gefühle. Wenn Gott wirklich diesen Plan für mein Leben hat, muss er mir dann nicht ein deutlicheres, ein untrügliches Zeichen geben? Ich war doch vor einem guten halben Jahr noch im Gefängnis, bin erst seit kurzer Zeit mit der Gemeinde verbunden und noch nicht einmal getauft. Es gibt doch Leute, die schon viel länger in der Gemeinde mitarbeiten, die das viel besser können als ich. Und dann noch meine Vergangenheit – geht das überhaupt? Kann ich Pastor werden, obwohl ich einen Menschen getötet habe?

Die nächsten Tage beschäftige ich mich mit dem Für und

Wider. Ich werde mir immer sicherer: Gott hat tatsächlich zu mir gesprochen. Aber mir ist das Ganze nicht eindeutig genug; wenn Gott das wirklich mit mir vorhat, soll er mir ein deutlicheres Zeichen geben.

In einem Einkaufsprospekt stoße ich auf ein Gewinnspiel, der erste Preis ist ein Auto. Das ist es doch, denke ich. Ich nehme an diesem Gewinnspiel teil, und wenn Gott wirklich will, dass ich Theologie studiere, dann soll er mir das Auto schenken – das soll mein Zeichen sein.

Am nächsten Tag lese ich in der Bibel; ich folge einem festen Lektüreplan, und an diesem Tag ist die Geschichte von Gideon vorgesehen. Der Mann bekommt einen Auftrag von Gott. Er weiß, was er zu tun hat, doch er bittet Gott trotzdem um ein eindeutiges Zeichen, dass er so handeln soll. Erst nachdem Gott ihm dieses Zeichen gewährt hat, befolgt Gideon seinen Auftrag. Ich muss lachen. Das ist genau meine Situation. Ich weiß doch auch, was zu tun ist. Die Geschichte von Gideon wird zu dem klaren Zeichen, das ich mir erhofft habe, und ich sehe ein, dass das Auto nur mein eigener, egoistischer Wunsch war. Gott hat zu mir gesprochen, und ich habe keinen Grund, nicht auf ihn zu hören.

Ich rede mit anderen Menschen aus der Gemeinde über meine Erlebnisse, bitte sie um ihre Meinung und auch darum, für mich zu beten, dass ich wirklich die richtige Entscheidung treffe. Es soll wohl tatsächlich so sein, und auch ich selbst überwinde meine Zweifel. Wenn ich alles noch einmal Revue passieren lasse, ergibt es einen Sinn für mich. Ich werde diesen Weg gehen.

Nachdem ich mich beworben habe, bekomme ich tatsächlich die Einladung zu einem Vorstellungsgespräch und sitze wenige Tage später dem Rektor gegenüber.

«Ich kann mir gut vorstellen, Sie als Student aufzunehmen», meint er, nachdem ich ihm meinen Werdegang geschildert habe. Dann stellt er mir eine Frage, die mich überrascht: «Könnten Sie sich vorstellen, zuvor ein einjähriges Gemeindepraktikum zu machen? Schließlich sind Sie erst seit kurzer Zeit in einer Gemeinde aktiv und kennen das Gemeindeleben noch nicht richtig. Zudem haben Sie kaum Erfahrungen in der Gemeindearbeit. All das würden Sie bei einem solchen Praktikum intensiv kennenlernen. Anschließend könnte auch die Gemeinde eine klare Empfehlung aussprechen, ob sie Sie für das Studium und den Beruf des Pastors für geeignet hält.»

Ich bin etwas überrumpelt, hatte ich doch damit gerechnet, gleich nach meinem Abschluss mit dem Studium anfangen zu können. Wenn ich ein solches Praktikum absolvieren sollte, würde das bedeuten, dass ich erst ein Jahr später mit dem Studium fertig wäre. Dann wäre ich bereits 29 Jahre alt und hätte noch ein weiteres Jahr vor mir, in dem ich kaum Geld verdiene. Andererseits überzeugen mich die Argumente des Rektors. Und habe ich mich nicht gerade dafür entschieden, mein Leben Gott zur Verfügung zu stellen? Wenn mir jetzt dieses Praktikum angetragen wird, dann wird das schon richtig sein.

Ich sage also: «Ich hatte es zwar anders geplant, aber – ja, das klingt plausibel für mich. Ich wäre zu diesem Praktikum bereit.»

«Wären Sie auch bereit, es schwerpunktmäßig in der Jugendarbeit zu absolvieren?», will der Rektor weiter wissen. «In diesem Bereich suchen einige Gemeinden Mitarbeiter.» Als ich nicke, fährt er fort: «Ich werde Ihnen in den nächsten Tagen einen konkreten Vorschlag machen.»

Ostern steht vor der Tür und damit auch meine Taufe. Ich freue mich darauf. Ich habe meine ganze Familie eingeladen und ein paar Freunde. Zwei Tage vorher erhalte ich einen Anruf: Ein Teil meiner Verwandtschaft kann nicht kommen, das Auto sei kaputt. Am nächsten Tag ruft meine Schwester an: Auch sie muss meiner Taufe fernbleiben, die Kinder sind krank. Schade, nur noch mein Bruder und meine Eltern können kommen. Sie wollen erst am Sonntagmorgen aufbrechen, da für meine Mutter die Übernachtung zu aufwendig und anstrengend wäre.

Der Sonntag beginnt mit einem Osterbrunch in der Gemeinde. Ich sitze gerade am Tisch, als ich eine SMS bekomme: Mein Bruder schreibt, dass sie eine Panne haben. Er wisse nicht, ob sie rechtzeitig zur Taufe da sein können. Das ist doch wohl nicht wahr! Da habe ich endlich einmal einen Grund, um mit meiner Familie zu feiern, und dann all diese Widrigkeiten. Ich bete, dass wenigstens sie es schaffen. Aber der Gottesdienst beginnt, und sie sind immer noch nicht da. Ich bin frustriert.

Dann geht die Kirchentür noch einmal auf: Sie haben es doch geschafft, wie schön! Der Gemeindechor singt ein Lied; es heißt «Unverdient». Wie passend, denke ich. Verdient habe ich es wirklich nicht, dass ich jetzt ein neues Leben führen darf, dass ich jetzt hier sitzen und dieses Fest feiern kann.

Der Gottesdienst berührt mich sehr, dabei hatte ich keine großen Erwartungen. Sicher, ich wollte diese Taufe. Aber für mich war der Moment in meiner Zelle viel wichtiger, als ich mein neues Leben beginnen konnte, als ich spüren durfte, wie Gott mir meine Schuld vergibt. In der Taufe sah ich eher ein Ritual, das meinen Wandel symbolisiert.

Jetzt aber spüre ich, dass die Taufe doch viel mehr ist. Auf einmal merke ich, wie ich anfange zu weinen. Ich weine und weine, kann gar nicht mehr damit aufhören. Ich kann mich nicht daran erinnern, jemals so geweint zu haben. In den letzten Jahren habe ich höchstens mal eine Träne beim Zwiebelschneiden vergossen, und nun frage ich mich, wo all die

Flüssigkeit herkommt. Es ist, als würden in mir alle Dämme brechen, als würde irgendetwas, das schon viel zu lange festsitzt, endlich aus meinem Körper gespült werden. Ich weiß nicht, was es ist, aber das Weinen fühlt sich gut an. Ich schäme mich nicht, dass alle meine Tränen sehen können. Ich weine lange, während der Chor singt, während der Predigt, bis ich zum Taufbecken gehe.

Dann ist es so weit. Ich steige ins Taufbecken, der Pastor taucht mich unter und zieht mich wieder hoch, die Gemeinde applaudiert. Was für ein simpler Ablauf – aber er bedeutet mir unglaublich viel. Ich bin glücklich und steige wieder aus dem Becken. Jetzt ist es offiziell: Meine dunkle Vergangenheit ist von mir abgespült, sie bleibt zurück im Wassergrab. Ich habe mich öffentlich dazu bekannt, dass ich jetzt zu Gott und seiner Gemeinde in dieser Welt gehöre.

Es ist richtig, diesen Schritt zu tun. Wenn ich es nicht schon vorher gewusst hätte, wären meine Tränen der letzte Beweis für mich gewesen, dass jetzt wirklich etwas Neues anfängt. Das Leben hatte mich schon viel zu hart gemacht, ich konnte gar nicht mehr weinen. Jetzt hat Gott mir auch diese Fähigkeit wieder geschenkt.

Einige Gemeindemitglieder haben ein köstliches Essen zubereitet. Ich feiere noch mit meinen Gästen, mit den Jugendlichen und meinem Hauskreis und bekomme Geschenke, über die ich mich sehr freue. Dann geht dieser schöne Tag zu Ende.

Kurz darauf wird mir die Gemeinde genannt, in der ich mein Jahrespraktikum machen soll. Waldshut heißt der Ort. Als ich nachschaue, wo das liegt, bekomme ich einen kleinen Schrecken. Es ist sehr weit weg, ganz im Süden Baden-Württembergs, direkt an der Schweizer Grenze. Von dort werde ich kaum regelmäßig Kontakt nach Niedersachsen halten können. Schade, ich habe mich hier sehr wohlgefühlt. Ich vereinbare mit den Verantwortlichen einen Termin zum Kennenlernen; danach müssen wir uns entscheiden: ich, ob ich das Praktikum machen, und die Gemeinde, ob sie mich aufnehmen will.

Ich fahre mit dem Zug nach Waldshut, der Pastor holt mich vom Bahnhof ab, und ich lerne die junge Frau kennen, die dort ebenfalls gerade ihr Jahrespraktikum absolviert, um anschließend zu studieren. Dann treffe ich mich mit der Leitung. Man stellt mir die Gemeinde vor sowie meinen künftigen Aufgabenbereich. Ich erzähle ihnen über mein bisheriges Leben, stelle ein paar Fragen und präsentiere mich am nächsten Tag noch einmal im Gottesdienst der ganzen Gemeinde. Jetzt müssen alle abstimmen, ob sie mich haben wollen, dann muss die finanzielle Hürde genommen werden, denn der Gemeindehaushalt wird nur über Spenden finanziert. Doch die Kassenlage reicht nicht für meine Anstellung – wenn die Gemeindeglieder mich haben wollen, müssen sie 70 Prozent meines Gehalts durch zusätzliche Spenden sicherstellen. Für die verbindliche Zusage dieser Extraspenden gibt es eine Frist. Nach ihrem Ablauf wird man mir Bescheid geben, ob ich mein Praktikum machen kann. Ich fahre also wieder nach Hause und muss mich noch zwei Wochen gedulden, bis ich weiß, ob ich im Herbst tatsächlich anfangen kann.

Zurück in Hameln, habe ich ein Gespräch mit meinem Pastor. Er hält die nächste Überraschung für mich bereit: «Wenn Sie die Pastorenlaufbahn einschlagen wollen, heißt das, dass Sie predigen können müssen», leitet er das Gespräch ein. «Ich finde, Sie sollten gleich mit dem Üben anfangen und Ihre erste Predigt hier in der Gemeinde halten. Schließlich sind Sie hier getauft worden und haben Ihre Berufung zum Theologiestudium gespürt.»

Ich freue mich sehr über dieses Angebot, doch ich merke in der Vorbereitung schnell, dass so eine Predigt vor der versammelten Gemeinde etwas ganz anderes ist als eine Andacht in der Jugendgruppe, die mir vertraut ist. Außerdem bin ich es nicht gewohnt, einen Anzug zu tragen. Es fühlt sich fremd an, als ich die Kanzel betrete; ich bin reichlich nervös, lese viel vom Blatt ab und bin froh, als es vorbei ist. Wirklich souverän war meine Leistung sicherlich nicht, aber ich bekomme später einige nette Kommentare zu hören. Das macht mir Mut – immerhin habe ich jetzt den Anfang gemacht, die nächsten Male werden mir sicherlich schon leichter fallen, und irgendwann wird sich Routine einstellen. Als ich das erste Mal in meiner Ausbildung die Fräsmaschine bediente, war ich schließlich auch sehr nervös.

Dann bekomme ich einen Anruf aus Waldshut. Es ist der Kassenwart der Gemeinde. Die Spendenmeldungen sind da: Die Gemeindeglieder decken nicht 70 Prozent meiner Stelle durch Zusatzspenden ab, sondern 100 Prozent. Natürlich sind sie alle Christen, aber trotzdem war es nicht selbstverständlich, dass sie mir mit meiner Vergangenheit erlauben würden, ihre Jugendlichen zu betreuen. Und nun diese klare Zusage. Was für ein Vertrauensbeweis! Ich freue mich auf diese Gemeinde.

Doch vorher muss ich mein Fachabitur machen, die Abschlussprüfungen stehen an. Es wird noch einmal sehr lernintensiv, aber ich bin motiviert, auch wenn ich weiß, dass ich in Zukunft nicht mehr viel mit Metall zu tun haben werde. Das Schuljahr ist super verlaufen. Wenn die Prüfungen in etwa die Vornoten bestätigen, werde ich einen guten Einserschnitt erzielen; ich warte gespannt auf die Ergebnisse.

Zur Notenvergabe müssen wir in die Schule kommen. Dann ist es endlich so weit. Nur in Mechanik hat es nicht mehr ganz gereicht, dort wird es eine Zwei. Ansonsten habe ich überall eine Eins. Lehrer und Mitschüler gratulieren mir.

Ich habe es geschafft – so lange musste ich dafür kämpfen, wieder zur Schule gehen zu können, und jetzt dieser hervorragende Abschluss! Ich freue mich riesig darüber und bin absolut glücklich.

Mir ist es wichtig, dass meine Eltern bei der Zeugnisvergabe dabei sind. So lange Zeit hatten sie nichts als Kummer mit mir, jetzt sollen sie sich auch mit mir freuen können.

Es ist ein ganz besonderer Tag für mich. Schüler, Lehrer und Angehörige haben sich herausgeputzt, wir sitzen in der Aula, preisgekrönte Musiker spielen, und ein bedeutender Firmenchef aus der Region hält eine Rede unter dem Motto: «Die Zukunft wird dem gehören, der sich ändern kann». Als hätte er diese Rede nur für mich geschrieben, denke ich.

Bei der Zeugnisvergabe werden die besten Absolventen gesondert geehrt. Wir werden nach vorn gerufen, während «Stand up for the Champions» gespielt wird. Diese Anerkennung tut so gut, nachdem mir im Gefängnis nach der Ausbildung die Teilnahme an der Ehrung noch verboten worden war. Aber auch das ist längst Vergangenheit. Ich erhalte sogar einen Büchergutschein für das beste Zeugnis. Ich kann ihn gut gebrauchen, fürs Praktikum will ich mir noch ein paar Arbeitshilfen besorgen.

Nach der Feier gehe ich mit meiner Familie und einer anderen Familie aus meiner Gemeinde essen – ein schöner Ausklang.

Ich melde mich bei meinem Richter, um ihm mitzuteilen, wie und wo es mit mir weitergeht. Wir kommen überein, dass ich nach meinem Umzug ohne Bewährungshelfer zurechtkommen werde. Ich bin über sein Vertrauen in mich erleichtert, schließlich habe ich ihn in den letzten Monaten nicht gebraucht und fand die Pflichttermine bei ihm eher lästig. So findet auch unsere Zeit einen gelungenen Abschluss.

Da mich mein Umzug durch die ganze Republik führen wird und mein vor kurzem günstig erstandenes Auto längere Zeit in der Garage stand, möchte ich den Wagen vorher noch durchchecken lassen. Ich weiß, dass man in den Betrieben in der Jugendanstalt auch als externer Kunde Aufträge ausführen lassen kann. In der anstaltseigenen Kfz-Werkstatt wird gute Arbeit geleistet, man wird mir dort bei eventuell anfallenden Reparaturen einen guten Preis machen. Für den Kfz-Meister ist das auch kein Problem, er kennt mich ja. Ich fahre also zur Anstalt und melde mich am Tor an. Dummerweise sitzt an der Pforte ein Beamter, der mich offenbar in schlechter Erinnerung hat. Er ruft sofort den Sicherheitsdienstleiter an und lässt mich nicht passieren. Als ob ich irgendwelche Sachen in die Anstalt schmuggeln wollte! Das ist wirklich lächerlich. Nun bin ich schon seit einem Jahr wieder draußen, und die Verantwortlichen halten mich immer noch für ein Sicherheitsrisiko. Enttäuscht fahre ich nach Hause. Dann muss ich mich eben darauf verlassen, dass Gott mich vor Pannen bewahrt.

Zu meinem Abschied veranstalte ich ein Fest in Hameln. Grund zum Feiern habe ich weiß Gott: Es war ein unglaubliches Jahr. Natürlich gab es auch Probleme, und nicht alle meine Wünsche sind in Erfüllung gegangen, aber alles in allem war es eine wunderbare Zeit. Ich werde sie gern in Erinnerung behalten. Doch jetzt geht es weiter: Ein neuer Lebensabschnitt wartet auf mich.

Lehrjahre

Zum ersten Mal in meinem Leben ziehe ich aus Niedersachsen weg – eine enorme Veränderung steht an. Ich bin mit meinem eigenen Auto unterwegs, das ich von meinem eigenen Geld bezahlt habe, und das fühlt sich richtig gut an.

Im Gefängnis war mein Bewegungsradius gleich null, das Steuer hatten andere in der Hand. Jetzt, auf der Autobahn, fliegt die Landschaft an mir vorbei. Jetzt lenke ich selbst. Ich habe mich für diesen Weg entschieden, an dessen Ziel Menschen auf mich warten, die sich auf mein Kommen freuen. Es hat sich unglaublich viel verändert: Vor eineinhalb Jahren konnte ich noch nicht einmal für mich selbst Verantwortung übernehmen. Nun werde ich zum ersten Mal in meinem Leben für andere Verantwortung tragen. Wie ich damit wohl klarkommen werde? Kann ich ein Vorbild für Jugendliche sein? Meine eigene Jugendzeit war extrem mit Problemen behaftet. Werde ich auch zu den Jugendlichen einen Draht bekommen, die ganz anderes erlebt haben? Ich vertraue darauf, dass Gott einen Plan verfolgt und die kommende Zeit sowohl für mich als auch für die Gemeinde gut werden wird.

Am späten Nachmittag komme ich an und klingle bei der Hausmeisterin der Gemeinde.

«Da sind Sie ja», begrüßt sie mich freundlich. «Sie haben sicher Hunger nach der langen Fahrt. Essen Sie doch mit uns, wenn Sie mögen.»

Welch netter Empfang! Dieser Eindruck verstärkt sich noch, als sie mir mein Apartment zeigt. Es ist frisch renoviert und wirklich schön geworden, und von meinem Fenster aus kann ich sogar den Rhein sehen. Als Praktikant könnte man weiß Gott schlechter untergebracht sein.

Mein Hauptansprechpartner in der Gemeinde ist der Pastor. Siegfried ist gleichzeitig mein Chef und mein Mentor. So ein Dienstverhältnis kenne ich noch nicht; im Betrieb wurde ich in meine Arbeit eingewiesen, die ich dann entsprechend verrichtete. Wenn es gutging, gab es vielleicht ein Lob, wenn ich etwas falsch gemacht hatte, wusste ich meist selbst, woran es lag; manchmal tadelte mich auch der Chef. Einen Mentor hatte ich aber noch nie.

Für Siegfried ist ein solches Verhältnis dagegen fast schon Routine; ich bin der dritte Jahrespraktikant in seiner Gemeinde. Zum Einstand bringt er mir Kakteen mit: «Ich habe mir fast schon gedacht, dass du keine Pflanzen hast.» Damit hat er recht. «Außerdem sind Kakteen auch ein Bild für die Arbeit, die dich mit den Jugendlichen erwartet. Auf den ersten Blick sind die Jugendlichen etwas unscheinbar, oft auch ein wenig stachelig. Dabei kannst du bei der Arbeit mit ihnen gar nicht so viel falsch machen. Und wenn du Glück hast, blüht der eine oder die andere in deiner Zeit hier auf.»

Es hat durchaus Vorteile, dass ich ohne jegliche theologische oder pädagogische Ausbildung mein Gemeindepraktikum beginne. Ich bin nicht der Meinung, schon alles zu können und zu wissen, stattdessen weiß ich genau, wie sehr ich auf Gottes Hilfe angewiesen bin und wie wichtig es ist, mich von ihm leiten zu lassen. Diese Leitung erfahre ich vor allem auf zwei Wegen. Zum einen kommen mir in den Zeiten, die ich mit Gebet und Bibellesen verbringe, immer wieder Ideen, wie ich meine Arbeit gestalten, zum anderen machen Leute aus der

Jugendarbeit oder aus der Gemeinde konkrete Vorschläge, auf die ich eingehen kann.

So entsteht meine erste größere Aktion mit der Jugendgruppe. Ich habe den Plan gefasst, ein Kennenlernwochenende mit der Gruppe zu veranstalten, da spricht mich nach dem ersten Gottesdienst ein Mann aus der Gemeinde an, der auf einem abgelegenen Gehöft im Schwarzwald wohnt: «Wenn Sie wollen», sagt er, «können Sie mit der Jugend gern dort Lagerfeuer machen und in der Scheune übernachten. Als Gegenleistung könnten Sie ja kleinere Arbeiten auf dem Hof erledigen.»

Ich nehme das Angebot erfreut an, und schon am folgenden Wochenende fahre ich mit der Jugendgruppe dorthin. Es ist gar nicht so schwer, die Jugendlichen zur Arbeit zu motivieren. Ich an ihrer Stelle hätte wahrscheinlich einen Rucksack voller Bier mitgenommen und mich dann durchgehend betrunken. Stattdessen graben wir jetzt Erde um oder hacken Holz. Das gemeinsame Arbeiten ist ein guter Anfang. Jeder wird gebraucht, keiner kommt sich nutzlos vor, und wir sind in der Gruppe aufeinander angewiesen. Und alle sind wir hungrig und stürzen uns auf das leckere Essen, das in der Zwischenzeit gekocht wurde.

Später sitzen wir am Lagerfeuer vor der Scheune. Mir ist es wichtig, dass wir uns darüber austauschen, was wir uns von dem gemeinsamen Jahr erwarten, welche Wünsche und Ziele wir haben. Ich habe vor kurzem in der Bibel die Geschichte vom Tempelbau in Jerusalem gelesen. Für mich war das eine gute Anregung. Ich möchte die Zeit nutzen, damit wir gemeinsam etwas entstehen lassen, das uns hilft, unseren Glauben zu leben, und das gleichzeitig Ausdruck unserer Verehrung Gottes ist. Die Jugendlichen schreiben ihre Erwartungen auf Zettel, und ich hänge diese Zettel dann so ans Scheunentor, dass sie Säulen und Dach eines Tempels ergeben. Einige der genannten Wünsche entsprechen auch meinen eigenen Zielen, für andere bin ich dankbar, weil sie mir selbst nicht eingefallen wären. Damit habe ich auf jeden Fall eine gute Arbeitsgrundlage.

Mit Siegfried habe ich mich darauf geeinigt, einmal im Monat zu predigen. Dabei lässt er mir viel Freiheit. Ich kann ihn ansprechen, wenn ich Hilfe brauche, ansonsten soll ich aber selbständig zu Werke gehen. Den biblischen Text darf ich frei wählen und auch den Aufbau der Predigt gestalten, wie ich es möchte. Bei meiner Predigt in Hameln war ich etwas unglücklich darüber, dass ich durch das Ablesen von meinem Manuskript nicht recht in Kontakt mit der Gemeinde kam, deshalb entscheide ich mich hier von Anfang an dafür, nur mit Stichpunkten zu arbeiten. So fühle ich mich auch auf der Kanzel wohler.

Siegfrieds Feedback folgt im nächsten Gespräch: «Bitte formuliere deine nächste Predigt aus. Es war nicht ganz leicht, deinen Gedankengängen zu folgen. Ich würde gern sehen, ob es besser wird, wenn du den Text komplett vorbereitest.»

Ich bin verunsichert. «War meine Predigt nicht gut? Ich habe doch positive Rückmeldungen bekommen. Kommt es nicht darauf an, ob die Menschen sich durch die Predigt angesprochen fühlen? War ich nicht gut genug?»

Mir fällt es schwer, Siegfrieds Kritik als Hilfe zu erkennen. Bisher kannte ich es nur so: Ich hatte etwas richtig gemacht und wurde gelobt, meist aber wurde ich getadelt, weil ich etwas falsch gemacht hatte. Jetzt muss ich lernen, dass es auch dazwischen noch eine Menge gibt. Auch wenn es noch etwas zu verbessern gibt, heißt das offenbar nicht, dass ich es falsch gemacht habe.

Als Leiter der Jugendgruppe nehme ich auch an den Gemeindeleitungssitzungen teil. Ich bin gleichberechtigtes Mitglied neben den anderen, die jeweils ihre Arbeitsbereiche verantworten. Mir kommt es so vor, als ob ich hier ganz praktisch lernen kann, wie Demokratie funktioniert. Es ist doch ein großer Unterschied, ob einer allein Entscheidungen trifft, oder ob ich gemeinsam mit anderen an einem Entscheidungsfindungsprozess beteiligt bin. Bisher war es immer so: Entweder wurde über mich bestimmt, oder ich traf selbst meine einsamen Entscheidungen. Nun tut es mir gut zu sehen, dass meine Vorschläge ernst genommen und meine Ideen durchaus als Bereicherung empfunden werden. Ich profitiere davon, mit Menschen zusammenzuarbeiten, die viel mehr Erfahrung haben als ich und mir Perspektiven eröffnen, die mir bislang verschlossen waren. Ich finde es wahnsinnig interessant zu entdecken, wie eine Gemeinde organisiert ist und welche Entscheidungen getroffen werden müssen.

Für mich ist in diesem Zusammenhang die Frage besonders wichtig, wie die Gemeinde ihre Mission lebt. Was unternimmt sie, damit die Menschen in ihrem Umfeld Gott begegnen können? Während meines Praktikums sollen zwei größere Aktionen stattfinden, an denen auch andere Kirchen beteiligt sind. Ich bin bei beiden Veranstaltungen als Mitarbeiter eingeplant und freue mich auf diese Erfahrungen. Es ist mir ein Herzensanliegen geworden, dass auch andere Menschen Gott erfahren, der mein Leben so wunderbar verändert hat.

Bis es so weit ist, stehen allerdings noch einige andere Aufgaben im Gemeindealltag an. Einmal im Monat gestalte ich den Kindergottesdienst mit und nehme deshalb auch an den Mitarbeitertreffen teil. Für mich werden diese Treffen zur Herausforderung. Ich dachte, wir würden uns nur kurz treffen, Thema und Aufgaben absprechen, und dann würde ich meinen Teil selbständig vorbereiten. So einfach ist es allerdings nicht. Ich finde mich in einer Frauenrunde wieder, in der ich mir reichlich deplatziert vorkomme. Die Frauen kennen sich schon länger und haben schulpflichtige Kinder. Für sie fungieren diese Treffen vor allem als Beziehungspflege und Austausch über aktuelle Ereignisse und Probleme. Das ist für mich eine schwierige Angelegenheit. Wann hatte ich schon mit Menschen zu tun, die ein solches Leben führten? Ich war immer unter meinesgleichen, habe wenigstens einige gemeinsame Interessen oder Erfahrungen mit den anderen geteilt. Jetzt fühle ich mich völlig außen vor. Meine Lebenswelt ist eine ganz andere, und meine Erwartung an die Treffen ist rein funktional, aber ich muss mich daran gewöhnen. Vielleicht ist es sogar ein ganz heilsamer «Schock»; später werde ich wahrscheinlich oft mit Menschen zu tun haben, die einem anderen Kontext entstammen.

Eine weitere Herausforderung ist der Gemeindeunterricht. Wie arbeite ich mit Teenagern, die eigentlich gar nicht motiviert sind? Für sie ist das Ganze nicht viel besser als Schulunterricht. Sie müssen mitmachen und lernen. Siegfried gönnt mir jedenfalls auch diese Erfahrung, und ich gerate mit meinen didaktischen Fähigkeiten schnell an meine Grenzen. Nach der ersten Stunde bin ich reichlich frustriert und der Meinung, dass der Unterricht völlig sinnlos ist.

«Ich halte den Unterricht für Zeitverschwendung», sage ich denn auch zu Siegfried. «Wir sind doch eine Freikirche, unsere Mitglieder entscheiden sich bewusst für den Glauben an Gott. Ist es da nicht Unsinn zu versuchen, den Kids den Glauben anzuerziehen?»

Siegfried erwidert: «Du lässt dich zu leicht einschüchtern und frustrieren. Achte in Zukunft mal darauf. Es ist schon richtig – auch die Jugendlichen entscheiden sich freiwillig, ob sie mit Gott leben wollen oder nicht. Deshalb liegt es ja in unserer Verantwortung, ihnen unseren Glauben so gut wie möglich zu vermitteln, damit sie auch eine begründete Entscheidung treffen können.»

Ich sehe ein, dass er damit recht hat.

Siegfried gewährt mir viele Einblicke in die Pastorentätigkeit; ich würde sonst schließlich nur die Gemeindeveranstaltungen miterleben. Er nimmt mich zum Beispiel zu älteren und kranken Gemeindemitgliedern mit. Bisher habe ich kaum Erfahrung im Umgang mit Kranken und Sterbenden – die Erkrankung meiner Mutter hat ja eher zu einer Distanzierung geführt. Deshalb bin ich froh, diese Besuche nicht allein machen zu müssen. Woher soll ich auch wissen, was man am Krankenbett sagen soll, um Trost zu spenden?

Wir besuchen einen alten Mann, der auf den Tod wartet. Er hatte sich schon darauf eingestellt, zu sterben, als er ins Krankenhaus kam. Doch gegen alle Erwartungen ist es anders ausgegangen. Jetzt liegt er in seinem Bett, leidet heftige Schmerzen und versteht nicht, warum er nicht gehen durfte.

Siegfried spricht mit ihm über seine bisherigen Lebenserfahrungen. «Sie haben doch immer wieder in Ihrem Leben gemerkt, dass Gott es gut mit Ihnen meint, nicht wahr? Sie können auch jetzt darauf vertrauen: Gott ist an Ihrer Seite, auch in diesem finsteren Tal bleibt er Ihr guter Hirte.»

Was ich von Siegfried lernen kann, ist, die Lebensgeschichten, die die Menschen erzählen, zu hören und zu verstehen. Dazu fehlen in den kurzen Gesprächen vor oder nach den Gottesdiensten die Zeit und wohl auch die Atmosphäre. Zu Hause berichten die Leute lieber von den Höhen und Tiefen ihres Lebens. Mich beeindruckt das sehr. Ich habe vorher immer nur einzelne Episoden aus dem Leben anderer gehört, aber siebzig oder achtzig Lebensjahre am Stück erzählt zu bekommen, ist für mich eine wertvolle Erfahrung. Dabei wird mir noch einmal bewusst, wie einzigartig jeder Lebenslauf ist und wie wichtig es ist, dass die ältere Generation ihre Erfahrungen an die jüngere weitergibt. Was weiß ich eigentlich von meinen Vorfahren? Selbst die Lebensgeschichten meiner eigenen Großeltern sind mir so gut wie unbekannt.

Schwerpunkt meiner Arbeit bleibt allerdings die Jugendarbeit. Ein Wunsch, der von den Jugendlichen geäußert wurde, war die Gründung von Jugendhauskreisen, die eine Ergänzung zu den Jugendstunden sein sollen. Unsere Hoffnung ist, dass in den kleineren Gruppen mehr Vertrautheit möglich wird und Themen behandelt werden können, für die die größere Jugendgruppe nicht den geeigneten Rahmen bildet.

Die Leitung eines dieser Hauskreise übernehme ich, und innerhalb dieser Kleingruppe entsteht dann im Laufe der Zeit ein recht familiäres Klima. Einmal sagt eine Teilnehmerin dieses Hauskreises, wie sehr sie sich darüber freut, dass wir so gut miteinander auskommen: «Bevor du nach Waldshut kamst, bin ich Opfer eines Gewaltverbrechens geworden», erzählt sie. «Dann habe ich dich bei deinem Vorstellungsbesuch in der Gemeinde gesehen und deine Geschichte gehört. Das hat bei mir sehr schlechte Erinnerungen wachgerufen. Ich hatte schon Angst, dass ich nun das ganze Jahr über ständig an dieses traumatische Erlebnis erinnert werden würde. Mittlerweile habe ich aber das Gefühl, dass mir die Begegnung mit dir geholfen hat, mit meinen Ängsten fertigzuwerden.»

Ich freue mich doppelt über diese Entwicklung. Zum einen für sie, zum anderen bin ich dankbar, nun keine Angst mehr zu verbreiten, sondern auch beim Abbau von Ängsten helfen zu können – trotz oder gerade wegen meiner eigenen Vergangenheit.

Nicht zuletzt durch solche Gespräche fühle ich mich schon nach kurzer Zeit sehr wohl in der Gemeinde, vor allem wenn ich ab und an von Eltern und Jugendlichen höre, wie sehr sie sich darüber freuen, dass ich da bin und diese Arbeit mache. Natürlich gibt es selbst in einer solch offenen Gemeinde ganz normale zwischenmenschliche Probleme, doch es überwiegt die unglaubliche Herzlichkeit. Ich bekomme oft Einladungen zum Essen, bei denen sich meine Gastgeber alle Mühe geben, dass ich mich bei ihnen wohlfühle. Auch in meiner Freizeit werde ich häufig von den Jugendlichen und ihren Familien eingeladen; wir veranstalten Spiele- oder Videoabende oder treffen uns einfach so zum Zusammensein.

In Waldshut lerne ich noch ein weiteres Arbeitsfeld gemeindenaher Diakonie kennen. In Hameln gab es sonntags nach den Gottesdiensten Mittagessen für sozial Benachteiligte aus dem Stadtviertel. Ich habe mir im Vorfeld gar keine Gedanken darüber gemacht, wie vielfältig die Möglichkeiten für Gemeinden sind, sich in der Gesellschaft zu engagieren. In Waldshut besteht ein Schwerpunkt in der Betreuung von Asylbewerbern, deshalb gibt es während der Predigt eine Simultanübersetzung für diejenigen, die noch kein Deutsch sprechen. Da die Asylbewerber etwas außerhalb untergebracht sind, hat die Gemeinde einen Fahrdienst eingerichtet, um ihnen die Teilnahme an den Gottesdiensten zu ermöglichen. Allerdings bleibt es nicht bei diesem Gottesdienstservice. Familien laden Asylbewerber auch zum Essen ein, Siegfried und seine Frau feiern sogar Weihnachten im Asylbewerberheim, zudem helfen sie ihnen bei Behördengängen und juristischen Angelegenheiten.

Ich übernehme gelegentlich Fahrdienste. Für mich ist auch das ein schönes Zeichen dafür, wie viel sich in meinem Leben geändert hat. Früher hätte ich mich mit diesen Menschen vielleicht geprügelt, es hätte mich gestört, dass sie hier sind. Jetzt sehe ich in ihnen Mitmenschen, die es oft schwer haben, dazuzugehören, und ich versuche, meinen Teil dazu beizutragen, damit sie sich hier wohlfühlen können. Außerdem nehme ich sie nicht als Bittsteller wahr. Es sind außergewöhnliche Menschen, die das Gemeindeleben bereichern.

Ich habe mich schon lange auf die Missionsveranstaltungen gefreut, dann ist es endlich so weit. Gemeinsam mit anderen Kirchen stellen wir Baptisten ein Fahrerteam zusammen und sind eine Woche mit sieben Smarts im Landkreis unterwegs. Die Fahrzeuge dienen als mobile «Kirchen», mit ihren gerade mal zwei Sitzplätzen nennen wir sie die «kleinsten Kirchen der Welt». Sie tragen den Aufdruck «Zweifel & Staunen». Wir fahren im Konvoi und stellen uns an zentrale Plätze, um mit Menschen ins Gespräch zu kommen, für unseren Glauben zu werben und auch für die Menschen zu beten, wenn sie das wünschen.

Das ist gar nicht so einfach, viele Leute wollen nicht über Religion reden oder auch nur darüber nachdenken. Ich kenne das von mir selbst, ich war auch lange Zeit nicht offen dafür. Dennoch führe ich in dieser Woche ein paar gute Gespräche.

Durch die gemeinsame Aktion verstärkt sich der Kontakt zu anderen Kirchen und Freikirchen in der Region. Für alle Mitarbeiter gibt es einen Motivationsgottesdienst. Nach dem Gottesdienst lerne ich einige Gleichaltrige aus einer anderen Freikirche kennen. Wir tauschen unsere Mailadressen aus und beschließen, in Zukunft öfter gemeinsam etwas mit unseren beiden Jugendgruppen zu unternehmen – und tatsächlich setzen wir diesen Plan auch um. Diese Entwicklung wird dadurch begünstigt, dass es in beiden Gruppen Singles gibt, die sich füreinander interessieren – dazu gehöre ich. Jessi und ich mögen uns auf Anhieb, wir treffen uns einige Male, schreiben SMS und kommen schließlich zum Jahresanfang zusammen. Ich genieße die Zeit mit ihr sehr – nachdem ich so lange allein war, ist es wunderbar, wieder jemanden an meiner Seite zu haben.

Einige Tage später spricht mich allerdings ein Mann aus ihrer Gemeinde darauf an. Er hat mitbekommen, dass wir jetzt ein Paar sind, und weiß auch, dass ich nach meinem Praktikum Theologie studieren werde, um Pastor zu werden. Er rät mir, die Beziehung zu beenden. Er könne sich Jessi nicht als Pastorenfrau vorstellen, und ich solle meinen Beruf bei der Partnerwahl mitberücksichtigen.

Was soll ich davon halten? Sicher, er kennt Jessi schon länger als ich, er hat auch schon mehr Erfahrung in der Gemeindearbeit. Aber sollte ich nicht einfach auf mein Herz hören? Außerdem haben wir uns doch nach einem Gottesdienst kennengelernt. Sie arbeitet in ihrer Gemeinde mit, warum sollte sie das später nicht auch weiterhin gern tun? Und es sind ohnehin noch einige Jahre, bis ich Pastor werde. Hat er vielleicht ganz andere Vorbehalte?

Ich bleibe mit Jessi zusammen und hoffe, dass sich seine Einschätzung nicht bewahrheiten wird. Jedenfalls tue ich alles für die Intensivierung unsere Beziehung. Ich stehe unter einem gewissen Zeitdruck; schließlich werde ich nur noch bis zum Herbst in Waldshut sein und dann nach Elstal ziehen. Ich wünsche mir sehr, diesen Schritt dann mit ihr gemeinsam zu gehen.

Das schönste Erlebnis im Rahmen meines Praktikums habe ich an Pfingsten. Einer meiner Jugendlichen, Ruben, hat mich gefragt, ob ich ihn taufen will. Natürlich will ich! Ich rede mit Siegfried darüber, und er hat nichts dagegen. In einer Freikirche ist die Taufe nicht an ein Amt gebunden. Jeder gläubige Christ darf taufen. Siegfried zeigt mir buchstäblich in einer «Trockenübung» den Ablauf des Rituals und gibt mir praktische Tipps. Dann führe ich mit Ruben einen Taufvorbereitungskurs durch, und zu Pfingsten ist es schließlich so weit. Wir fahren an einen See, halten dort einen Gottesdienst ab und begeben uns dann ins Wasser. Ich freue mich so über dieses Ereignis, dass ich gar nicht merke, wie kalt das Wasser ist. Ruben hat seinen Glauben bekannt, am Ufer stehen seine Angehörigen und filmen, ich spreche die Taufformel und darf dann das Ritual durchführen, dem ich mich vor einem Jahr noch selbst unterzogen habe. Jetzt bin ich derjenige, der Ruben ins Wasser taucht und wieder emporzieht. Meine Freude ist fast genauso groß wie bei meiner eigenen Taufe. Ich kenne Ruben seit einem Dreivierteljahr, und nun hat er sich für ein Leben mit Gott entschieden. Für einen zukünftigen Pastor wie mich kann es kaum etwas Schöneres geben, als dieses Ritual zu feiern.

Mit diesem Gefühl schaue ich generell auf mein Praktikum zurück, es war eine wunderbare Zeit, in der ich viel gelernt habe, einiges an Praxiserfahrung sammeln und auch viel Eigenes einbringen konnte. Ich bin so zufrieden in Waldshut, dass ich ernsthaft überlege, ob ich wirklich zum Studium nach Elstal gehen oder doch bleiben soll. Soll ich mit einer halben Stelle in meinem Beruf arbeiten und den Rest der Zeit in der Jugendarbeit? Ich stelle diese Überlegungen auch deshalb an, weil Jessi noch nicht so weit ist, ihre Heimat, ihre Familie und Freunde zurückzulassen und in einen neuen Lebensabschnitt aufzubrechen. Letztlich komme ich aber zu dem Schluss, dass ich die nächste Etappe in meinem Leben in Angriff nehmen muss. Die Gemeinde spricht mir jedenfalls eine klare Empfehlung für den pastoralen Dienst aus.

Es heißt also schon wieder Abschiednehmen von liebgewordenen Menschen. Wieder ein Abschiedsfest, viele Umarmungen, gute Wünsche, Segensworte und auch manche Träne. Zu den meisten Menschen werde ich den Kontakt nicht halten können, wie schwer das über eine größere Distanz ist, habe ich schon nach meinem Wegzug aus Hameln gemerkt.

Wieder steht eine Fahrt quer durch Deutschland an. Aber ich weiß einfach, dass ich weiter muss, auch wenn es mir nicht leicht fällt, diesen Ort zurückzulassen, der sich fast wie ein Zuhause angefühlt hat.

Ich komme mir vor wie ein Nomade. Dabei wünsche ich mir nichts sehnlicher als ein Stück Heimat, einen Ort, wo liebe Menschen auf mich warten. Aber vielleicht finde ich diesen Ort tatsächlich erst im Himmel.

Der Weg zurück

Die Fahrt nach Elstal ist weit, und endlich angekommen, bringe ich meine Sachen in meine neue Wohnung, die ich mir nun mit einem Mitbewohner teilen werde. Zum Glück ist auch diese Wohnung möbliert.

Meine Vorgängerin in Waldshut studiert schon seit einem Jahr hier. Sie hat mich zum Abendessen eingeladen. Ich nehme ihr Angebot dankbar an, schließlich ist mein eigener Kühlschrank noch leer. Wie fast alle Studierenden wohnt auch sie auf dem Campus, daher habe ich es nicht weit. Beim Essen gibt sie mir einige Tipps: Ich erfahre, wo ich einkaufen kann, wo ich mich ummelden muss, wo sich die Studierenden abends treffen. Anschließend gehe ich gleich einkaufen, damit ich mich in den nächsten Tagen selbst versorgen kann. Ich ziehe mich in mein Zimmer zurück und sammle mich.

Mit den anderen Studierenden, vor allem zu denen aus meinem Semester, bekomme ich in den nächsten Tagen reichlich Kontakt. Als Erstsemester fangen wir einen Monat früher an als die übrigen, um einen Griechisch-Intensivkurs zu absolvieren. Davor haben wir «Frischlinge» an einem Wochenende unter Anleitung von zwei Professoren viel Zeit, uns zu beschnuppern. Wir sind sechzehn Erstsemester, und alle erzählen von ihrem bisherigen Lebensweg und ihren Beweggründen, die sie dazu veranlasst haben, Theologie zu studieren. Die Jüngsten sind noch keine zwanzig und haben nach dem Abitur erst ein Praktikum gemacht, der Älteste ist Mitte dreißig und hat für das Studium seinen Beruf an den Nagel gehängt. Wir sind alles andere als eine homogene Gruppe, und ich bin gespannt, wie sich das Miteinander entwickeln wird.

Das Leben auf dem Campus bringt automatisch einen engen Kontakt mit sich. Allerdings zeigt sich auch, dass schon mehr Gemeinsamkeiten nötig sind, um Freundschaften entstehen zu lassen. Meine Kommilitonen und mich verbindet über den Glauben hinaus nicht viel. Mein Lebenslauf ist ja auch sehr speziell, meine außergewöhnlichen Erfahrungen, die ich gemacht habe, können die anderen oft nicht nachvollziehen; manchmal erscheint es mir, als ob ihnen die Bereitschaft fehlt, sich mit anderen Lebenswelten auseinanderzusetzen. Viele begegnen mir mit einer sehr kleinbürgerlich geprägten und unflexiblen Haltung.

Ich komme damit klar, dass uns vieles trennt. Ich kann mit ihnen auskommen, auch wenn wir keine Freundschaft schließen können. Es gibt allerdings einige Studierende, die meine wechselvolle Vergangenheit offenbar nicht akzeptieren können. Sie empfinden den Umgang mit mir als Überforderung und meiden mich spürbar. Das mitzubekommen, tut mir weh; ich hatte doch gerade erst den Eindruck gewinnen dürfen, für meine Mitmenschen durchaus eine Bereicherung sein zu können. Ich finde es schade, auf dem Campus nicht dieselbe Herzlichkeit vorzufinden, die mir den Beginn meines neuen Lebens in Freiheit so erleichtert hat. Ich gehe aber davon aus, dass meine Kommilitonen mich im Laufe der Zeit zu schätzen lernen werden. Außerdem verbringe ich meine Abende ohnehin meistens am Telefon. Es ist schwierig, ich vermisse Jessi und versuche, wenigstens über unsere regelmäßigen Telefonate an unserer Beziehung zu arbeiten. Ich möchte ihr so viel Liebe schenken, wie es mir irgend möglich ist, und hoffe, dass sich aus unserer Fernbeziehung eine dauerhafte Partnerschaft entwickeln kann.

Nach Beendigung des Griechischkurses findet der Semester-Eröffnungsgottesdienst statt. Wir werden feierlich in die Studiengemeinschaft am Theologischen Seminar aufgenommen und lernen auch die Studierenden und Dozierenden kennen, die jetzt ihre Arbeit aufnehmen. Es sind insgesamt nur ungefähr hundert Lehrende und Lernende, sodass ich schnell alle Namen und Gesichter kenne. In den ersten drei Semestern werde ich jedoch nur mit meinem Semester Vorlesungen und Seminare teilen.

Natürlich möchte ich mich auch vor Ort einer Gemeinde anschließen und stehe dabei erstmals vor der Qual der Wahl. In Hameln habe ich meine Gemeinde gleich am Anfang gefunden, und die Gemeinde in Waldshut wurde mir auch von außen angetragen. Jetzt kann ich unter Dutzenden Gemeinden im Großraum Berlin wählen. Ich fahre am Anfang zu verschiedenen Gottesdiensten, erlebe allerdings keine Gemeinde so, dass ich mich ihr sofort anschließen will. In Elstal selbst gibt es nur eine ganz kleine Gemeinde, in der noch dazu fast niemand in meinem Alter ist. Aber ich suche nicht nur eine Gemeinschaft zum Wohlfühlen, sondern auch zum Mitarbeiten. Der Pastor in Elstal bietet offene Jugendarbeit an. Im Untergeschoss des Theologischen Seminars gibt es einen Kraftraum; dort gibt er zweimal wöchentlich Jugendlichen aus dem Ort die Möglichkeit, zu trainieren. Für mich ist das ideal, ich treibe selbst gern Kraftsport, außerdem liegen mir Jugendliche am Herzen, die mehr von Subkulturen als von Lehrern und Eltern beeinflusst sind. Ich schließe mich daher der Elstaler Gemeinde an, weil ich mich hier am richtigen Platz sehe.

Irgendwann im Laufe des ersten Semesters habe ich nachts einen merkwürdigen Traum. Ich bin mit dem Auto unterwegs. Es sitzen noch andere Menschen mit mir im Auto, aber ich weiß nicht, wer es genau ist, weil ich mich auf die Straße konzentrieren muss. Eigentlich ist es keine Straße, sondern eher ein Weg. Es geht steil bergauf, außerdem gibt es zahlreiche Schlaglöcher. Ich muss gut aufpassen, dass ich nicht von diesem Weg abkomme. Ich kann nicht viel sehen, nur den unmittelbaren Abschnitt vor mir. Dieses Wegstück sehe ich dafür umso klarer. Jeden kleinen Stein, jede Furche erkenne ich gestochen scharf. Wir sind nicht das einzige Auto, das auf dieser Strecke unterwegs ist; aber wir sind das einzige Fahrzeug, das in dieser Richtung fährt. Die anderen Autos kommen mir entgegen. Mit hohem Tempo rasen sie an uns vorbei, ohne Rücksicht zu nehmen. Ich habe ohnehin schon Schwierigkeiten, nicht von der Bahn abzukommen, fast gewinne ich den Eindruck, die anderen Fahrzeuge wollten mich absichtlich abdrängen. Um nicht mit ihnen zu kollidieren, muss ich aber ausweichen. Das ist auf der schmalen Fahrbahn kaum möglich ... In diesem Moment wache ich auf.

Mir ist klar: Dieser Traum hat eine Bedeutung. Will Gott mir dadurch etwas sagen? Ich interpretiere den Traum so, dass ein schwieriger Weg vor mir liegt und es nur wenige Menschen gibt, die mich auf diesem Weg unterstützen. Umso mehr Menschen gibt es, die mich behindern, die mich fast dazu bringen, den Weg zu verlassen. Aber der Weg liegt klar vor mir, ich muss ihn weitergehen. Ich schlafe wieder ein. Und wieder befinde ich mich auf einem Weg. Diesmal allerdings zu Fuß. Ich sehe, wie in der Nähe ein Flugzeug abstürzt. Ich sehe Menschen, die sich mit Fallschirmen retten konnten. Die Unglücksstelle liegt ein Stück abseits meines Weges. Ich registriere, dass andere Helfer schon zur Absturzstelle eilen. Sie sind viel näher dran als ich. Trotzdem spüre ich, dass ich dorthin muss. Ich habe das Gefühl, dass die Abgestürzten meine Hilfe brauchen. *Ich* werde dort gebraucht.

Wieder wache ich auf und habe den Eindruck, dass dieser Traum bedeutungsvoll für mein Leben ist. Ich denke, dass die Träume etwas miteinander zu tun haben, dass der zweite Traum eine Art Fortsetzung ist. Ich bin auf dem Weg – Jesus sagt doch, dass er der Weg ist. Dann sind da Menschen, die Katastrophen erleben, die abstürzen. Diese Menschen brauchen Hilfe, und vielleicht ist es meine Aufgabe, ihnen zu helfen. Ich werde für Aufgaben gebraucht, die andere nicht erledigen können. Ist dieser Gedanke überheblich? Aber ich habe mir den Traum doch nicht ausgedacht – und ich weiß aus eigener Erfahrung, wie es ist, wenn Katastrophen passieren, wenn man abstürzt und selbst die qualifiziertesten Kräfte nicht helfen können. Diese beiden Träume bleiben mir im Gedächtnis. Zu verschiedenen Anlässen erinnere ich mich an sie, sie geben mir immer wieder Trost und Hoffnung.

Mein Auto gibt gleich zu Beginn des Studiums den Geist auf. Obwohl es schon alt war, hatte ich während meines Jahrespraktikums keine einzige Panne, es hat mir gute Dienste geleistet. Jetzt lohnt es sich kaum noch, viel Geld in die Reparatur zu stecken. Außerdem brauche ich im Großraum Berlin kein eigenes Auto, weil der Nahverkehr so gut ausgebaut ist. Ich verkaufe den Wagen für einen symbolischen Preis; ich weiß zwar, dass ich jetzt Geld spare, aber ein wenig vermisse ich die Freiheit schon, die mir das eigene Auto geboten hat.

Allerdings kann ich trotzdem noch gelegentlich Auto fahren. Hannelore, eine ältere Frau aus meiner neuen Gemeinde, die seit einem Schlaganfall im Rollstuhl sitzt, hat ein behindertengerecht umgebautes Fahrzeug. Sie fragt mich, ob ich sie ab und zu damit fahren könnte. Ich mache das gern. Neben dem Wissen darum, ihr einen Gefallen zu tun, bringt mir das auch den Vorteil, dass ich mir den Wagen ausleihen kann, wenn ich selbst irgendwohin fahren will.

Außerdem entwickelt sich dadurch eine gute Beziehung zu Hannelore und einigen anderen Senioren aus meiner Gemeinde. Sie fragen mich, ob ich ihnen nicht auch beim «Straßencafé» helfen könnte, das es in der Gemeinde schon seit ein paar Jahren gibt. Sonntagnachmittags treffen sich die Senioren aus dem Ort in der Gemeinde; da es sonst kein Café gibt, sind diese Treffen gut besucht. Kaffee und Kuchen gibt es umsonst, und es werden Spenden für ein Waisenhaus in Osteuropa gesammelt. Ich werde um Hilfe beim Aufstellen der Tische und Stühle gebeten und komme dadurch zum ersten Mal mehr in Kontakt mit älteren Menschen. Im Praktikum habe ich zwar vereinzelt mit Siegfried Hausbesuche bei Senioren gemacht, hatte aber hauptsächlich mit den Jugendlichen und Gemeindegliedern mittleren Alters zu tun. Es ist schön zu merken, dass ich auch mit den Älteren sehr gut zurechtkomme, trotz unserer sehr unterschiedlichen Lebenssituationen. Die Senioren freuen sich wiederum, dass ich mich als zuverlässiger Helfer erweise.

Ich lerne im Laufe meines Studiums nicht nur die Vielfalt meines eigenen Gemeindebundes kennen, sondern kann auch meinen konfessionellen Horizont erweitern. Jedes Jahr finden Anfang Dezember Treffen von Studierenden unterschiedlicher freikirchlicher Ausbildungsstätten statt, an denen ich gerne teilnehme. Ich finde es bereichernd, über den eigenen Tellerrand zu schauen und zu sehen, wie woanders studiert und gelebt wird. Außerdem werde ich später in der Ökumene nicht nur mit evangelischen und katholischen Kollegen zusammenarbeiten, deshalb finde ich es sinnvoll, auch über die anderen Kirchen Bescheid zu wissen.

Trotz aller Dinge, die es zu lernen und zu entdecken gibt, freue ich mich aber auch immer besonders darauf, zu meinen Freunden und Bekannten zurückzukehren. Weihnachten und Silvester verbringe ich bei Jessi und der Waldshuter Gemeinde.

Dieser Jahreswechsel ist für mich ein ganz besonderer, denn an Silvester endet auch meine Bewährungszeit. Ich habe es tatsächlich geschafft, seit meiner Entlassung nicht mehr straffällig zu werden; damit liegt meine Haftstrafe endgültig hinter mir. Die restlichen sechzig Tage werden getilgt. Ich bin froh darüber, es geschafft zu haben. Da ich nun diesen Teil meiner Vergangenheit hinter mir lassen kann, möchte ich gern etwas Neues beginnen. Ich will Jessi zu Silvester einen Heiratsantrag machen. Sie ahnt, dass ich so etwas vorhabe, sie kennt mich mittlerweile sehr gut. Leider scheint ihre Ahnung sie zu beunruhigen, und so vermeidet sie jede Situation, in der wir allein sein könnten. Ich bin sehr enttäuscht und traurig. Offensichtlich hat sie noch immer Zweifel an einer gemeinsamen Zukunft, auf die ich mich doch so sehr freue. Aber wenn sie noch Zeit braucht, will ich ihr diese Zeit geben.

Ich fahre zurück nach Elstal, mein Studium geht weiter, und je länger es dauert, umso weniger Freude macht es mir. Ich finde viele Inhalte zu theoretisch, bei manchen Theologen scheint mir der christliche Glaube nicht mehr zu sein als eine philosophische Denkweise. Für mich muss Theologie alltagstauglich sein. Gott und mein Glaube sind doch mehr als nur Ideen, die am Schreibtisch geboren werden. In vielen Büchern ist Gott nur noch eine Idee, an der beliebig herumkorrigiert werden kann, je nachdem, welche Absicht der Autor verfolgt. Aber eine Idee allein hätte meinem Leben nie eine so dramatische Wendung geben können. Eine Idee hätte mich nicht aus dem Gefängnis, aus diesem Kreislauf von Hass und Gewalt herausholen können. Ich habe Gottes Liebe als so stark erfahren – meine Phantasie hätte nicht ausgereicht, mir das nur einzubilden. Wenn Professoren von mir einen methodischen Atheismus verlangen, wenn ich biblische Texte so lesen soll, als gäbe es Gott nicht, dann bin ich damit überfordert. Zu lange habe ich gottlos gelebt. An diesen Punkt werde ich nicht mehr zurückkehren, nicht einmal in der Theorie.

Mir stellt sich die Frage, ob ich das Studium tatsächlich zu Ende bringen soll. Brauche ich diesen Abschluss wirklich, um Menschen von Gott zu erzählen? Ich habe das doch vor meinem Studium auch schon getan. Aber Gott bestätigt mir immer wieder, dass ich hier genau an dem Ort bin, an dem ich sein soll. Ich habe mich zu diesem Weg entschlossen, also gehe ich ihn auch weiter – solange ich nur weiß, dass Gott an meiner Seite ist.

Zum Glück ist nicht alles graue Theorie. Es gibt auch Lehrveranstaltungen, von denen ich profitiere. Am meisten freue ich mich aber über die Praktika, die ich während meines Studiums absolvieren muss. Diese Wochen holen mich wieder in die Realität zurück. Während ich die Theorie oft als kalt, überkritisch und problemorientiert erlebe, erfahre ich in den Gemeinden das Gegenteil. Gleich bei meinem ersten Praktikum nimmt der Pastor mich als Gast in seine Familie auf. Die Arbeit mit Menschen macht mir Spaß, und ich bekomme viele positive Rückmeldungen für das, was ich tue. Pastor ist und bleibt der Traumberuf für mich, und ich will mich durch die oft so unbequeme Ausbildung nicht davon abbringen lassen.

Da diese Ausbildung finanziert sein will, habe ich mich um ein Stipendium beworben. Im dritten Semester erhalte ich die Einladung zu einer Auswahltagung. Unter all den verschiedenen Stiftungen habe ich mich bewusst für die Konrad-Adenauer-Stiftung entschieden, deren Profil ein christliches Menschenbild betont. Ich weiß, dass es viele Menschen gibt, die mich wegen meiner Vergangenheit nicht unterstützen würden, schon gar nicht finanziell. Bei der Adenauer-Stiftung hoffe ich darauf, dass die Entscheidungsträger mir eine Chance geben.

Trotzdem weiß ich, dass meine Bewerbung kein Selbstläufer ist. Ich habe zahlreiche Bekannte darum gebeten, für mich zu beten; Hannelore hat mir ihr Auto geliehen, und so mache ich mich auf ins Rheinland.

Das Auswahlverfahren erstreckt sich über mehrere Tage, und ich lerne einige der Mitbewerber kennen. Die Stiftung legt neben den überdurchschnittlichen fachlichen Leistungen der Bewerber großen Wert auf gesellschaftliches Engagement. In den Begegnungen mit den anderen begeistert mich gerade diese Kombination. Ich treffe mit zahlreichen jungen Menschen zusammen, die außerordentlich begabt sind und ihre Begabung auch zum Wohl anderer Menschen einsetzen. Das macht mir Hoffnung für unsere Gesellschaft. Ich hatte vorher nie wahrgenommen, wie viele Menschen sich für ein besseres Miteinander einsetzen. Natürlich treten wir auf der Auswahltagung als konzentrierte «Elite» auf, wenn man so will, aber wir sind längst nicht die Einzigen, die sozial denken und handeln. Schon für diese Erfahrung bin ich dankbar, aber selbstverständlich möchte ich auch in die engere Auswahl kommen. Wir müssen einige Fragen schriftlich beantworten, dann werden wir in Gruppen eingeteilt und diskutieren unter Aufsicht aktuelle gesellschaftspolitische Themen.

Am letzten Tag findet schließlich das entscheidende Einzelgespräch statt. Vor diesem letzten Gespräch stehe ich auf dem Flur und warte darauf, hereingerufen zu werden. Ich nutze die Wartezeit, um zu beten. Ich bitte Gott, dass er mir das Wohlwollen der Aufnahmekommission schenken möge. Dann ist es so weit. Ich habe damit gerechnet, dass mir einige kritische Fragen zu meiner Vergangenheit gestellt werden, aber die Gesprächsatmosphäre ist von Beginn an sehr entspannt. Ich soll einfach erzählen, wie es zu meiner Entscheidung für das Theologiestudium und zu meiner Bewerbung gekommen ist. Ich habe eher das Gefühl, ein Gespräch unter

Freunden zu führen, als ein Bewerbungsgespräch. Ich verlasse den Raum mit einem guten Gefühl.

Draußen unterhalte ich mich mit einer Mitbewerberin; wir tauschen uns über unsere Eindrücke aus. Wir werden wohl zwei oder drei Wochen warten müssen, bis wir das Ergebnis des Auswahlverfahrens erfahren werden. Dann gesellt sich ein Mitglied der Aufnahmekommission zu uns, um eine Zigarette zu rauchen; der Mann sagt mir, dass ich erfreut nach Hause fahren könnte. Kann das wirklich sein? Aber wenn er es sagt?!

Auf die schriftliche Bestätigung muss ich tatsächlich noch warten, aber ich bin mir sicher, dass ich es geschafft habe. Es ist wunderbar, ab jetzt ohne finanzielle Sorgen studieren zu können. Außerdem bin ich gespannt auf die ideelle Förderung und den Austausch mit den anderen Stipendiaten. Kein Wunder, dass ich mit einem äußerst positiven Eindruck von der Stiftung nach Elstal zurückfahre.

Mein Studium wird immer anspruchsvoller, die Zeit vergeht unglaublich schnell. Das nächste Praktikum, das ich in einer diakonischen Einrichtung absolvieren muss, steht an. Ich entscheide mich für eine freikirchliche Kindertagesstätte, weil ich eine solche Arbeit noch gar nicht kenne. Während meiner Zeit dort merke ich, wie sehr sich die Kinder darüber freuen, eine männliche Bezugsperson zu haben. Sie haben überhaupt keine Angst vor mir, im Gegenteil, sie bewundern meine Muskeln und sehen in mir gleichzeitig einen Beschützer und Spielkameraden. Die Arbeit mit den Kleinen macht mir selbst auch sehr viel Spaß und in mir wächst der Wunsch, irgendwann eigene Kinder zu haben.

Zurück auf dem Campus, frage ich mich zunehmend, warum mich die anderen Studierenden nicht auch so unvoreingenommen sehen können wie die Kinder in der Kita.

Immer wieder bekomme ich Probleme mit Kommilitonen. Sie stellen mein Verhalten in Frage und wollen mir ihr enges Moralkorsett überstülpen. Ich bestreite gar nicht, dass bei dem intensiven Zusammenleben auf dem Campus tatsächlich Dinge deutlich werden, an denen ich noch arbeiten muss – ich reagiere bisweilen heftiger, als ich möchte, wirke dominant, wenn ich unbeirrt meiner Überzeugung Ausdruck verleihe. Aber fast niemand zollt mir Respekt für die Veränderungen, die ich schon hinter mir habe. Stattdessen werde ich oft kritisiert, weil ich mich nicht dem Standard anpasse; dabei erscheint mir dieser Standard nicht einmal besonders erstrebenswert, ich suche stattdessen lieber offen nach neuen Perspektiven. Dazu kommen mit fortschreitendem Studium auch theologische Streitpunkte. Das Miteinander auf dem Campus wird immer schwieriger und beschränkt sich für mich fast nur noch auf die Veranstaltungen. Meine fachlichen Leistungen finden durchaus Anerkennung, aber sonst gibt es nur wenige Gelegenheiten, zu denen die anderen gern mit mir zusammen sind. In den Studierendenrat werde ich trotzdem gewählt. Dort geht es dann doch mehr um meine fachliche Kompetenz als um meine Beliebtheit.

Auch mit den Professoren gibt es einige Schwierigkeiten. Einmal im Jahr habe ich ein Fördergespräch, in dem mir mitgeteilt wird, wie die Dozenten mich wahrnehmen. Es ist sicherlich richtig, dass ich gelegentlich emotional reagiere und auch wütend werde, wenn ich mich ungerecht behandelt fühle. Aber wenn aus dieser Wut und dem Wissen um meine gewalttätige Vergangenheit abgeleitet wird, dass ich eine tickende Zeitbombe bin, die irgendwann mit unkalkulierbaren Folgen hochgehen wird, dann verletzt mich das sehr – auch wenn ich es gedanklich nachvollziehen kann.

Umso dankbarer bin ich für die Kontakte, die ich außerhalb des Campus habe. Ich habe mich wieder einem Handballverein angeschlossen. Diesen Sport habe ich in meiner Kindheit betrieben, und es tut mir sehr gut, wieder mit ganz normalen Menschen Sport zu machen, die keine hochtrabenden Ansprüche an mich stellen. Seltsamerweise stoße ich bei bekennenden Atheisten auf mehr Akzeptanz als bei studierten Theologen.

Außerdem besuche ich regelmäßig die Veranstaltungen der Adenauer-Stiftung, und das sehr gern. Dort kann ich mich auf einem hohen Niveau mit Studierenden anderer Fachrichtungen austauschen und Seminare besuchen, die sich mit Themen auseinandersetzen, die in meinem Studium nicht thematisiert werden. Ich genieße es, meinen Horizont erweitern zu können, und bin dankbar für die Möglichkeiten, die mir mein Stipendium bietet.

Am Ende meines fünften Semesters fahre ich zu Jessi. Ich habe nicht damit gerechnet, so lange eine Fernbeziehung führen zu müssen. Immer wenn ich ein paar freie Tage hatte, habe ich sie besucht, wir telefonierten fast täglich. Trotzdem konnte sie sich nicht dazu überwinden, nach Berlin zu ziehen. Es sieht nicht danach aus, dass sich das in absehbarer Zeit ändern könnte. Ich komme ein paar Tage vor ihrem Geburtstag an und will nach ihrem Geburtstag wieder zurückfahren, weil ich noch zwei Hausarbeiten schreiben muss. Ihre Freude über mein Kommen hält sich in Grenzen, doch ich weiß nicht genau, woran das liegt. Sie geht zur Arbeit, und ich nutze ihre Abwesenheit, um die Wohnung zu putzen, gehe einkaufen und koche für uns. Sie kommt in ihrer Mittagspause heim. Ich dachte, sie würde sich freuen, aber ihre Stimmung ist gedrückt.

Sie hat noch nicht aufgegessen, als sie mir plötzlich eröffnet, dass es mit uns aus ist. Sie will mich nicht mehr sehen, ich soll noch heute nach Elstal zurückfahren – darüber lässt sie nicht mehr mit sich reden. Auch wenn es in letzter Zeit nicht mehr besonders gut zwischen uns lief, trifft mich ihre Entscheidung hart. Ich habe bis zuletzt auf eine gemeinsame Zukunft gehofft. Und jetzt dieses abrupte Ende, das ist wirklich bitter. Ich packe meine Sachen und fahre zurück. Drei Jahre Beziehung sind einfach so vorbei. Mir bleibt nur tiefer Schmerz. Was hätte ich ihr geben müssen, was fehlte ihr in unserer Beziehung? Ich kann das bis heute nicht beantworten, wir haben nie mehr darüber geredet.

In Elstal warten meine Hausarbeiten auf mich. Aber ich sitze nur am Schreibtisch und starre stumpf vor mich hin. Mir erscheint alles so sinnlos, ich finde keine Kraft für die Aufgaben, die vor mir liegen. Jetzt ist es besonders schlimm, keine Freunde auf dem Campus zu haben. Meine Kommilitonen sitzen auch an ihren Hausarbeiten. Sie merken gar nicht, wie schlecht es mir geht. Ich bleibe allein mit meinem Kummer. Mir wird klar, dass ich es nicht mehr schaffen werde, meine Arbeiten rechtzeitig zu beenden. Was soll ich tun? Körperlich bin ich gesund, wofür sollte mir der Arzt ein Attest ausstellen? Ich schreibe eine Mail an meinen Rektor, schildere ihm kurz meine Situation und bitte um Verlängerung der Abgabefrist. Ich denke, dass es an einer christlichen Fachhochschule doch möglich sein muss, aufeinander Rücksicht zu nehmen. Dann kommt allerdings die Ablehnung. Verlängerung sei nur bei Vorlage einer ärztlichen Bescheinigung möglich. Meine Arbeiten werden als nicht bestanden gewertet, weil ich sie nicht rechtzeitig abgeben kann.

Nun, im folgenden sechsten Semester, stehe ich dadurch unter besonderem Druck. Ich bin im Studierendenrat und habe dadurch eine stärkere Belastung, muss meine beiden

Hausarbeiten nachholen und zudem eine weitere Hausarbeit sowie die Bachelorarbeit schreiben. Und all das auch noch in extrem kurzer Zeit, weil ich im Sommer schon sehr früh ins Praktikum gehen werde.

Ich versuche, alles irgendwie zu bewältigen, und sehe nicht, dass ich mich eigentlich erst um mich selbst kümmern müsste. Die Trennung habe ich noch gar nicht verarbeitet, und es fällt mir nicht leicht, all die glücklichen Paare und Familien auf dem Campus zu sehen. Direkt neben meinem Haus liegt ein Kinderspielplatz, und jedes Mal, wenn ich dort vorbeigehe, werde ich daran erinnert, dass meine eigenen Familienwünsche – zumindest vorerst – gründlich gescheitert sind.

Irgendwie bringe ich trotzdem die Kraft auf, meinen Verpflichtungen nachzukommen. In der Studierendenschaft engagiere ich mich sehr und gebe mein Bestes für das Theologische Seminar. Auch bei den vier Hausarbeiten halte ich die Abgabefristen ein und fahre anschließend in mein siebenwöchiges Gemeindepraktikum, das immer zwischen dem Bachelor- und Masterstudium stattfindet.

Nach den sieben Wochen fahre ich voller Motivation zurück nach Elstal; die letzten beiden Jahre werde ich auch noch schaffen.

Doch dann werden mir die Ergebnisse meiner Arbeiten mitgeteilt: Ich habe nur eine Hausarbeit bestanden, bei allen anderen bin ich durchgefallen. Ich habe mich so angestrengt, um alles zu schaffen, und bin doch gescheitert. Ich bin bitter enttäuscht. Obwohl es mir im letzten Semester nicht gutging, habe ich mich noch mehr als die meisten anderen Studierenden für das Seminar eingesetzt …

Statt neu durchzustarten, falle ich in ein noch viel tieferes Loch. Ich kann nun nicht in den Masterstudiengang aufgenommen werden und werde ein Jahr länger studieren müssen. Außerdem habe ich nun zwei Arbeiten zum zweiten Mal nicht bestanden. Wenn ich auch nur bei einer davon noch einmal durchfalle, ist mein Studium vorbei, und ich muss ohne Abschluss gehen. Ich kann kaum noch die Motivation zum Weitermachen aufbringen.

Ich müsste keine Lehrveranstaltungen mehr besuchen, da das reguläre Semester für mich vorzeitig vorbei ist. Ich tue es trotzdem, weil ich eine Regelmäßigkeit brauche, die mir Halt gibt, damit ich mich nicht gehenlasse. Außerdem übernehme ich in meiner Stipendiatengruppe das Sprecheramt. Es ist wichtig für mich, weiterhin Verantwortung zu tragen.

Dennoch brauche ich einige Monate, um mein Gleichgewicht einigermaßen wiederzufinden. Ich bin so sehr von Leistungsdenken geprägt, von meinem eigenen hohen Anspruch an mich selbst, meinem Ziel, etwas erreichen zu wollen im Leben – und jetzt bin ich gründlich gescheitert, sowohl in der Beziehung als auch im Studium. Das ist nicht einfach für mich. Ich wollte doch immer stark sein, nun werde ich mit meiner eigenen Schwäche konfrontiert.

Gerade diese Schwäche ist es allerdings, die das Miteinander auf dem Campus wieder einfacher macht. Einige Kommilitonen merken, dass ich trotz meiner physischen Stärke ein verletzlicher Mensch bin. Dass auch ich jemanden brauche, der mir zuhört und mich in den Arm nimmt. Nach all den Enttäuschungen tut es mir gut, diese Erfahrung zu machen, und ich finde langsam wieder Lebensmut.

Einer meiner Gesprächspartner weist mich darauf hin, wie wichtig es ist, Verluste zu betrauern. Das habe ich in meinem Leben tatsächlich nie gelernt. Als wir während unserer Studienreise durch Israel eine Kirche betreten, die über dem Haus von Petrus erbaut wurde, fällt mir die Geschichte ein, wie Jesus dort die Schwiegermutter von Petrus heilte. Ich fange an zu weinen. Meine Mutter ist schon so lange krank, und ich habe sehr darunter gelitten. Aber betrauert habe ich den Verlust meiner gesunden Mutter nie. Hier fließen jetzt meine Tränen, nach all dieser langen Zeit.

In Deutschland zurück, normalisiert sich mein Leben wieder. Einige Dinge ändern sich allerdings. Plötzlich werde ich von allen Seiten gebeten, über meinen Lebensweg zu berichten. Journalisten fragen, ob sie Beiträge mit mir produzieren können; Schulen wollen wissen, ob ich vor ihren Schülern sprechen könnte. Von der evangelischen Kirche kommen Anfragen, ob ich auf Konfirmandentagen vortragen würde. Nachdem ich mir noch vor kurzem so nutzlos vorkam, tut es nun gut zu merken, wie gefragt ich bin, mit all den bittern Erfahrungen, die hinter mir liegen.

Ich merke allerdings auch, dass ich einige Dinge in meinem Leben gründlich aufarbeiten muss, weil immer wieder altes Leid hochkommt, dem ich mich stellen will, um nicht wieder davon beherrscht zu werden. Ich beginne eine Psychotherapie. Diese Therapie hilft mir dabei, all das bewusst wahrzunehmen, was mich bisher unbewusst begleitet hat; auch das ist eine neue Erfahrung, wo ich doch bisher eher skeptisch gegenüber Psychologen war. Es ist tröstlich, meiner Vergangenheit nicht ohnmächtig gegenüberzustehen, sondern die Zukunft aktiv und besser zu gestalten. Darüber hinaus laden mich ein paar Kommilitonen zu ihrem Gebetskreis ein. Darüber freue ich mich besonders. Die geistliche Gemeinschaft ist bei mir in den letzten Jahren zu kurz gekommen. Wieder einmal hilft es mir, täglich mit anderen zu beten und in der Bibel zu lesen.

Ich schreibe meine ausstehenden Arbeiten nach. Mittlerweile habe ich ein besseres Verhältnis zu meinen Professoren bekommen, das Miteinander ist angenehmer geworden. Außerdem absolviere ich ein freiwilliges Praktikum in einer

Gemeinde, der gerade ein Pastor fehlt. Ich merke, wie viel reifer ich in den letzten Jahren geworden bin, und freue mich darüber, dass diese Entwicklung auch von vielen anderen gesehen wird.

Nach vier Jahren geht mein Bachelorstudium schließlich zu Ende. Vor einem Jahr noch wäre das für mich relativ unbedeutend gewesen, da ich ja den Masterabschluss brauche, um als Pastor ordiniert zu werden. Nach dem vergangenen Krisenjahr ist dieser Abschluss für mich allerdings wirklich ein Grund zum Feiern. Ich bekomme mein Zeugnis gemeinsam mit den regulären Bachelorabsolventen überreicht und bin bei der Zeugnisvergabe wahrscheinlich der glücklichste Mensch im Raum. Ein Kommilitone hängt das Foto, das mich freudestrahlend bei der Zeugnisübergabe zeigt, ans Schwarze Brett und versieht es mit der Überschrift: «Geist ist geil».

Auch nach vier Jahren gibt es noch Studenten, die mich falsch einschätzen und dieses Foto für arrogantes Eigenlob meinerseits halten. Aber damit kann ich inzwischen leben. Ich bleibe auf meinem Weg.

Eine Fahrt in der Abendsonne

Die Sonne scheint durch die Bäume hindurch, die die Straße säumen. Es ist ein schöner Frühlingstag. Ich sitze allein im Auto, meine Hände sind nicht gefesselt, sondern liegen auf dem Lenkrad. Ich genieße diesen Moment. Der Tag, der jetzt zu Ende geht, war ein guter Tag. Und ich gehe davon aus, dass noch viele gute Tage vor mir liegen. Mein Leben erscheint mir sinnvoll, der Zukunft sehe ich mit Freude entgegen.

Ich befinde mich auf der Rückfahrt von einem Jugendgefängnis. Heute Mittag habe ich mich freiwillig ins Auto gesetzt, um in die Haftanstalt zu fahren. Es kommt mir fast unwirklich vor, wenn ich daran denke, wie anders ich damals, vor so vielen Jahren, meine erste Fahrt ins Gefängnis empfunden habe. Damals wurde ich zu dieser Fahrt gezwungen. Ich konnte nichts dagegen tun. Im Nachhinein war das gut so. Ich hatte einem Menschen das Leben genommen und mein eigenes Leben gründlich vermasselt. Es war notwendig, gewaltsam aus diesem Leben gerissen zu werden. Die Zeit im Gefängnis hat mich an meine äußersten Grenzen gebracht, dort erst konnte ich ein neues Leben beginnen. Jetzt bin ich unendlich dankbar für dieses neue Leben, das ich nun führen darf.

Wer war ich damals? Ein Jugendlicher, der weder mit sich selbst noch mit der Welt zurechtkam. Ständig betrunken und latent gefährdet, bei Auseinandersetzungen entweder zum Opfer oder zum Täter zu werden, dazwischen klaffte ein schwarzes Loch, in dem ich beinah untergegangen bin. Ich war mit vielen Gaben gesegnet, konnte allerdings kaum etwas daraus machen. Und jetzt? Zum Abschied hat mir der Anstaltsleiter heute die Hand gegeben und sich dafür bedankt, dass ich dort war und mit den Jugendlichen gesprochen habe. Mein Anstaltsleiter von damals hätte mich bei ähnlicher Gelegenheit den anderen Insassen wahrscheinlich als abschreckendes Beispiel präsentiert. Jetzt diene ich als Vorbild, weil ich das geschafft habe, was statistisch gesehen nur wenigen gelingt.

Aber was heißt schon «geschafft»? Ohne Gottes Gnade wäre ich nicht hier, das weiß ich. Er hat mich so verändert, dass derjenige, der entlassen wurde, nicht mehr dieselbe Person war, die inhaftiert worden war. Als Saulus hineingekommen, als Paulus wieder heraus? Man kann es so ausdrücken – ja. In Bezug auf die radikale Lebenswende, die wir beide erfahren haben, passt dieser Vergleich. Paulus wollte seine Mitmenschen davon überzeugen, sich von Gott verwandeln zu lassen. Das ist nun auch mein Anliegen, gerade an Orten wie dem Gefängnis. Woher sollen die Häftlinge sonst wissen, dass sie keine hoffnungslosen Fälle sind? Irgendjemand muss es sie spüren lassen. Mir gelingt das. Ich bin den Weg selbst gegangen, vom abgeschriebenen, weggesperrten, hoffnungslosen Fall zum Hoffnungsträger. Ich kann ihnen sagen, dass dieser Weg möglich ist.

Dennoch war es seltsam für mich, gefragt zu werden, ob ich in die Anstalt kommen könnte. Ich wusste selbst nicht, wie das für mich sein würde. Ich wusste nicht, welche Bilder und Gefühle in mir hochkommen würden, wenn sich die Tore wieder hinter mir schlössen, wenn ich wieder durch vergitterte Fenster blicken müsste. Ebenso wenig wusste ich, wie die Insassen auf mich reagieren würden. Würden sie mir überhaupt zuhören? Wäre ich für sie nur ein Spinner aus einer anderen Welt? Ich fuhr trotz meiner Zweifel hin, meldete mich am Tor und wurde vom diensthabenden Beamten eingelassen. Ein

Sozialarbeiter holte mich ab. Alle vertrauten mir. Ich wurde nicht durchsucht. Niemand kam auf die Idee, dass ich etwas hineinschmuggeln könnte. Welche Veränderung im Vergleich zu damals!

Es kamen erheblich mehr Insassen, als ich erwartet hatte, und sie saßen nicht einfach nur gelangweilt herum und ließen meinen kleinen Vortrag über sich ergehen. Die meisten hörten interessiert zu. Anschließend stellten mir einige noch Fragen, nicht nur ein oder zwei Wortführer. Es wurde ein gutes Gespräch, denn es waren nicht nur Höflichkeitsfragen – sie wollten tatsächlich mehr über mich wissen. Eine Frage war von besonderem Interesse: «Wie fühlt es sich an, jetzt wieder in einem Gefängnis zu sein?» Ich musste erst ein wenig nachdenken, meine Eindrücke ordnen, mich anhand meiner eigenen Erwartungen an die Antwort herantasten.

Das konnte ich ihnen dann sagen: «Ich hatte erwartet, ein beklemmendes Gefühl zu haben. Das ist aber nicht so. Früher war das Gefangensein für mich immer mit Ohnmacht verbunden, jetzt bin ich zwar auch eingeschlossen, fühle mich dabei aber nicht ohnmächtig. Es hätte ja sein können, dass ich mich unsicher fühle, weil meine neue Identität mit meiner alten Identität in Konflikt gerät – aber auch diese Unsicherheit ist ausgeblieben. Ich dachte, dass ich mich über unaufmerksame oder störende Zuhörer ärgern würde, es gab aber gar keinen Anlass zum Ärger. Nichts von meinen eigenen Hafterfahrungen beeinflusst mich bei dem Besuch hier bei Ihnen negativ.»

Es kam für mich eher dem Betrachten einer Postkarte gleich. Ich konnte das abgebildete Motiv sehen, war allerdings weit weg von dem, was dort abgebildet war. Die Gefängniswelt hat keine Macht mehr über mich. Ich war jetzt als freier Mensch dort und fühlte mich genau so: frei. Und ich wusste, dass ich etwas Gutes tue. Natürlich weiß ich nicht, bei wem und wie viel von meinen Worten nachwirkt. Aber ich weiß, dass mein Besuch sinnvoll war, und dieses Wissen stimmt mich positiv. Deshalb fühlte ich mich unerwartet gut bei meinem Aufenthalt in der Anstalt. Die Reaktionen der Häftlinge und der Bediensteten verstärkten dieses Gefühl sogar noch.

Ich freue mich darüber, dass mein Leben diese Wendung genommen hat. Selbst die dunklen Flecken in meiner Vergangenheit dienen jetzt einem guten Zweck. Das ist wirklich ein schönes Gefühl. Gott hat mir vergeben, die Gesellschaft hat mir eine neue Chance gegeben, und ich selbst bin ebenfalls dabei, Frieden mit meiner Vergangenheit zu machen. Ich kann mein Leben wieder genießen, und andere Menschen schätzen mich und meine Arbeit.

Ich freue mich über diesen Tag, über den Sonnenschein, über die Wälder, durch die ich fahre, und auf die Zukunft, die vor mir liegt. Ich weiß nicht, was mich noch erwartet. Es wird sicherlich nicht nur Sonnenschein geben, aber meine Erfahrungen der letzten Jahre bieten mir genug Anlass, mit dem Guten zu rechnen. Der Weg mit Gott ist ein guter Weg. Einen besseren hätte ich nicht finden können. Ich fahre weiter und bin gespannt auf das, was noch vor mir liegt.

Ein Film, der fast alles verändert

Im Frühjahr 2011, während ich noch damit beschäftigt bin, die ersten Kapitel meines Buches zu schreiben, bekomme ich einen Anruf vom Verlag. Eine Journalistin ist auf die Vorankündigung des Buches aufmerksam geworden und möchte für den NDR einen Dokumentarfilm über meinen Lebensweg drehen, der dann in der ARD ausgestrahlt werden soll. Der Verlag hält das Vorhaben für seriös und empfiehlt mir, darauf einzugehen. Der Film könnte zeitnah zur Buchveröffentlichung gesendet werden und für große Aufmerksamkeit sorgen. Meine bisherigen Erfahrungen mit TV-Journalisten sind positiv, und es ist mir wichtig, dass meine Geschichte möglichst viele erreicht, nachdem ich mich für einen offenen Umgang mit meiner Vergangenheit entschieden habe. Ich erkläre mich also bereit dazu.

Liz Wieskerstrauch ruft mich an, schildert mir kurz ihre Idee für den Film, und wir vereinbaren ein erstes Treffen. Ich kann mir eine konstruktive Zusammenarbeit mit ihr gut vorstellen, mache mir allerdings auch Sorgen: Zehn volle Drehtage am Stück bedeuten einen enormen zeitlichen Aufwand, da ich mit meinem Studium und dem Schreiben des Buchs schon hart an meiner Belastungsgrenze bin. Frau Wieskerstrauch ist aber so begeistert von dem Projekt, dass sie mich schließlich überzeugt. Da sie plant, auch zahlreiche andere Personen zu interviewen, die mit meiner Geschichte in Verbindung stehen, werde ich mich zwischendrin immer wieder meinen Hauptaufgaben widmen können.

Im Spätsommer ist es dann so weit, ein Team des NDR kommt zu mir auf den Campus. Intensive Tage beginnen, gleichzeitig habe ich Schwierigkeiten, alles unter einen Hut zu bringen. Es ist schnell absehbar, dass der Veröffentlichungstermin des Buches nicht eingehalten werden kann. Beim Handballspielen habe ich mir zudem noch eine Verletzung zugezogen, kann aufgrund dessen kaum laufen und ärgere mich darüber, jetzt für die Aufnahmen ständig unter Schmerzen in Bewegung sein zu müssen. Die grellen Lampen blenden mich und bereiten mir Kopfschmerzen, ich bin zunehmend angespannter. War es wirklich eine gute Idee, den Film zu machen?

Aber die Arbeit mit Frau Wieskerstrauch fühlt sich richtig an. Ich bin überrascht, wie nah mir die Vergangenheit wieder kommt, jetzt, wo ich mich in stundenlangen Gesprächen darauf konzentriere. Während eines langen Interviews, das sie mit mir führt, sitzen wir in der Bibliothek, in meiner gewohnten Arbeitsumgebung. Die Geschichte, die ich erzähle, ist mir nach zwölf Jahren längst vertraut. Ich schildere den Hergang der Tat – das schlimmste Kapitel meines Lebens, mit dem ich zu leben gelernt habe. Und irgendwie dachte ich, ich hätte es bereits hinter mir gelassen.

Aber dann zieht mir eine Frage vollkommen den Boden unter den Füßen weg: «Wussten Sie, dass Herr Deutschmann eine Tochter hat?» Das grelle Scheinwerferlicht, die Schmerzen im Bein, alles wird mit einem Mal nebensächlich. Und das, was bis eben noch so vertraut und klar war, gerät plötzlich durcheinander. «Nein, das wusste ich nicht!» Warum hat mir das nie jemand gesagt? Wo war sie während der Gerichtsverhandlung? Warum hat mich im Gefängnis niemand damit konfrontiert? Mir fällt eine Andeutung ein, die ein Kripobeamter gemacht hat, nachdem ich beim Haftrichter war. Aber danach gab es nie wieder einen Hinweis in diese Richtung – im Gegenteil: Marcos Anwalt hatte doch Erkundigungen eingeholt, um Peter Deutschmann ein Gesicht zu geben. Aber auch da wurde er nur als Einzelgänger dargestellt, ohne Bezugsperson, ohne Verwandte. Niemand schien ihn zu vermissen. Niemand konfrontierte mich mit seiner Wut und Trauer, weil ich ihm einen Menschen genommen hatte.

Und jetzt, nach über zwölf Jahren, ändert sich das Bild. Es gibt eine Tochter. Ich fühle mich wieder schuldig. Vor der Gesellschaft habe ich durch die Haft gesühnt, vor Gott habe ich die Vergebung meiner Schuld erlangt, aber wie stehe ich vor der Tochter? Ich frage Frau Wieskerstrauch: Wie hat sie von ihr erfahren, warum ist sie in all der Zeit nirgendwo aufgetaucht? Ich erfahre nicht viel, sie hält sich bedeckt. Aber eines wird deutlich: Peter Deutschmanns Tochter ist wütend und enttäuscht, weil ich mich nie bei ihr gemeldet, ihr keine Reue gezeigt habe. Sie weiß, dass ich bei Veranstaltungen häufig darüber spreche – aber ihr gegenüber habe ich bis jetzt geschwiegen. Ich verstehe ihre Wut. Mir ist klar, dass ich nichts wiedergutmachen kann, aber ich muss auf sie zugehen, will zu meiner Verantwortung stehen und sie um Vergebung bitten. Ich nehme mir vor, diesen Schritt schnellstmöglich zu tun.

Meine Schuldgefühle bedrängen mich. Bisher musste ich niemandem in die Augen sehen und dort Trauer, Schmerz, Wut und Verachtung erkennen. Jetzt steht mir das nach all den Jahren doch noch bevor. Ich komme ins Grübeln, warum diese Information mich nicht früher erreicht hat; ich suche nach dem Sinn, der dahintersteckt. Bin ich vielleicht jetzt erst bereit, mich dieser Begegnung zu stellen? Jedenfalls will ich diesen notwendigen Schritt nun endlich tun, auch wenn es mir schwerfällt. Jeder Zweifel, ob der Filmdreh die richtige Entscheidung war, ist verflogen. Es war zwar ein Schock, ich bin auch etwas verärgert, dass Frau Wieskerstrauch mich vor laufender Kamera damit konfrontiert hat – gleichzeitig kann ich ihr aber auch dankbar sein. Ihre Recherche hat etwas ans Licht gebracht, das ich sonst vielleicht nie erfahren hätte.

Ich möchte Stefanie Deutschmann einen Brief schreiben. Frau Wieskerstrauch erklärt sich bereit, diesen Brief weiterzuleiten. Und sie sagt mir, dass sie hofft, Frau Deutschmann auch noch für den Film gewinnen und eine Begegnung herbeiführen zu können. Bisher sei die Tochter dazu allerdings noch nicht bereit. Vielleicht könne sie mein Brief überzeugen, dass meine Reue echt ist. Darauf hoffe ich sehr. Die Vorstellung, der Tochter gegenüberzutreten, ist zwar beklemmend, aber ich wünsche mir trotzdem, dass diese schmerzliche Begegnung stattfinden kann – und dass es ihr vielleicht möglich ist, mir zu vergeben.

Doch zunächst halten uns die Dreharbeiten weiter auf Trab. Wir fahren an die verschiedensten Orte meiner Vergangenheit, zunächst nach Elze. Im Internat freuen sich die Mitarbeiter, die mich noch kennen, über die positive Wendung, die mein Leben genommen hat. Sie hatten damals versucht, mir zu helfen, mich aber nicht von meinem Weg abbringen können. Dennoch waren diese beiden Jahre trotz aller Probleme die besten meiner Jugend, und es tut mir gut, jetzt von diesen Menschen freudig begrüßt zu werden.

Eine weitere Station unserer Filmreise ist Hameln. Wir fahren zur Jugendanstalt, und auch dort hätte ich mir Begegnungen und Gespräche gewünscht. Aber keiner der Entscheidungsträger, die mich aus der Sozialtherapie geworfen haben, mich als gemeingefährlich eingestuft und alles dafür getan haben, dass ich nicht vorzeitig entlassen werden konnte, will sich vor der Kamera äußern. Ich bin enttäuscht. Gerne hätte ich ihre Sicht aus dem Abstand der Jahre erfahren, warum in meinem Vollzug so viel schiefging. Es ist seltsam: Wäre ich nach meiner Entlassung wieder rückfällig geworden, hätten wir diese Gespräche geführt. Jetzt betrete ich den Knast als freier Mensch, und sie gehen mir aus dem Weg.

Wir werden von einem einzigen Beamten begleitet, der für die Öffentlichkeitsarbeit zuständig ist und den ich vom Sehen kenne. Die «alten Bekannten» bekomme ich nicht zu Gesicht. Mich beschleicht ein merkwürdiges Gefühl: Die gleichen Mauern und Gitter, das Eingeschlossensein – dennoch verspüre ich kein Gefühl der Ohnmacht, auch keinen Groll mehr über all den Mist, den ich dort erlebt habe. Ich bin wirklich frei, nicht nur körperlich, sondern auch innerlich, und ich freue mich darüber. Ich muss an den Satz von Jesus denken: «Ich bin gesandt, zu predigen den Gefangenen, dass sie frei sein sollen.» Wie gut, dass er das letzte Wort hatte, und nicht diejenigen, die mir sagten: «Wir können Sie nicht entlassen, Sie sind zu gefährlich für die Gesellschaft.»

Ich genieße es, noch einmal still in der Anstaltskirche zu sitzen. Wie oft habe ich hier das Wort Gottes gehört, nur eine leise Stimme in all dem Lärm, der meinen Alltag in der Anstalt überlagerte. Diese leise Stimme war die einzige, der ich vertrauen konnte. Ich verlasse die Anstalt wieder, und es fühlt sich an, als verließe ich ein Kino, in dem ich einen Film gesehen habe, den ich bereits kannte. Was ich gesehen habe, ist mir vertraut, und doch habe ich alles anders betrachtet.

Während der Drehtage in Celle und Eschede rückt dann wieder eine mögliche Begegnung mit Stefanie Deutschmann ins Blickfeld. Sie hat meinen Brief mittlerweile erhalten, das weiß ich. Es fiel mir schwer, Worte zu finden, aber ich habe getan, was ich konnte, um auszudrücken, dass ich mir meiner Schuld bewusst bin, wie sehr es mir leidtut und dass sie ich um Vergebung bitte. Ich hoffe, meine Worte erreichen sie und erscheinen ihr nicht nur als Floskeln. Frau Wieskerstrauch unternimmt einige Versuche, um Stefanie Deutschmann dazu zu bewegen, sich mit mir zu treffen, doch das möchte sie nicht. Sie will dem Filmteam zwar den Ort zeigen, an dem ihr Vater anonym bestattet wurde, auch zu einem Interview ist sie bereit – eine Begegnung mit mir kommt für sie aber nicht in Frage. Sie kann mir nicht verzeihen, zumindest noch nicht. Das macht mich traurig. Vielleicht wird es zu einem späteren Zeitpunkt möglich sein.

Wir besuchen den Ort, an dem Peter Deutschmann bestattet wurde. Ich stehe auf dem Friedhof vor einer kleinen Rasenfläche; nichts deutet darauf hin, dass sich hier im Boden die Urne mit seiner Asche befindet. Peter Deutschmann bleibt mir unbekannt, unbegreifbar. Seinen Namen habe ich erst bei der Vernehmung erfahren, sein Todesdatum beim Haftrichter. Sein Gesicht habe ich nur kurz im Halbdunkel gesehen, ohne dass ich mich daran erinnern kann. Und über sein Leben weiß ich so gut wie nichts. Selbst von seiner Tochter habe ich erst jetzt erfahren. Und dieses unkenntliche Grab? Was würde er dazu sagen, wenn er mich hier stehen sehen könnte? Ich habe nie mit ihm gesprochen; alles, was ich vor der Tat von ihm wusste, war, dass er Marco überzeugen wollte, den Nazi-Scheiß sein zu lassen. Jetzt ist Peter Deutschmann tot, und Marco ist immer noch rechtsradikal. Eine Tochter hat ihren Vater verloren. Und ich? Ich stehe hier am Grab und fühle mich vollkommen fehl am Platz. Hier stehe ich, der Täter – kein Angehöriger, kein Freund. Was mache ich hier? Störe ich die Totenruhe? Schulde ich dem Toten etwas? Was könnte ich ihm jetzt noch geben? Wie lautete der lateinische Spruch, der mir aus der Schulzeit hängengeblieben ist? De mortuis nihil nisi bene – über die Toten nur Gutes. Ich weiß nicht viel von Peter Deutschmann, aber ich weiß, dass er Zivilcourage zeigte. Er hat nicht weggesehen, stattdessen seinen Mund gegen Rechtsextremismus aufgemacht. Er hat Mut bewiesen.

Nach den Drehtagen keimt erneut eine stille Hoffnung in mir, dass Stefanie Deutschmann sich eventuell doch noch meldet. Aber es geschieht nichts.

Der Film wird am 25. Januar 2012 gesendet. Ich ärgere mich, dass ich es nicht geschafft habe, die Arbeiten am Buch rechtzeitig zu beenden. Und der Titel des Films: «Vom Mörder zum Pastor» schmerzt mich. «Mörder»! Muss das sein? Wir haben doch so lange gemeinsam an dem Film gearbeitet, Frau Wieskerstrauch kennt die ganzen Umstände. Sie weiß doch genau, dass es kein Mord war, dass ich wegen Körperverletzung mit Todesfolge verurteilt wurde. Jetzt werde ich einem Millionenpublikum als Mörder präsentiert – damit es spektakulärer klingt, damit die Wandlung noch erstaunlicher ist?

Nach der Sendung reagieren einige Menschen sehr heftig, reduzieren mich auf den «Mörder», beschimpfen mich und wünschen mir, dass ich mein Leben lang für dieses brutale Verbrechen büßen muss. Es gibt Menschen, die mir nicht glauben, dass ich nichts von Peter Deutschmanns Tochter gewusst habe, was mich besonders traurig macht. Ich erhalte auch lächerliche Reaktionen aus dem linken Spektrum, die meine Tätigkeit für «die Kirche» als ähnlich schlimm bewerten wie meine frühere Zugehörigkeit zur rechten Szene. Verlogen sind auch die Reaktionen aus ebenjener Szene, die behaupten, ich hätte niemals zu ihnen gehört und die mich stattdessen als «gewöhnlichen Kriminellen» bezeichnen. Diese Meinung ist mir nicht neu, wird allerdings auch dadurch widerlegt, dass Marco nach wie vor in der Szene akzeptiert ist. In weiteren üblen Kommentaren unterstellt man mir, ich sei mediengeil, würde das öffentliche Interesse suchen, mich als Held darstellen und mich von meinen Freunden bejubeln lassen. Meine Reue sei unecht. Diese Worte verletzen mich, auch wenn sie nicht zutreffen. Vermutlich sind sie der Preis, den ich dafür zahlen muss, über meine Vergangenheit offen zu reden.

Es tröstet mich, viele Nachrichten von Menschen zu erhalten, die sich über meinen Weg freuen, mir Mut machen, ihn weiterzugehen, und denen meine Geschichte Kraft und Hoffnung für ihre persönlichen Situationen gibt.

Frau Wieskerstrauch sagt mir, ein Redakteur des NDR wolle mich sprechen. Sie selbst weiß nicht, worum es geht, allerdings scheint es wichtig zu sein. Nachdem ich gehört habe, dass einige der Verantwortlichen in der ARD mir nicht glauben, erwarte ich nichts Gutes von diesem Gespräch.

Doch mit dem Anruf des Redakteurs ändert sich noch einmal alles; er sagt mir, dass sich nach der Sendung ein Zuschauer beim Sender gemeldet habe. Normalerweise stellt der Sender keine Kontakte her, allerdings brachte der Anrufer ein sehr dringendes Anliegen vor. Er müsse mir etwas sagen, von dem der Redakteur überzeugt ist, es sei sehr wichtig für mich. Ob er meine Telefonnummer weitergeben dürfe? Ich bin beunruhigt. Was will dieser Anrufer von mir?

Abends will ich eigentlich zum Training fahren, aber irgendetwas hält mich zu Hause. Dann klingelt das Telefon. Es ist der Anruf, den ich erwartet habe. Der Anrufer stellt sich vor; er hat gesehen, dass ich in dem Film die Verantwortung für den Tod von Peter Deutschmann übernommen habe – ich solle aber nun endlich wissen, dass das so nicht stimmt.

Ich versuche, den Inhalt seiner Worte zu begreifen. Es gelingt mir nicht. Das, was er mir dann vertraulich berichtet, macht mich erst recht fassungslos. Der Anrufer erzählt mir, was mit Peter Deutschmann passiert ist, nachdem Marco und ich den Tatort verlassen hatten. Als die Rettungssanitäter eintrafen, war Peter Deutschmann nicht mehr allein in der Wohnung. Ein Freund war bei ihm, der wohl auch den Rettungsdienst gerufen hatte.

Wo kam dieser Freund her? Bevor ich über diese Frage nachdenken kann, sprengt der nächste Satz das Bild, das ich jäh vor meinem inneren Auge habe. Deutschmann sei es verhältnismäßig gutgegangen, als der Rettungswagen kam. Er habe vor seinem Waschbecken gestanden und sich selbst seine Wunden ausgewaschen, er sei voll ansprechbar gewesen und habe trotz seiner Verletzungen verständlich sprechen können. Er war also nicht halbtot, wie es in der Berichterstattung der Medien geheißen hatte. Ich hatte dieses Bild für mich übernommen, obwohl ich doch damals dabei war, als Deutschmann wieder auf die Beine kam. Jetzt höre ich, er habe sich sogar zunächst geweigert, mit ins Krankenhaus zu kommen. Die Sanitäter hätten lange auf ihn einreden müssen, bis er schließlich doch in den Rettungswagen gestiegen und mit ins Krankenhaus gefahren sei. Während der Fahrt sei er die ganze Zeit im Gespräch mit den Sanitätern gewesen und immer noch nicht überzeugt davon, dass seine Verletzungen eine Behandlung im Krankenhaus erforderten. Dort angekommen, kam es laut dem Anrufer zu einer folgenschweren Begegnung. Deutschmann sei ziemlich aufgebracht auf einen diensthabenden Arzt getroffen, der ebenfalls leicht reizbar zu sein schien. Deutschmann habe den Arzt beleidigt, woraufhin der sich von dem Patienten abgewandt und sich nicht weiter um ihn gekümmert habe. Über einen längeren Zeitraum sei der Patient unbehandelt gewesen, und als dann endlich ein anderer Arzt die Wunden versorgt habe, sei der Blutverlust bereits zu groß gewesen. Der Patient sei aus normalerweise nicht lebensbedrohlichen Verletzungen langsam ausgeblutet, weil diese nicht versorgt worden waren. Auch die Kehlkopfverletzung sei nicht so dramatisch gewesen, er habe reden und atmen können. Tödlich sei nur die Nichtbehandlung der Wunden gewesen. Der Anrufer bekräftigt, dass ich zwar für diese Verletzungen verantwortlich gewesen sei, nicht jedoch für den tödlichen Ausgang. Die Verantwortung dafür trage ein anderer.

Ich bin geschockt. Tausend Dinge gehen mir durch den

Kopf. Tagelang kann ich kaum schlafen und mich nicht konzentrieren. Was soll ich jetzt mit dieser Information tun? Kann ich dem Mann glauben? Aber warum sollte er mich sonst anrufen? Seine Aussagen beunruhigen mich mehr, als dass ich mich erleichtert fühle. Peter Deutschmann hätte nicht sterben müssen, und ich hätte nicht für seinen Tod verantwortlich gemacht werden dürfen! Wenn diese Dinge damals vor Gericht ausgesagt worden wären, wäre ich nicht einmal ins Gefängnis gekommen. Wie können diese Menschen darüber jahrelang schweigen? Warum hat nie jemand gesagt, was tatsächlich im Krankenhaus passiert ist? Im rechtsmedizinischen Gutachten war von Komplikationen die Rede. Was sind das für Komplikationen, wenn ein Schwerletzter einfach nicht behandelt wird?

Mein neues Wissen lässt mir keine Ruhe mehr. Ich denke an Stefanie Deutschmann. Hat sie nicht ein Recht zu erfahren, wie ihr Vater gestorben ist? Aber wie soll sie mir das glauben, wenn ich es nicht beweisen kann. Und mein Umfeld? Es macht doch einen Unterschied, dass ich für den Tod dieses Menschen nicht voll verantwortlich bin. Und dann die ständigen Anfragen von Journalisten – sie werden mich auch weiterhin auf meine Vergangenheit ansprechen. Ich kann doch jetzt nicht mehr so über die Geschichte sprechen, wie ich das vor dem Anruf getan habe. Und was ist mit dem Buch? Jetzt bin ich froh, dass es noch nicht veröffentlicht ist. Was soll ich tun?

Ich spreche mit einem Arzt, der bei uns eine Vorlesung über medizinische Grundkenntnisse hält. Er sagt mir, dass sich ärztliche Fehler nach so langer Zeit kaum nachweisen lassen, wenn die Betreffenden vor Gericht nicht die Wahrheit sagen. Kann ich darauf hoffen? Und welche Möglichkeiten habe ich, das Ganze noch einmal juristisch aufarbeiten zu lassen? Ich rufe den Richter an, der für meine Entlassung zuständig war. Bei ihm hatte ich den Eindruck, fair behandelt zu werden, vielleicht kann er mir einen Rat geben. Er sagt mir, ich hätte durchaus Chancen, ein Wiederaufnahmeverfahren zu bekommen, aber dass ein langer und schwieriger Weg vor mir liegen könnte – ich solle mir auf jeden Fall einen guten Anwalt nehmen.

Ich spreche mit Freunden, sie stellen mir ihren Nachbarn vor, er ist Anwalt. Wir holen ihn hinzu, und ich schildere ihm meinen Fall. Er möchte meine Verteidigung gerne übernehmen; es geht ihm dabei nicht nur um den interessanten Fall, es geht ihm um Gerechtigkeit.

Genau wie mir.

Will ich das wirklich alles noch einmal durchkämpfen? Habe ich die Kraft dazu? Und das alles ohne eine Garantie, wie es am Ende für mich ausgehen wird?

Ich will mit meiner Vergangenheit endlich abschließen können. Ich hoffe auf eine erneute Verhandlung. Und auf ein gerechtes Urteil.

Ich spüre, dass ich diesen Kampf aufnehmen muss. Wenn ich das jetzt nicht tue, wird der Siebzehnjährige nie seinen Frieden finden.

Nachwort

von Jörg Erb

Elstal bei Berlin – als ich vom Verlag die Adresse von Johannes Kneifel bekomme, mit dem ich mich treffen soll, um mit ihm an seinem Manuskript zu arbeiten, stoße ich bei meiner Recherche im Internet unmittelbar auf die Überbleibsel des Olympischen Dorfes von 1936. Dort, wo die Nazis Sportler aus aller Welt untergebracht hatten, werde ich also in den nächsten Wochen gemeinsam mit ihm seine ganz persönliche Geschichte aufarbeiten, die ohne die deutsche Geschichte der Jahre 1933–45 nicht vorstellbar wäre.

Auf dem Gelände, wo heute das Bildungszentrum der Evangelisch-Freikirchlichen Gemeinden in Deutschland K.d.ö.R. angesiedelt ist und Johannes Kneifel seit fünf Jahren lebt und studiert, entdecke ich dann später überall Reste des Olympischen Dorfs, aber auch Ruinen, leerstehende ehemalige Kasernen sowie eine ganze Reihe verlassener Plattenbauten, die vermutlich aus DDR-Zeiten stammen. Nach dem Krieg, so erzählt mir später ein Hotelier, waren hier russische Truppen stationiert. Eines ging ins andere über – heute lässt sich das kaum noch zuordnen.

Ich bin neugierig auf den Menschen, mit dem ich verabredet bin. Unser Telefonat war kurz, ein Termin schnell gefunden. Jetzt stehe ich einem jungen, durchtrainierten Mann gegenüber, seine Halsmuskeln, aber auch sein Händedruck lassen mich an einen Ringer denken.

Wir nehmen in der Küche seiner Wohnung Platz. Ich kenne die Fakten. Die Chronologie der Ereignisse hat Johannes Kneifel bereits aufgeschrieben, und jetzt sitze ich vor ihm mit einer Menge Fragen. Ich möchte verstehen, was den Siebzehnjährigen auf seinen Weg in die Gewalt gebracht hat. Und natürlich: Was hat ihn zu seiner drastischen Kehrtwende geführt – wie kam er aus dieser Schleife der Gewalt wieder heraus?

«Ich bevorzuge einen direkten Umgang miteinander. Das ist mir lieber, als um den heißen Brei herumzureden.» Mich ermutigt diese Aussage, meine Fragen nicht in Watte zu packen, aber ich will ihm auch verdeutlichen, dass ich vorsichtig sein möchte. Bestimmt werden wir an seine Grenzen stoßen – diese Erlebnisse, von denen er erzählen will, weil er immer wieder dazu befragt wird, hat er noch nicht komplett bewältigt; es ist ein Prozess, der andauert. Wie würde er reagieren, wenn er sich von mir bedrängt fühlte? Auch diese Sorge teile ich ihm mit.

Täglich stellen wir uns die Frage: Was kann, was soll, was darf dieses Buch erreichen? Wie erzählt man eine Geschichte, die noch nicht zu Ende erzählt werden kann? Schnell wird klar: Das Buch kann nur eine Momentaufnahme sein. Aber das, was ihm nach und nach einfällt, macht deutlich: Johannes Kneifel will Klarheit schaffen, Zusammenhänge aufdecken – auch solche, die ihm selbst noch verborgen sind. Er will sein Buch als eine Geschichte der Befreiung verstanden wissen, an der er auch zukünftig täglich weiterarbeiten will. Und nicht zuletzt will er so viele andere wie möglich daran teilhaben lassen. Eine Befreiung im geschlossenen Raum, das weiß er, die kann nicht gelingen.

«Denken, Fühlen, Handeln», diese drei Begriffe beschreiben auf sehr knappe Art, was einen Menschen ausmacht. Wer seinen erwachsenen Verstand einsetzen und all seine Gefühle wahrnehmen kann, sollte in der Lage sein, auch in schwierigen

Situationen eigenverantwortlich zu handeln. Könnte so ein Konsens menschlichen Miteinanders lauten? Und tun wir als Gesellschaft, Eltern, aber auch als Einzelne, was uns möglich ist, um bei Kindern und Jugendlichen so menschliches Vermögen auszubilden? Und was tut der Jugendvollzug?

«Wie haben Sie sich dabei gefühlt?» Diese Frage bringt Johannes Kneifel besonders zu Anfang unserer Zusammenarbeit oft in Bedrängnis. Eine Grenze wird deutlich, die wir nicht überschreiten können, weil dahinter oft nur Dunkelheit herrscht. Aber auch wenn es ihn anstrengt und sein Blick scheinbar ins Leere geht, Johannes Kneifel schont sich nicht. Sein Verstand weiß: «Ich musste das alles erst lernen. Mitgefühl zu entwickeln, war mir lange nicht möglich, ich habe es auch nie selbst erfahren dürfen. Auch über Gefühle zu sprechen, fällt mir immer noch schwer.»

Bei Johannes Kneifel steht das Handeln drastisch im Vordergrund – bis heute kennzeichnet ihn seine furchtbare Tat zunächst als eine Person, die wir lieber am Rande wahrnehmen. Die meisten Menschen sehen in Johannes Kneifel einen Täter, die Medien haben ihn als Neonazi und Mörder bezeichnet. Aber wie kam er an diesen gesellschaftlichen Rand? Und wer alles hat nicht reagiert, als deutlich wurde, dass dieser hochintelligente Junge in einer Familie aufwächst, die mit außerordentlichen Schwierigkeiten zu kämpfen hat? Er fühlte sich alleingelassen und zog sich immer mehr in eine Ecke zurück, aus der sich hervorzuwagen er nur noch einen Weg fand: Er schloss sich denen an, die sich ebenfalls ausgegrenzt fühlten.

Einem Jugendlichen, dem als Kind die Entwicklung einer eigenen Gefühlswelt verwehrt blieb, kann die Pose leicht zum Ersatz werden. So tun als ob, Pose statt Gefühl – damit hatten die Nazis schon Erfolg. Aus Scham und Ohnmacht wird auch heute noch deutschnationaler Stolz. Unter Nazisymbolen lassen sich so auch heute noch Menschen versammeln.

Über weite Strecken erscheint mir Johannes Kneifels Leben wie ein Gefangensein im Jetzt. Ohne über seine Gefühle verfügen zu können, blieb ihm nur sein Verstand. Und der konnte ihm nur dazu raten, nach vorne zu flüchten, notfalls mit Gewalt. So wenig wie er die Vergangenheit deuten konnte, so wenig ließ sich die Zukunft von ihm selber gestalten. Erst durch das Wachsen persönlicher Beziehungen eröffneten sich ihm Perspektiven, die ihn andere Wege wählen ließen.

Wenn wir uns zu unseren Arbeitsgesprächen trafen, sprachen wir häufig über einen Dritten. Einmal war es Jesus, ein anderes Mal der Vater, manchmal der Heilige Geist – übersetzt in ganz heutige Form: als spürbares Mitgefühl. Und nicht selten versuchten wir, Peter Deutschmann in Gedanken mit uns am Tisch sitzen zu lassen, das Opfer, von dem wir beide bis heute kaum etwas wissen.

Auch Peter Deutschmann war ein Mensch am Rande der Gesellschaft, aber an einer ganz anderen Ecke. Durch den 9. August 1999, den Tag des Überfalls mit tödlichem Ausgang für den Mann, der es wagte, sich der überkommenen Gesinnung der jungen Skinheads in den Weg zu stellen, ist Eschede um drei Menschen ärmer geworden: Peter Deutschmann wurde anonym bestattet, Johannes Kneifel und Marco S. wurden dem Jugendvollzug überantwortet.

Marco S. ist durch weitere schwere Gewalttaten innerhalb der letzten Jahre zu einer berüchtigten Leitfigur der norddeutschen Rechtsradikalen geworden. Auch über ihn sprachen wir häufig. Nach dem 9. August 1999 haben sich die beiden nicht wiedergesehen, kein Wort wurde je wieder zwischen ihnen gewechselt.

«Was würde passieren, wenn Sie sich heute begegneten?», fragte ich Johannes Kneifel. Er überlegte einen Augenblick, bevor er mir schließlich antwortete: «Ich glaube schon, dass ich mit ihm reden würde. Aber vielleicht – wahrscheinlich – würde ich ihn gar nicht erreichen.»

Oft im Verlauf unserer Zusammenarbeit wurde ich an Gespräche mit ehemaligen deutschen Kriegsteilnehmern erinnert, die ich in Büchern gelesen, in Filmen gesehen und schließlich auch selbst häufig geführt habe. Ich hätte gern mehr über deren Tun und Lassen erfahren als das, was sie bereit waren zuzugeben.

Ich glaube, es könnte nicht nur ihnen selbst nützen, befürchte aber, dass den meisten von uns ihr Schweigen lieber ist. Nicht nur das Eingestehen menschlicher Schuld ist schwierig, auch das Zuhören erfordert menschliche Kräfte.

Die Gespräche mit Johannes Kneifel möchte ich nicht missen, von ihm selbst habe ich deutlich mehr erfahren.

In Eschede steht ein Mahnmal für Peter Deutschmann:

Peter Deutschmann
*09. 07. 1955
† 10. 08. 1999
Von Escheder Neonazis erschlagen

Einmal fragte ich Johannes Kneifel, ob es ihm gefiele, wenn ich in ihm ein lebendiges Mahnmal für Peter Deutschmann sähe.

Er hielt einen Moment inne, zögerte.

«Ja, aber ich glaube, ich selbst dürfte das nie sagen.»